Inhaltsverzeichnis (Band 2)

A) Hinweise und Anregungen zu den Lernserver-Primo-Materialien S. 7

B) Tipps, Übungen und Spiele S. 9

Funktion und Aufbau der Schrift (FA): Erste Einsichten S. 9

1. Intuitive Erkenntnis: Die Beziehung zwischen Gesprochenem und seiner schriftlichen Darstellung **S. 9**
1.1 Vorlesen S. 9
1.2 Geschichten der Kinder aufschreiben und vorlesen S. 10
1.3 Bilder beschriften S. 11

2. Der Satz **S. 12**
2.1 Was ist ein Satz? S. 12
2.2 Fehlt hier etwas? S. 13
2.3 Wie viele Sätze können das sein? S. 13

3. Das Wort im Satz **S. 15**
3.1 Welches Wort fehlt? S. 15
3.2 Kofferpackspiel mit Anbausätzen S. 16
3.3 Mündliches Wortpuzzle S. 17
3.4 Wörtertausch S. 17
3.5 Wörterkauf S. 18
3.6 Wörter zählen S. 19
3.7 Satzvergleich S. 20
3.8 Sätze nach Vorgaben bilden S. 20
3.9 Wortdetektiv S. 21
3.10 Sätze zerschneiden S. 22
3.11 Wort-Schatzkiste S. 22
3.12 Satz oder Wort? S. 23

4. Das einzelne Wort **S. 24**
4.1 Wer findet das Reimwort? S. 24
4.2 Einzelreime: Reimpartner finden S. 26
4.3 Einzelreime: Domino S. 26
4.4 Einzelreime: Reimkarte finden S. 27
4.5 Einzelreime: Reimwörter zu Dingen oder Bildern suchen S. 27
4.6 Namen vergleichen S. 28
4.7 Tiernamen raten und vergleichen S. 29
4.8 Wörter suchen S. 30

Die Silbe (S) S. 31

1. Silbengliederung mit synchronen Bewegungen verbinden S. 32
1.1 Abzählreime S. 32
1.2 Oberschenkelklopfen S. 33
1.3 Schlangenwörter 1 S. 34
1.4 Schlangenwörter 2 S. 34
1.5 Schlangenschatten S. 35
1.6 Dosenwörter S. 35
1.7 Mutter, wie weit darf ich reisen? S. 36
1.8 Würfelspiele S. 37
1.9 Wörter mit Silbenbögen „schreiben" S. 37
1.10 Welches ist das längere Wort? S. 38
1.11 Silbenbogenkurzschrift S. 39

2. Silben zusammensetzen S. 41
2.1 Robotersprache S. 41
2.2 Lebendige Wörter stellen S. 42
2.3 Zu Silbenbögen Wörter finden – Erstes „Lesen" S. 42

Der Laut (L) S. 44

1. Vorbereitung zur Lautanalyse S. 45
1.1 Zungenbrecher S. 45
1.2 Stille Post S. 46
1.3 Reimspiele S. 46

2. Der Anfangslaut S. 47
2.1 Laute und stumme Vokale S. 51
2.2 Lange und kurze Vokale S. 52
2.3 Anlautspiele mit einzelnen Konsonanten S. 53
2.4 Konsonanten-Pantomime S. 55
2.5 Ball werfen S. 55
2.6 Ich sehe was, was du nicht siehst, es fängt mit … an. S. 55
2.7. Bildpaare sammeln S. 56
2.8 Verzauberte Namen S. 56

3. Der Endlaut S. 58
3.1 Vorübung: Gemeinsam Endlaute erkennen S. 58
3.2 Endlaut und Bewegung S. 59
3.3 Endlaut-Detektive S. 59
3.4 Wortschlangen S. 60

4. Der Inlaut S. 61
4.1 Inlaut heraushören S. 61
4.2 Hörübung mit Ball S. 62
4.3 Der verhexte Löwen-Inlaut S. 63

5. Vollständige Lautanalyse S. 65
5.1 Der verzauberte Roboter S. 65
5.2 Versteckte Laute S. 67
5.3 Laute hüpfen S. 67
5.4 Spiel mit Spielplan S. 68

Graphem-Phonem-Korrespondenz (GPK) S. 69

1. Buchstaben einprägen und mit Lautwerten verbinden — S. 70
1.1. Buchstaben dreidimensional darstellen — S. 70
1.2 Buchstaben laufen — S. 71
1.3 Buchstabenregenbogen — S. 72
1.4 Buchstaben füllen — S. 72
1.5 Tastsack — S. 73
1.6 Buchstabenkunst — S. 74
1.7 Groß-Klein-Memory — S. 74
1.8 Lebendige Memory-Karten — S. 74
1.9 Laut-Buchstaben-Memory — S. 75
1.10 Paare erfragen — S. 76
1.11 Lebendige Kartenpaare — S. 76
1.12 Buchstabendetektiv 1 — S. 77
1.13 Buchstabendetektiv 2 — S. 77
1.14 Buchstabendetektiv 3 — S. 77
1.15 Buchstabensalat — S. 78
1.16 Eigene Anlauttabelle herstellen — S. 78
1.17 Bilder würfeln — S. 79

2. Detaillierte Übungen zu Einzellauten — S. 80
2.1 A, a — S. 80
2.2 E, e — S. 82
2.3 I, i — S. 85
2.4 O, o — S. 86
2.5 U, u — S. 87
2.6 F, f — S. 89
2.7 L, l — S. 89
2.8 M, m — S. 90
2.9 N, n — S. 90
2.10 S, s — S. 91
2.11 R, r — S. 92
2.12 T, t — S. 93

Synthese (SY) S. 94

1. Vorbereitungen zur Synthese und erste Syntheseübungen — S. 96
1.1 Silbenbogenschrift mit „gefüllten Bögen“ — S. 96
1.2 Waggons zusammenschieben – Buchstaben zusammenschleifen — S. 97
1.3 Silbenschieber — S. 98
1.4 Buchstabenwürfel — S. 98
1.5 Mit Gebärden synthetisieren – Buchstaben zusammenschleifen — S. 99
1.6 Silben hüpfen — S. 100
1.7 Drei Buchstaben zusammenschleifen — S. 100
1.8 Silbenteppich 1 – Lesetechnik — S. 101
1.9 Synthese mit Konsonantenhäufung am Wortende — S. 102

2. Weitere Syntheseübungen — S. 104
2.1 Silben zu Wörtern zusammensetzen — S. 104
2.2 Die Endungen „-el“ und „-en“ — S. 104
2.3 Wörter bauen — S. 106
2.4 Silbenteppich 2 — S. 107
2.5 Silbendomino 2 — S. 107
2.6 Wer findet das richtige Wort? (Silben verbinden) — S. 108
2.7 Konsonantenhäufung in der Wortmitte — S. 108

3. Wortstrukturierung **S. 110**
3.1 Wörter abbauen und wieder aufbauen S. 110
3.2 Minimalpaare – Wörter verzaubern S. 111
3.3 Fehlende Buchstaben einsetzen S. 111
3.4 Buchstaben zu Wörtern zusammensetzen S. 112
3.5 Klappenwörter S. 112

Lautanalyse (LA) **S. 114**

1. An-, In- und Endlaute **S. 115**
1.1 Anlaut-Lotto S. 115
1.2 Endlaut suchen S. 116
1.3 Inlaut-Detektive S. 116

2. Löwenlaute **S. 118**
2.1 Löwenlaute vorstellen bzw. wiederholen S. 118

3. Lautanalyse ganzer Wörter **S. 119**
3.1 Lebendige Wörter S. 119
3.2 Buchstabenkarten legen S. 119
3.3. Silben-Löwen in zweisilbigen Wörtern S. 120
3.4 Zweisilbige Wörter mit unbetontem e im Auslaut S. 122
3.5 Dreisilbige Wörter mit unbetontem e im Auslaut S. 124
3.6 Die Endungen –el und –en S. 124
3.7 Konsonantenhäufungen in der Wortmitte S. 126

C) Kopiervorlagen S. 128

1. Allgemeines Kopiermaterial **S. 128**
1.1 Teil 1 S. 128
(Abermakaber, Hokus und Hexe Winnie als Figuren zum Ausschneiden, Spielplan, Löwen als Vokal-Symbole)
1.2 Teil 2 S. 146
(Bildkarten, geordnet nach ABC und Silbenanzahl)

2. Kopiermaterial für die einzelnen Förderbereiche **S. 156**
2.1 Funktion und Aufbau der Schrift (FA) S. 156
2.2 Die Silbe (S) S. 161
2.3 Der Laut (L) S. 162
2.4 Graphem-Phonem-Korrespondenz (GPK) S. 164
2.5 Lautsynthese (SY) S. 168
2.6 Lautanalyse (LA) S. 173

3. Arbeitsblätter **S. 182**
3.1 Zur Silbe S. 182
3.2 Zur GPK S. 188
3.3 Zur Synthese S. 203

D) Weiterführende Literatur S. 216

B) Tipps, Übungen und Spiele
C) Kopiervorlagen
D) Literatur

A) Hinweise und Anregungen zu den Lernserver-Primo-Materialien

Liebe Lehrkräfte,

das Ihnen vorliegende Fördermaterial möchte Ihnen in erster Linie dabei behilflich sein, die pädagogisch-didaktischen Konsequenzen aus den Lernserver-Primo-Tests zu ziehen. Es ermöglicht Ihnen, genau abgestimmt auf die Ergebnisse des Einzeltests Ihre Schüler dort zu fördern, wo sie es benötigen.

Gerne aber können Sie es auch ganz unabhängig von der Testung als Unterrichtsmaterial nutzen: ob als Curriculum für zentrale Teile des Anfangsunterrichts, als „roten Faden", um gemeinsam mit den Kindern die Schwerpunkte des Lesens und Schreibens sukzessive zu erobern, oder für die individuelle Förderung bei jeweils auftretenden Schwierigkeiten (vgl. das Vorwort zu den Test-Materialien).

Ergänzend zu den in den Testmaterialien aufgeführten Anmerkungen möchten wir Ihnen zu unseren Fördervorschlägen folgende weiterführende Hinweise und Anregungen geben:

Für wen sind die Fördermaterialien gedacht?

Die Lernserver-Primo-Fördermaterialien sind generell für Kinder konzipiert, die den Übergang von der logographischen zur alphabetischen Stufe bewältigen möchten und dabei Schwierigkeiten hinsichtlich der phonologischen Bewusstheit, der Lauterkennung, der Lautunterscheidung und der Laut-Zeichen-Zuordnung von bereits im Unterricht eingeführten Buchstaben haben.

Das Material ist deshalb in erster Linie für den schulischen und außerschulischen Förderunterricht jener ABC-Schützen geeignet, die bereits vier oder fünf Monate unterrichtet und im Einzeltest des Lernserver-Primo oder im Vergleich zur Klasse hinsichtlich ihrer Rechtschreibkenntnisse auffällig wurden.
Andererseits sind viele Spiele und Übungen auch für Kinder höheren Alters sinnvoll, wenn es diesen noch nicht gelungen ist, die basalen Funktionen unserer Schriftsprache zu durchschauen.
Zusätzlich finden sich in jedem Kapitel umfangreiche, grundsätzlichere Ausführungen, die auch den „normalen" Unterricht bereichern können.

Wie können die Fördermaterialien eingesetzt werden?

a) Verknüpfung von Diagnose und Förderung aufgrund der Testergebnisse:
Wenn Sie mit einem oder mehreren Kindern den Einzeltest durchgeführt und die Punktzahl in den Auswertungsbogen eingetragen haben, wird Ihnen eine *Verknüpfung von Diagnose und Förderung* angeboten, das heißt: Jeder Fehler bzw. jede nicht gelöste Aufgabe weist auf Wissens- oder Verständnislücken in bestimmten Bereichen des Schriftspracherwerbs hin, denen gezielt mit Hilfe von ausgewählten Übungen begegnet werden kann.
Allerdings gilt es hinsichtlich unserer Fördervorschläge zu bedenken, dass die schriftsprachliche Entwicklung bei Kindern unterschiedlich und auch nicht immer linear verläuft. Aus diesem Grund bitten wir Sie, unsere Vorschläge als *Angebot* zu betrachten, das Sie aber keinesfalls von der Aufgabe entbinden will, immer wieder selbst in regelmäßigen Abständen den Leistungsstand des Kindes zu überprüfen und daran die Auswahl der Übungen anzupassen, damit die negativen Auswirkungen einer eventuellen Über- bzw. Unterforderung vermieden werden können.

b) Förderung ohne vorhergehenden Test:
Mit der vorliegenden Materialsammlung zu den verschiedenen Anfangsstufen des Schriftspracherwerbs kann natürlich auch unabhängig von unserem Einzeltest gearbeitet werden. Wenn Sie selbst durch genaue eigene Beobachtung im Unterricht den individuellen sprachlichen Entwicklungsstand des Kindes ermitteln, werden Ihnen die vielfältigen Tipps zu Spielen und Übungen sicher eine große Hilfe und Unterstützung für einen motivierenden und passgenauen Unterricht sein.

Methodisch-didaktische Hinweise

In einigen Kapiteln überwiegen *gemeinsame* Spiele und Übungen, in anderen werden dort, wo es uns sinnvoll erschien, auch Arbeitsblätter und Aufgabenstellungen zum selbständigen, vertiefenden Rekapitulieren angeboten. Da es sich bei der Förderung im Wesentlichen um Kinder handeln wird, die einer besonderen Zuwendung und Unterstützung bedürfen, plädieren wir dafür, ein neues schriftsprachliches Phänomen auf alle Fälle durch die Lehrkraft einzuführen. Dabei kann natürlich so gearbeitet werden, dass die Kinder mit Hilfe geschickter Fragen selbst auf bestimmte Sachverhalte stoßen, so dass die Motivation, sich die Schriftsprache erschließen zu wollen, auch über den Reiz des „Selbstentdeckens" gestärkt wird. Nur: Langsame Lerner sind teilweise damit überfordert, wenn sie allein und auf sich selbst gestellt die Strukturen und Regelhaftigkeiten der Schriftsprache durchschauen sollen. Für viele Kinder mag „selbstentdeckendes Lernen" eine motivierende und sinnvolle Herausforderung sein, für andere dagegen bedeutet es Verwirrung, Überforderung, Misserfolg und Frust. Das heißt, dass solche Kinder *angeleitet und unterstützt* werden müssen. Hier sollte die Lehrkraft ihre Schüler genau beobachten und bei Bedarf ihr Wissen weitergeben, Rätsel lösen helfen und den richtigen Weg weisen, um weitere Überforderung ersparen und die Aneignung falscher Strategien vermeiden zu helfen.

Die Stufung der einzelnen Förderbereiche

Ein stringentes Abarbeiten der einzelnen Förderbereiche ist nicht unbedingt empfehlenswert, weil der Schriftspracherwerb ein vielschichtiger Prozess ist und der Übergang von einer Entwicklungsstufe zur nächsten nicht linear und in Form einer strikten Taktfolge stattfindet. Jedoch kann als sinnvolle, idealtypische Reihung des Aneignungsprozesses der Schriftsprache und damit der Förderung festgehalten werden:

1. Aufbau und Funktion von Schrift
2. Die Silbe
3. Der Laut
4. Die Graphem-Phonem-Korrespondenz
5. Die Synthese
6. Die Lautanalyse

Wir hoffen nun, dass wir Ihnen mit unserem Material das an die Hand geben, was Sie benötigen, um Ihren Schülern einen eigenen, souveränen Zugang zur Schrift zu ermöglichen. Über Anregungen, kritische Hinweise, Rückmeldungen und Erfahrungsberichte aller Art würden wir uns freuen.

Münster, im Mai 2008

Petra Schönweiss, Ingeborg Schenker, Prof. Dr. Friedrich Schönweiss

B) Tipps, Übungen und Spiele

Funktion und Aufbau der Schrift (= FA): Erste Einsichten

1. Intuitive Erkenntnis: Die Beziehung zwischen Gesprochenem und seiner schriftlichen Darstellung

Didaktische Hinweise:
Um den Schriftspracherwerb erfolgreich durchlaufen zu können, müssen Schüler das *alphabetische System* unserer Schrift verstehen lernen und dabei allmählich unter anderem zu folgenden Erkenntnissen gelangen:

- Sprache kann man aufschreiben (Schrift ist eine besondere Form von Sprache → Codierung),
- beim Schreiben muss von der *Bedeutung* der Sprache abstrahiert werden,
- der Lautstrom des Gesprochenen lässt sich formal aufgliedern in Sätze, Wörter, Silben und Laute,
- Wörter haben eine Bedeutung und werden im Satz zu sinnvollen Aussagen aneinandergefügt,
- zwischen den Wörtern müssen kleine Abstände sein,
- ein gesprochenes Wort besteht aus einzelnen Lauten,
- jeder Laut kann mit einem Zeichen (Buchstaben) aus einem begrenzten Vorrat dargestellt werden,
- die Buchstaben als Repräsentanten für gesprochene Laute müssen in der richtigen Reihenfolge und von links nach rechts geschrieben werden, damit sie ein sinnvolles Wort ergeben,
- die *Form* der Zeichen hat *nichts* mit der *Bedeutung* der Wörter zu tun,
- es gibt mehr Laute als Buchstaben (manche Laute müssen sich ein Zeichen teilen),
- manche Laute werden beim Sprechen nur undeutlich artikuliert oder sogar völlig verschluckt,
- manche Laute bestehen aus mehreren Buchstaben (sch, ch, ng),
- es gibt verbindliche Regeln, die das Schreiben von *nicht hörbaren* Buchstaben vorgeben (z. B. Dehnungs-h, Doppelkonsonanten).

Vor allem jene Kinder, die in einem „bildungsfernen" Milieu aufwachsen und die Eltern oder andere Erwachsene selten oder gar nicht lesen und schreiben sehen, müssen in der Schule als ersten Schritt die Gelegenheit bekommen, *elementarste* Erfahrungen in Bezug auf das Verhältnis Sprache und Schrift zu sammeln. Es darf nicht vorausgesetzt werden, dass jedem Kind bei Schulbeginn klar ist, was Schreiben und Lesen tatsächlich bedeuten.

1.1 Vorlesen

Ziel:
Der Aufbau einer Vorstellung davon, wie Schriftsprache und gesprochene Sprache miteinander verknüpft sind

Material:
Bilderbücher mit wenig erläuterndem Text

Mitspieler:
Entweder die ganze Lerngruppe oder das einzelne Kind

Vorbereitung:
Für die Arbeit mit mehreren Kindern: Kopieren Sie die Seiten eines geeigneten Bilderbuchs in großem Format. Befestigen Sie ein Blatt nach dem anderen gut sichtbar für alle Kinder an der Tafel.
Für die Arbeit mit einem einzelnen Kind: Wenn möglich setzen Sie sich gemütlich mit dem Kind zusammen in die Leseecke des Förderraums.

Spielübung:
Lassen Sie die Kinder das erste Bild betrachten. Reden Sie mit ihnen darüber: Was stellt es dar? Was passiert? Anschließend lesen Sie die Bildunterschrift vor, indem Sie mit dem Finger zeitgleich auf jedes einzelne Wort deuten.
Inhaltlich werden die Vermutungen der Kinder durch das Vorlesen entweder bestätigt oder sie erweisen sich als falsch. Eventuell sollte auch darüber gesprochen werden, dass sich jemand anders die Geschichte ausgedacht hat. Warum hat er sie wohl *aufgeschrieben*? Damit andere Menschen an seinen Gedanken und Ideen teilhaben können, ohne dass er bei ihnen sein und sie erzählen muss. Ganz viele Leute können die Geschichte nun lesen und daran ihren Spaß haben. Und der, der sie sich ausgedacht hat, kann währenddessen ganz woanders sein.
Formale Kriterien können ebenfalls angesprochen werden. Fällt den Kindern etwas auf? Vielleicht die Punkte und Kommas, oder dass zwischen den Wörtern, auf die Sie beim Vorlesen zeigen, Abstände sind.

1.2 Geschichten der Kinder aufschreiben und vorlesen

Ziel:
Der Aufbau einer Vorstellung davon, wie Schriftsprache und gesprochene Sprache miteinander verknüpft sind. Persönlicher Nutzen von Lesen und Schreiben (Motivation).

Material:
Für Sie: Dicker Filz- oder Wachsmalstift und Plakate aus Karton oder festem Papier

Mitspieler:
Entweder die ganze Lerngruppe oder das einzelne Kind

Vorbereitung:
Im Stuhlkreis: Das erste Kind (das ausgezählt wurde) darf ein kleines Erlebnis von sich erzählen. Sie notieren die Geschichte mit ähnlichem Wortlaut, aber kurz und knapp in grammatikalisch richtigen Sätzen. Dann kommen die anderen Kinder mit ihren Erlebnissen an die Reihe, die von Ihnen ebenfalls notiert werden.
Bis zur nächsten Stunde schreiben Sie jede kleine Geschichte dergestalt auf ein großes Plakat, dass jeder es von seinem Platz aus an der Tafel gut erkennen kann. Es muss auf jedem Plakat genügend Platz für eine Illustrierung der Geschichte bleiben.

Spielübung:
In der nächsten Stunde stellen Sie eines der Plakate auf die Kreideablage der Tafel, lesen die Geschichte vor und zeigen wieder mit einem Stab zeitgleich auf jedes Wort. Wer weiß noch, wer das erzählt hatte? Wieso kann man das nun genau so lesen, wie es vom Mitschüler erzählt wurde? Antwort: Weil die Lehrerin es Wort für Wort aufgeschrieben hat.
Nachdem jede Geschichte vorgelesen wurde, malen die Kinder auf „ihr" Plakat ein passendes Bild dazu. Die Werke werden an geeigneter Stelle gut sichtbar aufgehängt, und jeder, der das Lesen gelernt hat, bekommt die Möglichkeit, selber und zu einem Zeitpunkt, den er selbst bestimmt, zu erfahren, welch lustiges/trauriges/aufregendes Erlebnis ein anderes Kind hatte.

1.3 Bilder beschriften

Ziel:
Der Aufbau einer Vorstellung davon, wie Schriftsprache und gesprochene Sprache miteinander verknüpft sind. Erkenntnis: Geschriebenes kann eindeutiger und aufschlussreicher sein als etwas Gemaltes.

Material:
- Plakate (DIN A4) aus festem Papier oder Karton
- Buntstifte

Mitspieler:
Mindestens 3

Vorbereitung:
Keine

Spielübung:
Jedes Kind darf etwas malen, was ihm gerade einfällt: Haustiere, Ferienerlebnisse usw. Anschließend diktiert es Ihnen einen kurzen Text dazu, möglichst ohne dass die anderen Kinder den Inhalt mitbekommen. Sie schreiben den Text *vor seinen Augen* unter das Bild. Wenn alle Bilder beschriftet sind, werden sie gemeinsam nacheinander besprochen: Die Kinder, deren Bild gerade nicht zur Diskussion steht, äußern Vermutungen darüber, was der Maler darstellen wollte. Zur „Kontrolle" lesen Sie die diktierte Bildunterschrift vor. Welches Kind hatte sich das Richtige gedacht? Mögliche Erkenntnis: Eventuell ist das Geschriebene aufschlussreicher und eindeutiger als die Zeichnung.

Variation:
Die Kinder malen auf ihr Plakat, was ihnen gerade einfällt. Jedes Bild wird einzeln an der Tafel besprochen, indem die anderen Kinder raten, was es darstellen soll. Anschließend diktiert der Künstler Ihnen eine Bildunterschrift seiner Wahl. Sie schreiben den Text vor aller Augen auf das Plakat und lesen dabei laut jedes Wort vor.

2. Der Satz

Didaktische Hinweise:
Kundigen Schreibern ist der Begriff „Satz" so selbstverständlich wie der Begriff „Märchen" oder „Taschentuch". Sie verbinden damit in ihrer Vorstellung alle das Gleiche, zumindest aber etwas Ähnliches, nämlich den Satz als *sprachliche Einheit (innerhalb eines Kontextes), die aus mehreren Wörtern besteht, in sich geschlossen ist und entweder eine Aussage, eine Aufforderung oder eine Frage enthält.*
Für die meisten Schreibanfänger allerdings ist diese Definition – mal abgesehen von ihrer abstrakten Formulierung – nicht einmal in Ansätzen klar. Viele haben keine Ahnung, was mit „Satz" eigentlich gemeint ist. Dabei sollte man auch bedenken, dass „Satz" ein Teekesselchenwort ist und eigentlich sehr viele verschiedene Bedeutungen hat, u. a. der Satz bzgl. des Buchdrucks, bzgl. Sportarten wie Tennis oder bzgl. der Bewegung: Er machte einen Satz.
Als Lehrender darf man also nicht automatisch davon ausgehen, dass die Schüler einer ersten Klasse wissen, was mit den Aufforderungen „Schreibe einen Satz", „Lies den ersten Satz vor" oder „Sage es in einem ganzen Satz" überhaupt gemeint ist. Manche denken, dass man schon dann einen Satz schreibt, wenn man am Ende einen Punkt macht. So entstehen Gebilde wie: „Der Hund läuft. In den Garten." Das sind also zwei Sätze, denn sie haben jeder am Ende einen Punkt. Oder etwa nicht?
Was ist ein Satz? Wo fängt er an, wie hört er auf, welche Teile muss er enthalten, um als „ganzer Satz" zu gelten? Diese und ähnliche Fragen lassen sich mit Erstklässlern nicht regelhaft, sondern eher „gefühlsmäßig" beantworten. Dies kann gut mit Hilfe von Spielen und gemeinsamen Übungen erreicht werden. Die nachstehenden Vorschläge stellen eine *Auswahl* dar.

2.1 Was ist ein Satz?

Ziel:
Intuitives Verständnis für den Begriff „Satz" wecken

Material:
Medium (z. B. den großen Abermakaber aus den allgemeinen Kopiervorlagen farbig kopieren, auf Pappe kleben, ausschneiden und ein Holzstäbchen zum Hochhalten daran befestigen; oder Abermakaber und Hokus als Plüschfiguren, Puppen, Teddys, ...)

Mitspieler:
1 bis viele

Vorbereitung:
Keine

Spielübung:
Führen Sie eine einfache Handlung aus, z. B. laufen, sitzen, lachen, singen usw. und begleiten Sie Ihr Tun mit kurzen Sätzen: „Ich laufe." „Ich sitze." Erläutern Sie dabei, dass Sie nun einen *Satz* gesagt haben.
Machen Sie anschließend dasselbe mit der Handpuppe und sprechen Sie dazu: „Die Puppe tanzt." „Der Kasper hüpft." Erläutern Sie wieder, dass das, was Sie sagen, *Sätze* sind.
Gestalten Sie nun Handlungen und Sätze geringfügig komplexer: „Der Kasper hüpft auf den Tisch." „Der Teddy kuschelt sich in meinen Arm." „Ich laufe um das Lehrerpult." „Ich gehe zur Tür." „Der Kaspar kitzelt Tobias."
Dann dürfen die Kinder eine Handlung ausführen und sie in einem Satz beschreiben. Wiederholen Sie den Satz (berichtigen Sie, wenn nötig) und erklären Sie noch einmal, dass das Kind einen *Satz* gesagt hat.
(Fragesatz und Aufforderungssatz können jetzt mündlich oder aber später beim „Sätzezerschnipseln" eingeführt werden.)

2.2 Fehlt hier etwas?

Ziel:
Intuitives Verständnis für den Begriff „Satz“ wecken

Material:
Keines

Mitspieler:
1 bis viele

Vorbereitung:
Denken Sie sich kleine Sätze aus: Einige, die vollständig sind und andere, bei denen etwas fehlt.

Spielübung:
Lesen Sie einen Satz vor und fragen sie die Kinder, ob das ein „ganzer“ Satz ist oder ob etwas fehlt. Lassen Sie sie unvollständige Sätze nach ihren Vorstellungen beenden. Wichtig ist, dass die Kinder das Gefühl für ganze Sätze entwickeln und auch vom Inhalt her bestimmen lernen, ob ein Satz eine Aussage hat bzw. einen Sinn ergibt.

Variation:
Es werden Gruppen gebildet, die bei richtiger Antwort eine Kastanie oder Ähnliches bekommen. Am Schluss wird die Siegergruppe ermittelt.

Beispielsätze:
- „Nach den Hausaufgaben dürfen ….“
- „Morgens steht Vater als Erster auf.“
- „Jetzt ist unser Hund müde und …“
- „Oma mag Schokoladenplätzchen ganz besonders gern.“
- „Isst du lieber Spagetti oder ….“
- „Ich hoffe, dass du morgen …“
- „Wie jeden Tag geht Monika …“
- „Jutta hat ihren Turnbeutel vergessen.“

2.3 Wie viele Sätze können das sein?

Ziel:
Intuitives Verständnis für den Begriff „Satz“ wecken

Material:
Medium (z. B. den großen Abermakaber aus den allgemeinen Kopiervorlagen farbig kopieren, auf Pappe kleben, ausschneiden und ein Holzstäbchen zum Hochhalten daran befestigen; oder Abermakaber und Hokus als Plüschfiguren, Puppen, Teddys, …)

Mitspieler:
1 bis viele

Vorbereitung:
Denken Sie sich (ev. aus dem bereits bekannten Wortschatz oder aus dem Kontext eines behandelten Unterrichtsgegenstandes) eine kleine Geschichte mit kurzen Sätzen aus. Schreiben Sie sie eventuell vor der Stunde wie folgt an die Tafel oder auf ein großes festes Papier (z. B. auf einfache Tapeten): Die einzelnen Sätze untereinander und jeder Satz in einer anderen Farbe oder zumindest in zwei Farben abwechselnd. Klappen Sie die Tafel zu.

Spielübung:
Lassen Sie die Handpuppe die kleine Geschichte vorlesen. Anschließend sollen die Kinder raten, wie viele Sätze darin waren. Die Vorschläge werden notiert. Die Geschichte wird noch einmal mit großen Pausen zwischen den einzelnen Sätzen gesprochen. Gemeinsam werden die Sätze gezählt und das Ergebnis mit den Vorschlägen verglichen.
Dann öffnen Sie die Tafel und lesen die zweifarbigen Sätze noch einmal mit Zeigestab vor.

Beispiele für Geschichten (kurz):
„Heute habe ich Geburtstag. Viele Freunde kommen. Jeder gibt mir ein kleines Geschenk. Wir essen Kuchen. Wir machen viele Spiele. Wir toben durch den Garten. Am Abend gehen alle nach Hause. Ich falle müde ins Bett."
„Wir machen einen Ausflug ans Meer. Meine Schwester und ich bauen eine Strandburg. Wir verzieren sie mit bunten Muscheln. Dann toben wir in den Wellen herum. Davon werden wir hungrig. Unsere Mutter gibt uns Brote und Saft. Plötzlich ziehen dunkle Wolken auf. Schnell packen wir unsere Sachen und fahren nach Hause."

Beispiele für Geschichten (lang):
„Ein kleiner Vogel will fliegen lernen. Seine Mutter hält ihn dazu für viel zu klein. Sie warnt ihn. Dann fliegt sie weg zum Futtersuchen. Der kleine Vogel klettert wild entschlossen auf den Nestrand. Er flattert ein bisschen mit den Flügeln. Er hüpft auf und nieder. Er pumpt ganz viel Luft in seinen winzigen Körper. Leider nützt ihm das alles nichts. Er hat sich keinen Zentimeter in die Lüfte gehoben. Enttäuscht krabbelt er ins Nest zurück. Warum müssen Mütter immer Recht haben?"
„Am Samstag gingen wir in den Zirkus. Mutige Akrobaten vollführten unglaubliche Kunststücke. Lustige Affen tanzten auf einem Seil. Fauchende Tiger und Löwen sprangen durch Reifen. Ein Schlangenmensch quetschte sich in eine winzige Kiste. Zum Schluss ritt ein Clown auf einem Kamel in der Manage herum. Von oben spritzte er die Zuschauer mit einem Wasserschlauch nass. Alle quietschten laut. Zum Glück war die Vorstellung jetzt zu Ende."
„Harald liest im Bett ein Buch. Plötzlich geht das Licht aus. Die Glühbirne der Deckenlampe ist kaputt. Er ruft lauthals nach der Mutter. Die Mutter holt eine neue Glühbirne. Sie stellt sich auf einen Schemel und streckt sich. Leider fehlt mindestens noch ein Meter bis zur Lampe. Harald bringt einen Stuhl. Mutter steigt darauf. Immer noch fehlen ein paar Zentimeter. Haralds Schwester bringt die Küchenleiter. Mutter klettert auf die letzte Sprosse. Jetzt ist sie groß genug."
„Konrad und Robert machen einen Fahrradausflug. Sie nehmen sich etwas zu essen und zu trinken mit. Auch eine Decke haben sie dabei. Von ihrem Dorf auf dem Hügel starten sie. Sie radeln so schnell wie der Wind immer bergab. Unten im Tal breiten sie die Decke auf einer Wiese aus. Sie setzen sich darauf und machen ein Picknick. Die Radtour finden sie überhaupt nicht anstrengend. Wie wird wohl die Heimfahrt werden?"

3. Das Wort im Satz

Didaktische Hinweise:
„Ein **Wort** stellt im Satz die kleinste bewegliche, sinnvolle und verständliche Einheit dar."
Diese Definition vom Wortbegriff leuchtet jedem langjährigen Schreiber und Leser sicherlich ein. Für ihn erscheint ja auch das Gesprochene sofort **als Schriftbild** vor seinem geistigen Auge, so dass er den Satz praktisch nur noch „ablesen" muss und dadurch natürlich auch klar die „Zwischenräume" zwischen den einzelnen Wörtern sieht (zumindest dann, wenn keine komplizierten Getrennt- und Zusammenschreibungen dabei sind!). Da ist es auch völlig egal, dass sich physikalisch gesehen keine Wortgrenzen im Sprachfluss nachweisen lassen.
Bei einem Kind aber, dessen Verständnis von Schriftsprache und dessen Kenntnisse von Buchstaben noch nicht oder nur rudimentär vorhanden sind, kann bei dem gehörten Lautstrom eines Satzes natürlich noch kein Schriftbild im Kopf „erscheinen". Es ergeht ihm so wie uns Erwachsenen, wenn wir versuchen aus einer zwar bekannten, aber nur schlecht beherrschten Fremdsprache, zum Beispiel aus dem Französischen, einzelne Wörter herauszutrennen (/schönäsäpaoschüst/?????).
Natürlich ist das Herausfiltern von allein stehenden **Nomen** relativ einfach: Im Satz „Ich sehe eine Blume" werden wohl die meisten Kinder – eventuell nach einem kleinen Hinweis – die „Blume" als Wort erkennen. Aber wie steht es mit Sätzen wie: „Der gelbe Schmetterling kann fliegen"? Woher soll ein Schreibanfänger, der noch nichts über die verschiedenen Wortarten weiß, erkennen, dass „kann fliegen" zwei Wörter sind und dass das gaukelnde Tier nicht einfach „gelberschmetterling" geschrieben wird?
Wenn nun noch dialektbedingte Verschleifungen und Zusammenziehungen dazukommen, steht so mancher ABC-Schütze vor einem schier unlösbaren Problem: /wasolnwanheutamdmachn?/ Wie viele Wörter sind das wohl? Es sind sieben, nämlich: „Was sollen wir denn heute Abend machen?"
Spätestens jetzt wird ersichtlich, welche Schwierigkeiten sich für Schreibanfänger schon bei den allerersten Schritten auf dem Weg zur Schrift ergeben **können** (nicht müssen, wohlgemerkt!). Und es sollte klar werden, dass der zweite und dritte Schritt nur wenig nachhaltigen Erfolg haben kann, wenn der erste nicht verstanden wurde.

Wie also kann dem Neuling hier geholfen werden?
Sprachgeschichtlich gesehen war die Abtrennung von Wörtern in Texten durch Spatien (Zwischenräume → leichtere Lesbarkeit) ein langwieriger Prozess und hat sich ausschließlich nach grammatikalischen Kriterien vollzogen. Letztendlich heißt das, dass die einzelnen Wörter mit Hilfe **dreier gezielter Handlungen** aus dem Satzganzen herausgeschält werden können:

- Ersetzung (Der Hund **frisst** einen Knochen. – Der Hund **vergräbt** einen Knochen.)
- Umstellung (**Einen Knochen** frisst **der Hund**.)
- Einschub (Der **kleine** Hund frisst **gierig** einen **großen** Knochen.)

Auf dieser Basis können den Kindern spielerisch einige Möglichkeiten angeboten werden, mit deren Hilfe sie ihre mündliche Sprache selbständig zunächst in „grobe" Einheiten, nämlich in Wörter, zu zergliedern imstande sind. Der nächste Schritt wäre dann die Einteilung des Wortes in kleinere Segmente (Silben).

3.1 Welches Wort fehlt?

Ziel:
Durch Sinnerwartung das fehlende Wort finden. Erste Einsicht in den Begriff „Wort".

Material:
Keines

Mitspieler:
2 bis max. 6 (liegt in Ihrem Ermessen)

Vorbereitung:
Keine

Spielübung:
Sprechen Sie Sätze vor, bei denen immer das letzte Wort fehlt. Die Sätze müssen so gewählt sein, dass trotz der begrenzten Erfahrung der Kinder eine relativ eindeutige Lösung möglich ist. Achten Sie auch darauf, dass der Satz tatsächlich nur durch *ein* Wort zu beenden ist. Erklären Sie nachdrücklich, dass immer nur *ein* Wort fehlt, um dem Satz einen Sinn zu geben.

Beispiele:
- „Wenn wir müde sind, gehen wir ins ..." (Bett)
- „Im Herbst verlieren die Laubbäume ihre ..." (Blätter)
- „An Weihnachten steht bei vielen Familien im Wohnzimmer ein geschmückter ..." (Weihnachstsbaum/Christbaum/Baum)
- „An Ostern werden wir wie jedes Jahr im Garten bunte Ostereier ..." (suchen)
- „Zum Geburtstag bekommt man ..." (Geschenke)
- „Zitronen sind sauer, aber Bananen sind ..." (süß)
- „Wenn es dunkel wird, knipsen wir das Licht ..." (an)
- „Am Sonntag will meine Familie einen Ausflug ins Schokoladenmuseum ..." (machen)
- „Eine Minute hat sechzig ..." (Sekunden)
- „Alle Spinnen haben acht ..." (Beine)
- „Das kleine Kind hält sich am Rock der Mutter ..." (fest)
- „Erst wenn Bastian überhaupt nichts mehr findet, räumt er sein Zimmer ..." (auf)

3.2 Kofferpackspiel mit Anbausätzen

Ziel:
Worterkennung im Satz

Material:
Keines

Mitspieler:
2 bis max. 6 (liegt in Ihrem Ermessen)

Vorbereitung:
Keine

Spielregeln:
Das allseits bekannte Kofferpackspiel wird leicht modifiziert zum „Worterkennungsspiel":
Es werden „ganze" Sätze gebaut, indem der Anfang wiederholt und immer nur *ein* Wort ergänzt werden muss. Wiederholen Sie während des Spiels öfters, dass es um die Ergänzung eines *Wortes* geht.

Beispiele:
Lena ..., Lena **kitzelt** ..., Lena kitzelt **Luise**.
Tim ..., Tim **spielt** ..., Tim spielt **Gitarre**.
Ich ..., Ich **male** ..., Ich male **ein** ..., Ich male ein **Bild**.
Du ..., Du **isst** ..., Du isst **ein** ..., Du isst ein **Eis**.
Er ..., Er **isst** ..., Er isst **eine** ..., Er isst eine **Birne**, ..., Er isst eine Birne **und** ..., Er isst eine Birne und **einen** ..., Er isst eine Birne und einen **Apfel**.
Wir ..., Wir **lesen** ..., Wir lesen **zusammen** ..., Wir lesen zusammen **ein** ..., Wir lesen zusammen ein **Buch**.
Ich ..., Ich **male** ..., Ich male **mit** ..., Ich male mit **einem** ..., Ich male mit einem **roten** ..., Ich male mit einem roten **Stift** ..., Ich male mit einem roten Stift **ein** ..., Ich male mit einem roten Stift ein **schönes** ..., Ich male mit einem roten Stift ein schönes **Bild**.
Wir ..., Wir **sitzen** ..., Wir sitzen **zusammen** ..., Wir sitzen zusammen **auf** ..., Wir sitzen zusammen auf **dem** ..., Wir sitzen zusammen auf dem **Sofa** ..., Wir sitzen zusammen auf dem Sofa **und** ..., Wir sitzen zusammen auf dem Sofa und **erzählen** ..., Wir sitzen zusammen auf dem Sofa und erzählen **uns** ..., Wir sitzen zusammen auf dem Sofa und erzählen uns **Witze**.

Mutter ..., Mutter **kocht** ..., Mutter kocht **auf** ...., Mutter kocht auf **dem** ..., Mutter kocht auf dem **Herd** ..., Mutter kocht auf dem Herd **einen** ..., Mutter kocht auf dem Herd einen **süßen** ..., Mutter kocht auf dem Herd einen süßen **Pudding** ..., Mutter kocht auf dem Herd einen süßen Pudding **mit** ..., Mutter kocht auf dem Herd einen süßen Pudding mit **leckerer** ...,
Mutter kocht auf dem Herd einen süßen Pudding mit leckerer **Vanillesoße**.

3.3 Mündliches Wortpuzzle

Ziel:
Worterkennung im Satz

Material:
Keines

Mitspieler:
Je nach Komplexität der Sätze (bei Einzelförderung kann man mit Puppen und Teddys arbeiten)

Vorbereitung:
Aus Wörtern, die im Unterricht bereits behandelt wurden, bilden Sie kurze, einfache Sätze (Uli ruft Tim, Sina malt ein Lama o. Ä.) und schreiben die Einzelwörter auf festes Papier oder auf Pappe im DIN-A4-Format.

Spielregeln:
Ein Kind muss als „Satzreparierer" kurz vor die Tür. Jeweils so viele Kinder, wie der Satz Wörter hat, bilden die „Satzgruppe" und stellen sich in einer Reihe auf. Jedes bekommt eine Wortkarte und liest sie vor (bei schwachen Lesern helfen Sie mit). Der Satz wird im Chor leise mehrmals wiederholt. Anschließend „zerstören" die Kinder den Satz, indem sie durcheinander laufen und sich in falscher Reihenfolge wieder aufstellen. Der andere Mitspieler wird hereingerufen und stellt sich vor die Gruppe hin. Jedes Kind spricht nun „sein" Wort laut vor, und der Satzreparierer versucht, den kaputten Satz wieder ganz zu machen, indem er die Satzgruppe in die richtige Reihenfolge stellt. Dabei darf er immer wieder die Wörter erfragen, wenn er sie nur schwer lesen kann, denn seine Aufgabe ist es hauptsächlich, einen gut klingenden Satz zu bauen. Die anderen sprechen nun möglichst ohne große Pausen der Reihe nach ihr Wort vor und prüfen, ob der Satz richtig repariert wurde.
Geschrieben muss hier noch nicht werden. Es geht nur um die Erkenntnis, dass ein Satz aus einzelnen Wörtern besteht, auch wenn man das nur schwer heraushört.

3.4 Wörtertausch

Ziel:
Wortgrenzen erkennen durch Ersetzung

Material:
- Große Wortkarten (beschriftet u. unbeschriftet)
- dicke Wachsmalstifte o. Ä. in verschiedenen Farben

Mitspieler:
Viele

Vorbereitung:
Geeignete Sätze ausdenken, die dem Sprachschatz der Kinder entsprechen und möglichst Eigennamen enthalten, und jedes Wort in einer anderen Farbe auf Wortkarten in Demonstrationsgröße schreiben. Für jedes Wort eine Alternative ausdenken und in der gleichen Farbe ebenfalls auf eine Wortkarte schreiben. Am besten sind natürlich Wörter, die die Kinder schon lesen können.

Spielübung:
Befestigen Sie einen ganzen Satz Wortkarten an der Tafel oder an ein Bord, zum Beispiel:

Sven	kauft	einen	Papagei
Michael	streichelt	den	Hamster

Erklären Sie, dass Sie nun *ein* Wort austauschen, und wiederholen Sie den gleichen Satz mit „Hamster", also: „Sven kauft einen **Hamster**." Heften Sie die Wortkarte mit „Hamster" über die Wortkarte mit „Papagei".
Anschließend kann das **Verb** ausgetauscht werden: „Sven **streichelt** einen Hamster."
Dann wird „**Sven**" in einen anderen Namen verwandelt: „**Michael** streichelt einen Hamster."
Abschließend wird die Frage gestellt, welches Wort noch nicht ausgetauscht wurde: „**einen**". Was könnte man dafür einsetzen? Ein anderes Zahlwort oder den bestimmten Artikel: „Sven streichelt **zwei** Hamster." Oder: „Sven streichelt **den** Hamster."
Natürlich kann diese Übung auch als Spiel angeboten werden: Die Kinder tauschen reihum die einzelnen Wörter aus. Schreiben Sie die Vorschläge auf Blankokarten und heften Sie sie über die alten Karten. Jeder Spieler bekommt für einen geglückten Vorschlag eine Kastanie. Wem keine Antwort einfällt, geht für diese eine Runde leer aus. Gewinner ist, wer am Schluss die meisten Kastanien „erarbeiten" konnte. (Vorsicht bei Artikel- und Beugungsveränderungen!)

Weitere Beispiele:
Sina ruft Maria.
Papa trinkt Tee.
Oma strickt einen Pullover.
Sven spielt Klavier.
Sabine isst einen Apfel.
Wir gehen in den Zoo.
Die Blume riecht süß.
Der Kuchen schmeckt gut.
Der Hase sitzt im Stall.
Die Tasse steht neben dem (auf dem, hinter dem) Teller.

3.5 Wörterkauf

Ziel:
Wortgrenzen erkennen durch Einschub (handelnd)

Material:
Demonstrationskarten aus festem Papier (Pappe o. Ä.)

Mitspieler:
Wortverkäufer (Lehrperson), Kunde, pro Wort eines ganzen Satzes jeweils ein Kind

Vorbereitung:
Schreiben Sie jedes Wort eines ganzen Satzes auf große Karten. Denken Sie sich eine Auswahl an Adjektiven aus und schreiben Sie sie in der richtigen Beugung ebenfalls auf Karten. Bestimmen Sie auf Grund der Sätze, die Sie sich ausgedacht haben, wie viele Kinder sie für eine „Satzgruppe" brauchen.

Spielregeln:
Jedes Kind einer „Satzgruppe" bekommt eine Wortkarte, so dass es also ein ganz bestimmtes Wort repräsentiert, und hält es gut sichtbar vor den Bauch. Die Kinder stellen sich in einer Reihe so auf, dass sie mit ihren Wörtern einen korrekten Satz bilden, zum Beispiel: „Der Affe frisst eine Banane." Die

Kinder sprechen nacheinander „ihr“ Wort vor, wobei Sie helfend einschreiten können, falls eines sein Wort vergessen hat und es nicht lesen kann. Deuten Sie auf das jeweilige Kind, das gerade sein Wort vorsagt.
Sie als Lehrperson spielen den „Wortverkäufer“ und bieten ihre verschiedenen Wortkarten einem „Kunden“, also einem Kind, das nicht in der Satzgruppe ist, an. Das bedeutet, dass Sie ihm zwei oder drei Adjektive in der richtigen Beugung vorlegen. Dazu erklären Sie, welches Wort aus dem Satz es näher beschreiben soll (also hier: Affe), und benennen die Wörter, z. B. liebe, große und freche. Mit dem gewählten Adjektiv vor dem Bauch stellt sich das Kind nun an die richtige Stelle in der Reihe und bildet den erweiterten Satz, also z. B.: „Der **freche** Affe frisst eine Banane.“ Die Kinder sprechen nun wieder nacheinander ihr Wort vor, wobei das „neue“ Wort ganz laut gerufen werden muss.
Ein weiteres Kind bekommt ebenfalls zwei oder drei Adjektive angeboten, so dass der Satz nun lauten könnte: „Der freche Affe frisst eine **krumme** (leckere, süße) Banane.“ Die Kinder sprechen wiederum nacheinander ihr Wort vor, wobei das „neue“ Wort ganz laut gerufen werden muss.
Das nächste Kind soll nun das Verb erweitern, das heißt, dass Ihr „Angebot“ in der Grundform erfolgen muss. Das Kind wählt und baut das Wort in den Satz ein, z. B. „Der freche Affe frisst **schnell** (hastig, langsam) eine krumme Banane.“
Erwähnen Sie, dass aus den *Wörtern*, die die einzelnen Kinder darstellen, ein ganzer *Satz* gebildet wurde.
Wenn die erste Runde beendet ist, darf beim nächsten Satz ein Kind den Wortverkäufer spielen. Sie sollten aber als Regulator dabei bleiben und eventuell beim Lesen der Wortkarten helfen.

Weitere Beispiele:
Unsere Oma malt ein Pferd.
Mein Hund hütet die Schafe.
Dein Opa bäckt eine Pizza.
Unsere Lehrerin fährt in ihrem Auto.
Die Frau lobt die Kinder.
Unser Lehrer sitzt in der Badewanne.

3.6 Wörter zählen

Ziel:
Wortgrenzen erkennen durch abwechselndes Sprechen; Satzlängen vergleichen

Material:
- Kastanien o. Ä.
- für die *Variante* zusätzlich ein Tuch

Mitspieler:
Einzelarbeit

Vorbereitung:
Denken Sie sich unterschiedlich lange Sätze aus, die dem Wortschatz des Kindes entsprechen, oder verwenden Sie die unten stehenden Beispiele.

Spielregeln:
Sprechen Sie den kürzesten Satz vor und verwenden Sie dabei den Namen des Kindes als Subjekt. Das Kind spricht den Satz nach und überlegt, welche einzelnen Wörter darin vorkommen. Es legt für jedes Wort in Schreibrichtung eine Kastanie oder einen Glasstein. Hat es Schwierigkeiten bei der Bestimmung der einzelnen Wörter, fragen Sie es nach dem Inhalt des Satzes und erklären Sie ihm, dass ein Wort immer einen Sinn ergeben muss. Letzteres vor allem dann, wenn das Kind die Sprechsilben statt der Wörter zählt.
Sprechen Sie die Wörter abwechselnd: Ein Wort Sie, ein Wort das Kind, ... Oder sprechen Sie die Wörter abwechselnd laut und leise. Nur wenn das Kind die kurzen Sätze sicher in einzelne Wörter zergliedern kann, gehen Sie zu längeren Sätzen über. Die Kastanien bleiben liegen. Bei jedem weiteren Satz legt das Kind wieder Wort für Wort eine Kastanie, und zwar genau unter die oberen. Die Kastanien werden am Schluss gezählt und die Sätze miteinander verglichen. Welcher Satz ist länger? Der, der mehr Kastanien, also mehr Wörter hat.

Beispiele:
2: Ben spielt. Mama liest. Papa kocht. Mieze schnurrt. Lisa schläft.
3: Martin hat Hunger. Konrad fährt Fahrrad. Hans isst Eis. Wir machen Musik. Britta kocht Spagetti.
4: Mama ruft den Hund. Ich spiele im Garten. Du schreibst einen Brief. Die Katze fängt Mäuse. Ich mag süße Schokolade.
5: Hans und Tine spielen Memory. Wir gehen in die Schule. Das Auto fährt schnell fort. Papa sitzt lange am Schreibtisch. Welches Tier ist dein Lieblingstier?
6: Am Himmel sehen wir viele Sterne. Der Lehrer schreibt an die Tafel. Wir fahren mit dem Fahrrad heim. Der Gepard ist die schnellste Wildkatze. Wie kommen die Krokodile zur Welt?

Variation mit mehreren Kindern:
Denken Sie sich einen kurzen Satz aus und legen Sie unter ein Tuch pro Wort eine Kastanie (die Kinder sollen die Anzahl nicht erkennen können). Sprechen Sie nun den Satz vor. Die Kinder zählen mit, wie viele Wörter der Satz hat, und legen für jedes Wort eine Kastanie vor sich auf den Tisch. Lüpfen Sie das Tuch. Die Kinder vergleichen die Anzahl der Kastanien. Der Satz wird noch einmal wiederholt und alle deuten bei jedem Wort auf eine Kastanie.

3.7 Satzvergleich

Ziel:
Erkenntnis: Die Anzahl der Wörter bestimmt die Länge des Satzes

Material:
Tafel

Mitspieler:
1 bis viele

Vorbereitung:
Keine

Spielübung:
Ein Kind darf sich einen Satz ausdenken. Mit jeweils einer anderen Farbe pro Wort schreiben Sie den Satz an die Tafel. Lassen Sie genug Abstand zwischen den einzelnen Wörtern. Lesen Sie den Satz vor und zeigen Sie mit einem Stab zeitgleich auf das jeweilige Wort. Jeder zählt für sich, wie viele Wörter der Satz hat. Schreiben Sie die richtige Zahl an das Ende des Satzes. Nun denkt sich ein anderes Kind einen Satz aus. Schreiben Sie ihn unter den ersten und achten Sie darauf, dass die Wörter genau untereinander stehen, damit auf den ersten Blick zu erkennen ist, welcher Satz länger ist. Die Anzahl der Wörter wird wieder notiert. Nach 5 oder 6 Sätzen wird anhand der Länge der Sätze und der Anzahl der Wörter geprüft, wer den längsten/kürzesten Satz gebildet hat.

3.8 Sätze nach Vorgaben bilden

Ziel:
Einsicht, dass die Anzahl der Wörter die Länge des Satzes bestimmt

Material:
Tafel

Mitspieler:
1 bis viele

Vorbereitung:
Keine

Spielübung:
Die Kinder versuchen Sätze zu bilden, die zunächst 2, dann 3, später 4 und mehr Wörter haben. Diese Sätze werden von Ihnen untereinander in Spalten an die Tafel geschrieben, so dass die mit jedem Wort wachsende Länge ersichtlich ist.

Beispiele:

Ich	lache.

Thea	liebt	Fritz.

Du	isst	ein	Eis.

3.9 Wortdetektiv

Ziel:
Ein einzelnes Wort aus gesprochenem Text erkennen

Material:
Keines

Mitspieler:
1 bis viele

Vorbereitung:
Geeignete Geschichten aussuchen oder selbst ausdenken, Wörter bestimmen

Spielregeln:
Geben Sie ein Wort vor, das besonders häufig in der Geschichte auftaucht. Lesen Sie die Geschichte langsam vor. Wenn die Kinder das Wort hören, müssen sie eine bestimmte Handlung durchführen.
Beginnen Sie mit einfachen Wörtern wie Nomen oder Verben. Bei Tieren könnten die Kinder z. B. die Tierstimme nachahmen. Bei Verben könnten sie die jeweilige Tätigkeit ausführen. Bei anderen Wörtern reicht auch klopfen oder stampfen. Hauptsache, es macht Spaß.

Beispiel (Wortvorgabe „Löwe"):
Der Löwe wird der König der Tiere genannt. Der Löwe brüllt so laut, dass man ihn aus großer Entfernung hören kann. Er will damit sagen: „Ich, der Löwe, bin groß und stark. Wagt es ja nicht, mich anzugreifen!" Das würden sich die anderen Tiere aber sowieso zweimal überlegen. Sie wissen ja, dass ein Löwe furchteinflößende Fangzähne und scharfe Krallen hat. Andererseits gilt der Löwe als ziemlich faul. Er schläft bis zu zwanzig Stunden am Tag. Und: Als männlicher Löwe geht er selten auf die Jagd. Diese anstrengende Tätigkeit überlässt er lieber den Damen des Rudels. Aber wenn dann die Beute da ist, will der Herr Löwe als Erster fressen. Die anderen Familienmitglieder müssen sich um die Reste balgen.

3.10 Sätze zerschneiden

Ziel:
Wortgrenzen erkennen durch Umstellung

Material:
- Ausgeschnittene Sätze
- kleine Schachteln mit Deckel und Namen des Kindes (z. B. von Camembert oder Margarine, die auch später noch für andere Materialien verwendet werden können)

Mitspieler:
1 bis viele

Vorbereitung:
Schreiben Sie in ansprechend großen Großbuchstaben kurze Sätze (auch Quatschsätze) mit den Wörtern, die im Unterricht bereits durchgenommen wurden oder die weitestgehend die Buchstaben a, e, i, o, u, f, l, m, n, r, s, t enthalten, z. B.:

OMA IST ALT.
DER FILM IST AUS.
ULI MALT ELF ROTE ROSEN.
RENATE RENNT ANS TELEFON.
SUSI SAUST AN DIE TAFEL.
OLE RUFT SEINEN ESEL.
TANTE TINA FASELT AM TELEFON.
MAMA TURNT MIT EINEM BESEN.
MAUS UND ENTE LERNEN IN DER SONNE.
MAMA UND OMA LESEN AUF DEM SOFA.
NINA UND NILS LAUFEN AM UFER UM DEN SEE.
ELEFANT SINA FRISST NUR ANANAS MIT ROSA SENF.
DIE AFFEN TRAFEN DIE LAMAS AUF EINEM TOLLEN FEST.

Die Sätze kopieren Sie für jedes Kind auf festes Papier und schneiden sie in nicht zu schmale Streifen.

Übung:
Teilen Sie an die Kinder immer den gleichen Satz aus. Der Satz wird von einem freiwilligen Kind oder von Ihnen vorgelesen. Die anderen Kinder lesen leise mit. Die Wörter und die Zwischenräume werden besprochen. Anschließend betonen die Kinder die Spatien mit senkrechten Strichen, zerschneiden den Satz entlang der Markierungen und mischen die Schnipsel durcheinander. Nun können die Wörter wieder zu einem „legalen" Satz zusammengelegt werden, wobei natürlich auch Umstellungen erlaubt und gewollt sind wie: „Malt Uli elf rote Rosen?" „Elf rote Rosen malt Uli."
Wenn alle Sätze dergestalt bearbeitet wurden, können auch die Wörter von zwei oder drei Sätzen vermischt und neue Sätze kreiert werden: „Renate saust um den See." „Elefant Sina turnt mit einem Besen." Die Kinder lesen ihre Sätze vor: Wer hat den gleichen Satz wie ich gebaut? Wie viele Wörter hat dein Satz? Auf diese Weise wird handelnd mit den Wörtern und gleichzeitig schon mit der Sprache gespielt und dadurch das Wissen um den Begriff „Wort" gefestigt.

3.11 Wort-Schatzkiste

Ziel:
Vertiefende Einsichten zu den Begriffen Wort und Satz

Material:
- Eine Schachtel (Dose, Kiste) für jedes Kind
- Kartonstreifen in verschiedener Länge zum Beschriften
- Stift

Mitspieler:
1 bis 5

Vorbereitung:
Keine

Übung:
Alle Wörter, die die Kinder auf Grund der eingeführten Buchstaben schon lesen können oder die ihnen besonders wichtig sind, werden auf die Papierstreifen geschrieben und in den Schachteln gesammelt. Dabei sollten die verschiedenen Längen der Kärtchen berücksichtigt werden: Kurze Streifen → kurze Wörter, lange Streifen → lange Wörter. Die Lehrkraft achtet darauf, dass sich keine Schreibfehler eingeschlichen haben und dass auch „kleine" Wörter wie Artikel und Funktionswörter dabei sind, weil diese von den Kindern oft nicht als eigenständiges Wort erkannt werden. Mit diesem Wortschatz können vielfältige Übungen zu den elementaren Begriffen „Wort" und „Satz" kreiert werden (z. B. nach dem Muster „Worteinschub, Wortersetzung, Wortumstellung").
Es sollte darauf geachtet werden, dass nicht zu viele Wörter in der Schachtel sind, um die Übersichtlichkeit zu wahren.

3.12 Satz oder Wort?

Ziel:
Unterschied zwischen Satz und Wort erkennen

Material:
Keines oder Medium Handpuppe

Mitspieler:
1 bis viele

Vorbereitung:
Keine

Übung:
Sprechen Sie einen einfachen Satz vor, z. B.: „Meine Schwester heißt Verena." Oder: „Heute gehen wir ins Kino." Fragen Sie, ob das ein Satz ist. Wird die Frage verneint, muss noch einmal geklärt werden, was ein Satz ist.
Wird die Frage bejaht, also richtig beantwortet, sprechen Sie ein einzelnes Wort vor, und fragen, ob dies auch ein Satz war. Wird diese Frage bejaht, also falsch beantwortet, muss der Begriff „Wort" noch einmal geklärt werden.
Wird die Frage aber verneint, also richtig beantwortet, wechseln Sie Satz und Wort ein paar Mal nacheinander ab (dabei nicht nur Nomen verwenden, sondern auch Verben, Adjektive und Funktionswörter wie „weiter", „warum", „zwischen" usw.).
Wurde das Prinzip verstanden, sprechen Sie einen *unvollständigen* Satz vor. Wird erkannt, dass der Satz nicht „ganz" ist, wird überlegt, was noch fehlen könnte. Mögliche Fragen: Wie viele Wörter fehlen, damit der Satz „ganz" ist. Welche Wörter könnte man anschließen, damit der Satz einen Sinn ergibt? (Sinnerwartung wecken)

4. Das einzelne Wort

Didaktische Hinweise:
Um das Schreiben und Lesen zu lernen ist es notwendig, vom inhaltlichen Aspekt der Sprache wegzugehen und den *lautlichen* Blickwinkel in den Vordergrund zu rücken. Dies erfordert eine beachtliche Abstraktionsleistung, die in ihren Anfängen spielerisch aber sinnvoll unterstützt werden kann durch das aktive Reimen von Einzelwörtern.
Viele Kinder sind bereits vor Schulbeginn dazu imstande zu reimen oder zumindest Reimpaare passiv zu erkennen (Abzählverse, kleine Gedichte). Die folgenden Übungen zum Reimen knüpfen also an bereits Erfahrenes an und bauen es weiter aus. Verbindet man nun mündliches Reimen mit den ersten Vergleichen, wie sehr sich die fast gleich klingenden Wörter auch in ihren *Zeichen* ähneln, geht man einen nicht zu unterschätzenden Schritt vorwärts in Richtung „Einsicht in die alphabetische Struktur unserer Schriftsprache". Das Kind erkennt, dass *fast gleich klingende* Wörter auch mit *fast gleichen Zeichen* dargestellt werden, und erhält somit die Gelegenheit, intuitiv von seinem rein inhaltlichen Verständnis von Sprache abzurücken.

Eine Nebenvoraussetzung ist dabei, ganz banal gesprochen, *zuhören* zu können. Zuhören, sich auf Gehörtes konzentrieren, Gehörtes in wichtig und unwichtig zu trennen und das Wichtige zu speichern, um es später abrufen zu können, sind Fähigkeiten, die nicht bei allen Kindern ausreichend stark ausgeprägt sind. Diesen Kindern kann geholfen werden, indem man Übungen zum Lauschen anbietet, mit denen sie zu einem *bewussten Hören* animiert werden. Im Folgenden seien einige Vorschläge zur Schulung der auditiven Wahrnehmung angeführt:

- Entspannungsgeschichten vorlesen (Film im Kopf entstehen lassen)
- Stille hören
- Geräusche, Klänge und Stimmen identifizieren
- Wichtige von unwichtigen Geräuschen unterscheiden
- Die Richtung erkennen, von woher die Geräusche kommen
- Geflüsterte Wörter identifizieren, wobei der „Lauscher" sich immer weiter entfernt (Wer hat die besten Ohren?)
- Namen flüstern: Sie sitzen vorn und flüstern den Namen eines Kindes. Dieses geht leise zu Ihnen hin und bekommt von Ihnen etwas Nettes ins Ohr geflüstert. Anschließend flüstern Sie den Namen des nächsten Kindes.
- Stille Post (Variante: Lehrkraft schreibt das geflüsterte Wort zweimal auf, nämlich einmal das Originalwort und dann das Klanggebilde, das beim letzen „Postler" angekommen ist. Einsicht: Man kann auch ein falsch gesprochenes Wort aufschreiben, aber wissen dann die anderen, was eigentlich gemeint war? Nein, denn nur ganz bestimmte Zeichen in einer ganz bestimmten Reihenfolge ergeben ein bestimmtes Wort.)

Neben der Ähnlichkeit der Zeichen bei Reimpaaren kann das Betrachten und Vergleichen von einzelnen – auch unbekannten – Wörtern weitere Einsichten in die Struktur der Schrift vermitteln:

- Die Länge eines Wortes hat nichts mit der Größe des bezeichneten Gegenstandes zu tun, sondern etwas mit der Anzahl der Buchstaben.
- Je länger ich brauche, um ein Wort zu sprechen, desto mehr Buchstaben muss ich schreiben.

4.1 Wer findet das Reimwort?

Ziel:
Hinführung vom inhaltlichen zum lautlichen Aspekt der Sprache. Förderung der phonologischen Bewusstheit im weiteren Sinn und des Verständnisses für den Aufbau der Schrift.

Material:
Keines

Mitspieler:
1 bis viele

Vorbereitung:
Wenn die Minigedichte nicht oder nicht ausschließlich verwendet werden sollen: Selbst kleine Reimsätze ausdenken.

Spielregeln:

Lesen Sie die Minigedichte vor und lassen Sie die Kinder das Reimwort am Ende finden. Jedes Minigedicht wird im Chor wiederholt.

Für Kinder, die Schwierigkeiten beim Reimen haben, werden gemeinsam Abzählverse gesprochen, um ihnen deutlich zu machen, was mit „Reimen" überhaupt gemeint ist.

Falls auch das keine Erkenntnis bringt, müssen Reimeinzelwörter vor- und im Chor nachgesprochen werden, um das Gefühl für klangähnliche Wörter zu wecken.

Beispiele für Minigedichte:

Ene mine miste – es rappelt in der .... (Kiste)
In meinem kleinen Haus – lebe ich und eine .... (Maus)
Fünf grus'lige Gespenster – fliegen aus dem .... (Fenster)
Sabine trägt auf ihrem Kopf – einen dicken, blonden .... (Zopf)
Auf einer hohen Mauer – sitzt die Katze auf der .... (Lauer)
Fängt der Opa einen Fisch – deckt die Oma schnell den .... (Tisch)
Der kleine schwarze Floh – hüpft durch das gelbe .... (Stroh)
Der lange, braune Wurm – kroch auf einen hohen .... (Turm)
Das dicke, rosarote Schwein – hat ´nen blauen Fleck am .... (Bein)
Der große, graue Wolf – trägt den schönen Namen .... (Rolf)
Fehlt das Ei dir für den Kuchen – musst du bei den Hühnern .... (suchen)
Unser kleiner Schnupperhase – zuckt ganz oft mit seiner .... (Nase)
Der spitze Dorn an einer Rose – zerriss mir heute meine .... (Hose)
In einem weit entfernten Land – liegen wir im gelben .... (Sand)
Was hängt denn da am Baume – eine Zwetschge oder .... (Pflaume)
Heute fliegt Familie Geier – auf `ne große Hochzeits .... (-feier)
Eine kleine Wiesenkröte – wünscht sich zu Ostern eine .... (Flöte)

Beispiele für Abzählverse:

Brüderchen, komm tanz mit mir. Beide Hände reich' ich dir.
Einmal hin, einmal her, ringsherum, das ist nicht schwer.

Ine mine mei, Zucker in den Brei, Butter in den Kuchen, und du musst suchen.

1, 2, 3, 4, 5, 6, 7, eine alte Frau kocht Rüben, eine alte Frau kocht Speck – und du bist weg.

Mein Häuschen ist nicht grade, das ist aber schade.
Mein Häuschen ist ganz krumm, das ist aber dumm.
Dauernd bläst der Wind herein, das ist aber gar nicht fein.
Die Fenster sind zu schief, die Decke ist zu tief.
Doch trotzdem leb ich gern hier drin, weil ich ein Hexenmädchen bin.

Beispiele für Einzelreimwörter:

Tee-See-Fee-Klee-Schnee-Lee-Reh-Zeh
Hut-Mut-Glut-Brut-Wut-Nut-Ruth
Moos-Kloß-Schoß-Floß-Los
Nuss-Kuss-Fluss-Schuss-Schluss-muss-Guss
Reis-Preis-Eis-heiß-Schweiß-Mais
Dach-Fach-Krach-flach-schwach-wach-Schach-Bach
Bauch-Rauch-Lauch-Schlauch
aus-Maus-Haus-Klaus-Laus-raus-Graus-Strauß
Katze-Tatze-Glatze-Fratze
weiter-Reiter-Leiter-heiter
Pfanne-Wanne-Kanne-Panne-Tanne
Becken-schlecken-necken-recken-Hecken-lecken-Schrecken-Zecken
immer-Zimmer-Schimmer-schlimmer
Riegel-Ziegel-Tiegel-Siegel-Spiegel
doch-Loch-noch
Suppe-Schnuppe-Puppe-Kuppe-Kruppe-Truppe-Fluppe-Gruppe

4.2 Einzelreime: Reimpartner finden

Ziel:
Hinführung vom inhaltlichen zum lautlichen Aspekt der Sprache. Förderung der phonologischen Bewusstheit im weiteren Sinn und des Verständnisses für den Aufbau der Schrift.

Material:
Bildkarten, siehe Kopiermaterial zu FA 4.2

Mitspieler:
Kleine Gruppen ab 4 Kindern

Vorbereitung:
Kopieren Sie die Bögen etwas vergrößert und schneiden Sie die Kärtchen aus. Schreiben Sie auf die Rückseite den passenden Begriff.

Spielübung:
Eine gerade Anzahl von Kindern stellt sich im Kreis auf. Jedes Kind bekommt eine Bildkarte (darauf achten, dass zu jedem Bild auch sein Reimpartner in der Gruppe ausgeteilt wird) und hält sie mit der Zeichnung nach vorne vor seinen Bauch. Nacheinander nennen die Kinder „ihr" Bild. Dann fängt das erste Kind an, sagt noch einmal laut seinen Begriff und sucht das Kind, dessen Bild das Reimwort zu seinem eigenen Bild darstellt. Wenn sich alle Reimpartner gefunden haben, drehen sie ihre Karten um und betrachten die geschriebenen Wörter. Welche Erkenntnisse werden gewonnen?

- Sehen die Reimwörter sich ähnlich? (Ja)
- An welcher Stelle ist etwas anders? (Am Anfang des Wortes)
- Was ist anders? (Ein oder höchstens zwei Buchstaben)
- Schauen sich auch die dazugehörigen Bilder ähnlich? (Nein, sie haben eigentlich nichts miteinander zu tun → Die Bedeutung eines Wortes hat nichts mit den Schriftzeichen zu tun)

Zum Schluss denken sich die Reimpartner noch einen Reimspruch mit ihren Wörtern aus, z. B: „Ich stecke in die Tasche – eine kleine, grüne Flasche." Oder als Zauberspruch formuliert: „Hokus pokus grüne Flasche – ich wünsch' mir eine große Tasche. Abrakadabra!"

4.3 Einzelreime: Domino

Ziel:
Hinführung vom inhaltlichen zum lautlichen Aspekt der Sprache. Förderung der phonologischen Bewusstheit im weiteren Sinn und des Verständnisses für den Aufbau der Schrift.

Material:
Dominokärtchen, siehe Kopiermaterial zu FA 4.3

Mitspieler:
Kleine Gruppen von bis zu sechs Kindern

Vorbereitung:
Kopieren Sie die Bögen einmal pro Spielgruppe und schneiden Sie die Domino-Kärtchen aus. Die Wortkärtchen werden auf die Rückseite geklebt und zwar so, dass die Wörter im Vergleich zu den Bildern auf dem Kopf stehen.

Spielregeln:
Die Domino-Karten werden mit den Zeichnungen nach oben auf die Mitspieler verteilt. Der erste Spieler wird durch Auszählen o. Ä. ermittelt. Er legt eine Karte von sich in die Mitte und benennt die Bilder. Reihum versucht jedes Kind entweder rechts oder links ein „Reimbild" anzulegen. Wer kein Passendes hat, muss aussetzen. Sieger ist derjenige, der als Erster keine Kärtchen mehr hat.

Variation:
Die Dominoschlange wird so umgedreht, dass nun die Reim*wörter* in der richtigen Reihenfolge liegen. Ein Kind, das schon lesen kann, oder die Lehrkraft liest jeweils ein Wort vor, die Kinder ergänzen im Chor das Partnerwort. Gemeinsam werden die Unterschiede der *Zeichen* besprochen.

4.4 Einzelreime: Reimkarte finden

Ziel:
Hinführung vom inhaltlichen zum lautlichen Aspekt der Sprache. Förderung der phonologischen Bewusstheit im weiteren Sinn und des Verständnisses für den Aufbau der Schrift.

Material:
Bildkärtchen, siehe Kopiermaterial zu FA 4.2

Mitspieler:
1 bis 12 Kinder

Vorbereitung:
Falls nicht schon geschehen: Kopieren Sie die Bögen und schneiden Sie die Kärtchen aus. Beschriften Sie die Rückseite der Kärtchen mit den jeweiligen Begriffen.

Spielregeln:
Verteilen Sie jeweils ein Bild der zusammengehörenden Reimkärtchen im Klassenzimmer (Tische, Boden, Fensterbänke usw.). Die Partnerbilder verteilen Sie gleichmäßig an die Mitspieler (nicht mehr als 3 pro Kind). Jedes Kind sucht nun zu seinen Bildkärtchen die passenden Reimbilder.

Variation:
Ein Kind „versteckt" die Reimbilder, die anderen müssen suchen.

4.5 Einzelreime: Reimwörter zu Dingen oder Bildern suchen

Ziel:
Hinführung vom inhaltlichen zum lautlichen Aspekt der Sprache. Förderung der phonologischen Bewusstheit im weiteren Sinn und des Verständnisses für den Aufbau der Schrift.

Material:
Keines oder ein Bilderbuch (z. B. von Ali Mitgutsch)

Mitspieler:
Viele

Vorbereitung:
Bilder aus Bilderbüchern ausreichend groß kopieren und auf die Kreideablage der Tafel stellen

Spielregeln:
Zu Dingen aus dem Klassenraum oder auf kopierten Bildern werden Reimwörter gesucht. Eventuell für jedes gefundene Reimwort Büroklammern o. Ä. vergeben, so dass am Schluss der Reimkönig oder die Reimkönigin ermittelt werden kann.

4.6 Namen vergleichen

Ziel:
Erste Einsichten in die Struktur eines Wortes: Die Länge des Wortes hat etwas mit der Anzahl der Buchstaben bzw. der Sprechdauer zu tun (nicht mit dem Inhalt!).

Material:
Für Sie:
- Papierstreifen (ca. 8cm x 25cm)
- dicker Stift

Für jedes Kind:
- einen grünen Buntstift und eine Schere
- ev. großes Plakat, auf dem alle Namen der Kinder untereinander Platz haben

Mitspieler:
1 bis ca. 8

Vorbereitung:
Schreiben Sie auf ausreichend große Papierstreifen (mindestens 8cm x 25cm) die Namen der Kinder Ihrer Gruppe. Lassen Sie dabei zwischen den einzelnen Buchstaben oder Buchstabengruppen genügend Abstand, damit die Kinder später dort einen senkrechten Strich ziehen können.

M A R T I N	M O N I K A

(Falls Namen aus anderen Sprachen dabei sind, die sich nicht für dieses Spiel eignen, könnte gleich mit möglichst lauttreuen Tiernamen gearbeitet werden: Lama, Nashorn, Tiger, Löwe, Panter, Pudel, Bär, Antilope, Amsel, Biber, Dalmatiner, Dromedar, Kamel, Elefant, Ente, Esel, Falke, Falter, Gans, Hamster, Hase, Igel, Käfer, Kolibri, Krokodil, Kröte, Marder, Mops, Möwe, Panda, Pelikan, Puma, Puter, Rabe, Salamander, Uhu, Wespe, Wal, Wolf, Wurm, Zebra usw.)

Spielübung:
Jedes Kind nennt reihum seinen Namen. (Bei wenigen Kindern können die Namen von Freunden oder den Eltern mit angegeben werden). Schreiben Sie die Namen zunächst dergestalt an die Tafel, dass die einzelnen Buchstaben exakt untereinander stehen und es genau erkennbar ist, welches Wort länger ist. (Entscheiden Sie auf Grund des Wissenstands der Kinder, ob Sie lieber nur in Großbuchstaben schreiben, um Verwirrungen zu vermeiden, denn es geht hier um die elementare Einsicht, dass die Wortlänge etwas mit der Anzahl der Buchstaben zu tun hat und noch nicht um die Unterscheidung zwischen Groß- und Kleinbuchstaben.)

T I M	S V E N
R O L F	M A R T I N
F R A N K	F L O R E N T I N E

Wenn alle Namen aufgeschrieben sind, werden die Buchstaben gemeinsam gezählt, Sie trennen sie durch senkrechte Striche und notieren die Anzahl der Buchstaben hinter den jeweiligen Namen. Dabei muss darauf geachtet werden, dass Mehrfachgrapheme, die *einen* Laut repräsentieren, zusammenbleiben: M I CH A E L.
Nun können Sprechübungen gemacht werden: Welcher Name ist länger/klingt länger/für welchen Namen braucht man länger, z. B.: Ben oder Florentine? Woran erkennt man an den aufgeschriebenen Wörtern, welcher Name länger ist? Antwort: An der Anzahl der Buchstaben. Wer hat den kürzesten Namen, wer hat den längsten?
Fazit: Beim Sprechen ist es die *Dauer*, die die Länge des Wortes verrät; beim Schreiben ist es die *Anzahl der Buchstaben*.

Nebenbei können mit den Namen an der Tafel noch weitere „detektivische“ Aufgaben gelöst werden:
- Fangen zwei Namen mit dem gleichen Buchstaben an? Welche? (z. B. Martin und Monika)
- Wie klingt der Buchstabe am Anfang des Wortes? (/m/)
- Kommt dieser Buchstabe noch in anderen Namen vor, vielleicht in der Mitte oder am Ende?

Nach dem mündlichen Teil der Übung legen Sie die Namen-Streifen aus, und jedes Kind sucht sich seinen Namen selbst. Die Kinder malen mit einem grünen Buntstift einen senkrechten Strich zwischen die einzelnen Buchstaben und kontrollieren an der Tafel, ob sie es richtig gemacht haben. Anschließend zerschneiden sie die Streifen an den grünen Linien auseinander, mischen die einzelnen Teile durcheinander und puzzeln sie wieder zusammen.
Zum Abschluss können die Namen nach der Länge geordnet auf ein großes Plakat geklebt und dieses im Klassenzimmer aufgehängt werden.

Variation:
Der Name des Banknachbarn wird zusammengesetzt.

4.7 Tiernamen raten und vergleichen

Ziel:
Festigung der Einsicht, dass die Länge eines Wortes von der Anzahl seiner Laute bzw. Buchstaben abhängt.

Material:
Für Sie:
- Zettel
- Schachtel oder Hut

Für jedes Kind:
- kopierte Papierstreifen, siehe Kopiermaterial zu FA 4.7
- Stifte
- große Blätter

Mitspieler:
1 bis ca. 8

Vorbereitung:
Kopieren Sie die Vorlage FA 4.7 pro Kind. Zerschneiden Sie sie in 8 einzelne Papierstreifen und heften Sie die Streifen auf der linken Seite so zusammen, dass der kürzeste ganz oben und der längste ganz unten liegt.
Notieren Sie sich lauttreue Tiernamen Ihrer Wahl mit 3 bis 10 Buchstaben auf kleine Papierzettel. Falten Sie die Zettel und legen Sie sie in eine Schachtel.

Übung:
Verteilen Sie an die Kinder die zusammengehefteten Papierstreifen (je nach Fähigkeiten und/oder Überforderung der Kinder können die drei längsten auch weggelassen werden). Nehmen Sie einen Zettel aus der Schachtel und stellen Sie das darauf notierte Tier pantomimisch dar oder umschreiben Sie es mit Worten. Die Kinder müssen es erraten. Schreiben Sie den Tiernamen an die Tafel, indem Sie für jeden Buchstaben (oder Mehrfachgraphem wie „au") ein Rechenkästchen benützen. Gemeinsam werden die Buchstaben gezählt und hinter dem Tiernamen notiert.
Die Kinder suchen sich nun aus ihren Papierstreifen dasjenige mit der entsprechenden Anzahl Kästchen und schreiben den Tiernamen auf (jeder Buchstabe in ein Kästchen). Zur Kontrolle dient die Tafelanschrift. Nun dürfen die Kinder selbst reihum „Lose" ziehen und ihr Tier darstellen oder umschreiben (gegebenenfalls ist dabei manchmal Hilfe nötig). Die anderen Kinder raten, Sie schreiben an die Tafel, die Kinder schreiben ab.
Es sollte die Einsicht erfolgen, dass die Größe eines Tieres nichts mit der Länge seines Namens zu tun hat. Bestes Beispiel: der Wal.

Beispiele:

3: Wal (Uhu, Bär, Ren),
4: Esel (Ente, Lama, Gans, Hase, Hund, Igel, Möwe, Puma, Rabe, Rind, Wolf, Wurm, Löwe),
5: Amsel (Panda, Puter, Pudel, Tiger, Biber, Kamel, Käfer, Kröte, Wespe, Zebra, Falke),
6: Panter (Falter, Marder),
7: Elefant (Nashorn, Hamster, Kolibri, Pelikan),
8: Krokodil (Dromedar, Antilope),
9: Turmfalke (Fledermaus, Schildkröte)
10: Dalmatiner (Salamander)

4.8 Wörter suchen

Ziel:
Festigung der Einsicht, dass die Länge eines Wortes von der Anzahl seiner Laute bzw. Buchstaben abhängt.

Material:
Einfache Geschichten, Gedichte o. Ä.;
für jedes Kind:
- ein kopiertes Blatt mit der Geschichte
- Tabelle, siehe Kopiermaterial zu FA 4.8

Mitspieler:
1 bis viele

Vorbereitung:
Suchen Sie eine geeignete Geschichte aus dem Lesebuch o. Ä. heraus. Unterstreichen Sie die Wörter, die in Frage kommen (z. B. Wörter, die nur aus den bereits im Unterricht behandelten Buchstaben bestehen, Wörter ohne Mehrfachgrapheme, Wörter, die nicht mehr als 7 Buchstaben haben …). Achten Sie darauf, dass von jeder Länge genügend Wörter dabei sind.

Übung:
Die Kinder suchen unterstrichene Wörter mit zwei bis 7 Buchstaben aus dem Text heraus und schreiben sie in die richtigen Spalten.

Spielerische Varianten:
Ohne Wortunterstreichungen:
- Wer findet das längste Wort?
- Wer findet die meisten Wörter mit nur zwei (drei, vier …) Buchstaben? (Vorsicht bei Mehrfachgraphemen!)
- Wer findet das längste Wort, das mit einem M (oder einem anderen Buchstaben) beginnt?

Die Silbe (= S)

Theoretischer Hintergrund:
In den letzten Jahren ist durch verschiedene Studien und Trainingsprogramme immer wieder bestätigt worden, dass Lese-Rechtschreibschwierigkeiten wesentlich seltener auftreten, wenn im Anfangsunterricht die Aufmerksamkeit der Kinder vom Inhalt der Sprache auf deren *lautliche Struktur* gelenkt wird. Ein wichtiger Aspekt dabei ist die *bewusste Segmentierung eines mehrsilbigen Wortes in Silben.* Intuitiv haben die Kinder die Silbengliederung bereits vor Schuleintritt durch Lieder, Tänze und Abzählverse kennen- und anwenden gelernt. Denn im Gegensatz zum Laut, der erst während der Befassung mit Schriftsprache *kognitiv* erfassbar wird, ist die Silbe eine Gliederungsform, die *körperlich zu erspüren* ist: Durch den Atemausstoß und die damit verbundene Veränderung der Schallfülle, die in ihrem vokalischen Kern ihren Höhepunkt erreicht und sich an den Rändern wieder abschwächt (vgl. Röber-Siekmeyer), entsteht ein Rhythmus, der den gesamten Körper mit einbezieht. Kinder können diesen Rhythmus klatschen, stampfen oder hüpfen, und Erwachsene können ihm zum Beispiel Ausdruck durch betontes Skandieren von Gedichten und Versen verleihen.

Die Silbe kann also als *elementare* Einheit unserer Artikulation bezeichnet werden. Von ihr als überschaubarem Teil eines längeren Wortes ausgehend ist es den Kindern leichter möglich, das Herausschälen der einzelnen Phoneme aus dem Lautkontinuum zu erlernen und nebenbei auch ein sicheres Gespür für Wortbegriff und Wortlänge zu entwickeln.

Normalerweise bringen ABC-Schützen also die intuitive Fähigkeit zur Silbengliederung und ein natürliches Rhythmusgefühl in die Schule mit. Bei einigen Kindern aber gelingt das *bewusste*, exakte Segmentieren trotzdem nicht von Anfang an. Sie brauchen Unterstützung durch gezieltes Üben im silbierenden Sprechen, das zusammen mit synchronen rhythmischen Bewegungen und den daraus resultierenden Sprechpausen zu einer deutlichen Artikulation führt und den Weg für eine sichere Phonemanalyse bereitet.

Exkurs:
Lassen Sie sich bitte nicht täuschen, wenn bei manchem Kind der Eindruck des Lesenkönnens entsteht, weil es sich die Wortbilder visuell als Ganzes einprägt. Spätestens nach dem zwanzigsten Wort wird es ihm nicht mehr möglich sein, sich weitere Wörter so zu merken, dass es sie auch sicher abrufen kann. Die Verzweiflung beim Kind und die Verwunderung bei Ihnen und den Eltern werden groß sein, wenn plötzlich ein vermeintlicher „Rückschritt“ eintritt. Das Kind wird dann versuchen, sich selbst weitere eigene Lese- und Schreibstrategien anzueignen, die in den seltensten Fällen hilfreich und ökonomisch sind, sondern durch die es noch mehr verunsichert wird, weil sie nicht die erhoffte positive Rückmeldung durch die Lehrkraft bewirken und somit das Misserfolgsgefühl verstärken. Der „Teufelskreis Lernstörungen“ (Breuninger/Betz) kann auf diese Weise seinen Anfang nehmen. Deshalb ist es sehr wichtig, *bald* zu entdecken, wenn einem Kind die Silbengliederung nicht oder nur teilweise gelingt, damit ihm schon zu Beginn seiner Schreib- und Lesebemühungen eine effektive Schulung dieser elementaren Fähigkeit angeboten werden kann.

Übungsprogramm:
In einer ersten Trainingsstufe erlernen die Kinder die mündliche Zergliederung von mehrsilbigen Wörtern mit gleichzeitigem schwungvollem Körpereinsatz.
Anschließend wird diese mündliche Sprachrhythmisierung allmählich verinnerlicht und mit der geschriebenen Sprache verbunden, indem Wörter mit Silbenbögen dargestellt werden.
Es folgt die „Füllung“ der Silbenbögen, zuerst mit Vokalen, später auch mit Konsonanten.

***Silben-Löwe* als Bezeichnung für Vokal:**
Kindgemäßer und aussagekräftiger für *Vokal* ist die Bezeichnung *„Silben-Löwe“*. Diese Metapher weist auf die Funktion der *Selbst*laute hin: Es sind die einzigen, die allein klingen und die man laut rufen oder - wie ein Löwe - *brüllen* kann. Ohne die Silben-Löwen könnte man kein Wort zum Klingen bringen! Sie werden in fünf verschiedenen Farben dargestellt.
Für die *Silbenbögen* bietet sich, um das Bild zu vervollständigen, die Bezeichnung „Silben-Sandkuhle“ oder „Silben-Kuhle“ an, denn in *jeder* Silben-Kuhle muss ein Silben-Löwe liegen. Das heißt umgekehrt, dass man auch von der Anzahl der Löwen im Wort auf die Anzahl seiner Silben schließen kann.

Die Vokale sind auch die *Betonung*sträger eines Wortes. Die Betonung liegt bei deutschen Wörtern immer *in* der *ersten* Silbe (es sei denn, das Wort hat eine unbetonte Vorsilbe). *Betont* ist aber *nur* der *Vokal*, denn nur er kann „klingen“. Der betonte Vokal wird *kurz oder lang* gesprochen, je nachdem, wie viele Konsonanten ihm innerhalb des Stamms folgen. Da die Unterscheidung langer/kurzer Vokal eine wichtige Voraussetzung für die Schreibung von Doppelkonsonanten und Dehnungszeichen ist, unterscheiden wir „dicke" und „dünne" Silben-Löwen, damit die Kinder sich an den unterschiedlichen Klang der Vokale gewöhnen können.

Die *un*betonten Vokale eines Wortes, also im Deutschen meist das /e/ in Vorsilben und Endungen, werden später mit „Babylöwen" dargestellt. Das Bild eines niedlichen kleinen Löwenbabys, das noch nicht so laut brüllen kann wie die großen Löwen, repräsentiert also diejenigen Vokale, die leiser und weniger pointiert, ja oft vernuschelt oder gar nicht gesprochen werden, z. B. bei /Hüte/ oder /Nadl/ oder /Hafn/. Je nach Geschmack können in diesem Zusammenhang die großen Löwen auch als „Papalöwen" oder „Cheflöwen" bezeichnet werden.

Mit dem Weg über Silbe, Silben-Kuhle, Silben-Löwen bis hin zu Mitlauten hat das Kind die Möglichkeit, eine sehr hilfreiche Strategie der Worterschließung auf der alphabetischen Stufe zu erwerben. Es werden die Voraussetzungen dafür geschaffen, sich später auch unbekannte bzw. noch nicht gespeicherte lauttreue Wörter durch rhythmisch-silbierendes Mitsprechen selbst zu erschließen und korrekt zu verschriften.

1. Silbengliederung mit synchronen Bewegungen verbinden

Didaktische Hinweise:
Silben geben die Sprechimpulse eines Wortes wieder. Dies kann den Kindern in einem ersten Förderschritt vermittelt werden, indem sie das, was sie sprechen, mit synchronen Bewegungen verbinden. Hierzu bieten sich vielfältige Übungsformen an.
Achtung: Bei Wörtern mit Doppelkonsonanten ist es jetzt noch unerheblich, ob das Kind den Silbenschnitt nach dem betonten Vokal oder zwischen den Doppelkonsonanten ausführt, denn es weiß ja in der Regel noch nicht, welche Wörter mit einer Dopplung geschrieben werden: Mu-tter oder Mut-ter, beides ist in diesem Fall korrekt!

1.1 Abzählreime

Ziel:
Wörter in Silben-Einheiten sprechen

Material:
Abzählreime (am besten solche, die den Kindern bekannt sind). Einige Vorschläge finden Sie hier.

- E-ne, me-ne mis-te, es ra-ppelt (oder: rap-pelt) in der Kis-te, e-ne, me-ne, meck und du bist weg.
- Eins, zwei, drei, vier, hin-ter dem Kla-vier sitzt eine Maus und du bist raus.
- 1, 2, 3, 4, 5, 6, 7, ei-ne al-te Frau kocht Rü-ben, ei-ne al-te Frau kocht Speck, und du bist weg.
- Ei-ne klei-ne Dick-ma-dam
fuhr mal mit der Ei-sen-bahn,
Ei-sen-bahn krach-te,
Dick-ma-dam lach-te,
Ei-sen-bahn blieb steh'n
und du musst geh'n.
- 8 Bei-ne hat die Spi-nne (oder: Spin-ne),
ihr Netz hängt vor der Tür.
6 Bei-ne hat die Bie-ne, die Ka-tze (oder Kat-ze) hat nur 4.
Ich ha-be nur 2 Bei-ne,
der Re-gen-wurm hat kei-ne.
- Fi-schers Fritz geht in den Ke-ller (oder Kel-ler),
sau-re Gur-ken auf dem Te-ller (oder Tel-ler).
Plötz-lich sieht er ei-ne Maus,
und er stößt den Ur-schrei aus:
Uah uah uuh!

Mitspieler:
Spielleiter, 2 bis max. 6 Spieler (sonst wird es für die Ausgezählten zu langweilig)

Vorbereitung:
Keine

Spielregeln:
Man könnte die Stunde beginnen mit dem Auswählen eines Kindes für ein Spiel oder eine bestimmte Aufgabe: „Wer putzt die Tafel? Wer darf an die Tafel schreiben? Wer darf ein Spiel vorschlagen? Das möchte heute nicht ich bestimmen. Das wollen wir auszählen." Oder:
„Ich möchte ein Spiel mit euch spielen. Dazu brauche ich ein Kind. Das will ich heute nicht bestimmen, sondern auszählen."
Dazu wird am besten ein Auszählreim ausgewählt, den einige Kinder schon kennen. Üben Sie ihn so lange mit den Kindern ein, bis ihn alle auswendig aufsagen können. Sprechen Sie den Rhythmus und die Silben übertreibend und deutlich artikulierend vor.
Bitte achten Sie darauf, dass Sie beim Silbieren bei der „normalen" Wortmelodie bleiben, das heißt, dass die Stammsilbe betont und laut gesprochen wird und die unbetonten Silben etwas leiser und unauffälliger.

Wiederholen Sie jede Zeile einzeln und lassen Sie sie die Kinder im Chor nachsprechen. Anschließend wird der ganze Reim mehrfach im Ganzen aufgesagt, indem ihn alle gemeinsam einmal ganz leise flüstern und dann wieder ganz laut sprechen.

Jetzt beginnt das Auszählen. Dabei zeigen Sie den Kindern in der ersten Runde selbst, worauf es ankommt, nämlich darauf, das Aussprechen einer Silbe mit einer gleichzeitigen Bewegung zu verbinden:
- Bei jeder gesprochenen Silbe wird *gleichzeitig* der Reihe nach auf ein anderes Kind gezeigt.
- Dabei wird zwischen den einzelnen Silben eine *deutliche Pause* gemacht.

Sind Sie mit der letzten Silbe bei einem Kind angekommen, sagen Sie: „Du bist jetzt raus. Du darfst aber den nächsten auszählen." So können sich fast alle Kinder im silbierenden Auszählen üben.
Am Anfang sollten Sie *mit dem Kind, das gerade auszählt, mitsprechen,* damit es in den Silbenrhythmus hineinfindet.

1.2 Oberschenkelklopfen

Ziel:
Koordination von Sprechen und Handbewegungen

Material:
Abzählreime (am besten solche, die den Kindern bekannt sind). Einige Vorschläge finden Sie bei 1.1

Mitspieler:
4 bis 6

Vorbereitung:
Stuhlkreis bilden

Spielregeln:
Zunächst lernen die Schüler den Sprechvers wie oben beschrieben. Dann beginnt das eigentliche Spiel. Die Schüler sprechen die Reime sehr rhythmisch. Dabei bewegen sich ihre Hände mit jeder Sprechsilbe:
Zunächst liegen die Hände auf den eigenen Oberschenkeln.
Bei der nächsten Silbe wandern sie auf den Oberschenkel des rechten Nachbarn, dann zum linken Nachbarn.
Spielen Sie mit und machen Sie die Bewegung vor.

1.3 Schlangenwörter 1

Ziel:
Koordination von Sprechen und Fußbewegungen

Material:
Liste mit Schlangenwörtern:
Tomatensalat, Melonensalat, Mofareifen, Elefantenfüße, Nudelsalatsoße, Vogelfeder, Entenfeder, Mehlwürmer, Eistorte, Telefonbuch, Fotoalbum, Sofalehne, Ameisenhaufen, Bananenschale, Tomatenschale, Regenbogenfarben, Seifenblasen, Salamibrote, Sirenengeheul, Rosinenkuchen, Schokoladenkuchen, Möbelwagen, Walfischaugen

Mitspieler:
4 bis 6, Spielleiter

Vorbereitung:
Keine

Spielregeln:
Die Schüler stehen nebeneinander. Sie nennen ein Schlangenwort. Die Kinder wiederholen es silbenweise, wobei sie bei jeder Silbe einen Schritt vorwärts machen.
Gehen Sie bei den ersten Wörtern mit.
Vorsicht bei *Seit*-Steppschritten: Es ist für manche Kinder schwierig, den linken Fuß sofort nachzuziehen! Manche Kinder machen den Ausfallschritt mit dem rechten Fuß korrekt, warten dann aber zu lange, bis sie mit dem linken anschließen. Auf diese Weise entstehen von der Bewegung her quasi zwei Stepps. Es soll aber so sein, dass Ausfallschritt und Heranziehen *eine* Silbe symbolisieren. Wem das nicht gelingt, der sollte die Silben vorwärts laufen (also pro Silbe ein Schritt) oder sie mit anderen Bewegungen darstellen, siehe „Variationen".

Variationen:
- Statt die Silben zu gehen, kann man sie auch in die Luft boxen, mit dem Fuß stampfen, mit den Armen schwingen oder mit der Faust auf den Tisch schlagen. Oder es kann Zeitungspapier in Streifen gerissen werden.
- Der Spielleiter schwingt ein Schlangenwort. Der Schüler muss es wieder zusammensetzen. Wichtig und besonders *am Anfang* hilfreich ist ein möglichst *schwungvoller Körpereinsatz*! Später reicht klatschen oder auf den Tisch klopfen.

1.4 Schlangenwörter 2

Hinweis:
Bei der Verwendung von Schlangenwörtern wird gleichzeitig das *Wortgedächtnis* der Kinder trainiert.

Ziele:
Koordination von Sprechen und Handbewegungen; Gedächtnistraining

Material:
- Softball oder ein Tennisball pro Schülerpaar
- Liste mit Schlangenwörtern, siehe S 1.3

Mitspieler:
Spielleiter, 2 bis 6 Spieler

Vorbereitung:
Keine

Spielregeln:
Die Schüler stehen sich paarweise gegenüber. Sie oder ein anderer Spielleiter nennen ein Schlangenwort. Die Schülerpärchen wiederholen dieses Wort, indem sie abwechselnd je eine Silbe sprechen und gleichzeitig dem Partner den Ball zuwerfen. Die Entfernung kann dabei sehr gering sein, damit das Fangen auch klappt.

Variante:
Kinder sitzen auf dem Boden und rollen sich den Ball zu.

1.5 Schlangenschatten

Hinweis:
Dies ist ein Spiel für Fortgeschrittene, d. h. die Kinder arbeiten mit Wörtern aller Schwierigkeitsstufen.

Ziele:
- Silbengliederung
- Bewegung im Takt

Material:
Wortliste mit Tätigkeiten:
stol-zie-ren, spa-zie-ren, mar-schie-ren, spä-hen, win-ken, schlei-chen, hüp-fen, rüh-ren, klop-fen

Mitspieler:
2 bis 6

Vorbereitung:
keine

Spielregeln:
Die Kinder stehen hintereinander in einer Schlange. Sie als Spielleiter bilden den Kopf der Schlange und machen eine bestimmte Bewegung, die alle wie ein Schatten nachahmen sollen, z. B. „tram-peln". Sprechen Sie das Wort deutlich mit einer Pause zwischen den Silben vor und trampeln Sie mit den Füßen im Silbentakt auf den Boden. Die Kinder machen Ihnen die Bewegungen wie ein Schatten nach. Dabei muss so rhythmisch gesprochen werden, dass alle im Takt bleiben.
Später dürfen die Kinder abwechselnd den Kopf der Schlange bilden.

1.6 Dosenwörter

Ziel:
Bestimmung der Silbenanzahl

Material:
- Dose oder Hut
- Hörwortliste
- Bildkarten aus dem allgemeinen Kopiermaterial, Teil 2

Achten Sie bei der Auswahl bitte auf die langsame Steigerung der Schwierigkeitsstufen! Als erfahrener Schreiber unterschätzt man oft die Schwierigkeiten, die einzelne Wörter beinhalten können.

Beispiele:
Schwierigkeitsstufe 1: Ast, Bein, Brot, Hut, Mund, Flöte, Nilpferd, Salat, Tasche, Wiege, Krone
Schwierigkeitsstufe 2: Mantel, Muschel, Fenster, Ampel, Nadel, Telefon, Krokodil, Trompete, Melone
Schwierigkeitsstufe 3: Pelikan, Pistole, Eskimo, Hampelmann, Regenbogen, Limonade, Sonnenblume

Mitspieler:
1 bis 6 Spieler, Spielleiter

Vorbereitung:
Die Karten nach Schwierigkeitsstufen ordnen

Spielregeln:
Legen Sie in eine Dose o. Ä. die Wörter *einer* Schwierigkeitsstufe.
Ziehen Sie eine Karte und sagen Sie: „Elefant. Das Wort kann ich auch gehen."
Sie gehen silbierend: „E-le-fant" und heben bei jeder Silbe einen Finger mehr. „Ich habe drei Schritte gebraucht. Das Wort ‚Elefant' hat also 3 Silben."
Ziehen Sie weitere Wörter und fordern Sie die Kinder auf mitzugehen und mitzusprechen.
Später dürfen die Kinder reihum der Spielleiter sein und die Silben bestimmen. Die anderen überprüfen das Ergebnis, indem sie mitgehen.

Achtung:
Bei einsilbigen Wörtern kann es vorkommen, dass diese von einigen Kindern in die Länge gezogen werden, um mehr Silben „herauszubekommen": „Fu-huß", „Fi-hisch", „Hu-hut".
Stellen Sie in diesem Fall das korrekt gesprochene einsilbige Wort und das fälschlich zweisilbig gesprochene nebeneinander: „Sprechen wir ‚Fisch' oder ‚Fi-hisch'?" Kleiden Sie die Wörter notfalls in ganze Sätze: „Ich habe einen ‚Fisch' im Aquarium oder ich habe einen ‚Fi-hisch' im Aquarium. Was klingt richtig?"
Anschließend bilden Sie Minimalpaare: „Hörst du den Unterschied zwischen ‚Hut' und ‚Hu-mmel'?" Nehmen Sie das Kind an die Hand und laufen Sie die Silben vorwärts ab: Hut ist ein Schritt, Hummel zwei. Auf diese Weise wird das Kind verstehen, dass es die einsilbigen Wörter nicht künstlich verlängern muss, sondern dass es tatsächlich Wörter gibt, die nur eine Silbe haben.

Variation 1:
Statt die Silben zu gehen, kann man sie auch in die Luft boxen, mit dem Fuß stampfen, mit den Armen schwingen oder mit der Faust auf den Tisch schlagen. Oder es kann Zeitungspapier in Streifen gerissen werden.

Variation 2:
In der Dose liegen die Wörter mehrerer Schwierigkeitsstufen.

Variation 3:
Sie sprechen zwischendurch im Unterricht zwei oder drei Wörter vor, die die Kinder zur Wiederholung und Automatisierung silbierend laufen.

1.7 Mutter, wie weit darf ich reisen?

Ziel:
Silbengliederung; Bestimmung der Silbenanzahl von ein- bis viersilbigen Wörtern

Material:
Bildkarten mit ein- bis viersilbigen Wörtern aus dem allgemeinen Kopiermaterial, Teil 2

Mitspieler:
3 bis 6

Vorbereitung:
Passende Bildkarten aussuchen und an die Tafel hängen (ev. am Anfang nach Silbenanzahl geordnet)

Spielregeln:
Ein Kind steht als „Mutter" vorne an der Tafel mit dem Blick zur Tafel. Die anderen Spieler stehen hinten in der Klasse in einer Reihe nebeneinander. Das erste am rechten äußeren Rand fragt laut: „Mutter, wie weit darf ich reisen?" Die „Mutter" sucht sich eine Bildkarte an der Tafel heraus und benennt das Wort.

Das Kind geht zu diesem Wort die Silben ab in Richtung „Mutter“ (also 1 bis 4 Schritte). Die anderen Kinder fragen der Reihe nach und gehen entsprechend der Wortsilben nach vorne. Wer als erster der „Mutter“ auf den Rücken klopft, wird die neue Mutter.

Variation:
Selbst Wörter ausdenken (auch Städte oder Dörfer ...).

1.8 Würfelspiele

Hinweis:
Diese Idee kann bei allen gängigen Spielen zum Einsatz kommen, bei denen ein Würfel gebraucht wird.

Ziele:
- Silbengliederung
- Bestimmung der Silbenanzahl von ein- bis sechssilbigen Wörtern

Material:
- Beliebige Würfelspiele und/oder unser Spielplan aus den Kopiervorlagen.
- Mindestens 6 Bildkarten; mit den dargestellten Gegenständen sollen sich ein- bis sechs- oder mehrsilbige Wörter bilden lassen. Die Karten können mit den Kindern gemeinsam hergestellt oder aus den Bildkarten ausgewählt werden.

Beispiele:
Hut, Ameise, Elefant („Elefantenfüße“), Sofa, Feder („Vogelfeder“), Kuchen („Schokoladenkuchen“), Limonadenflasche

Mitspieler:
2 bis 6

Vorbereitung:
Je nach Spiel

Spielregeln:
Nehmen Sie ein beliebiges Würfelspiel, aber benutzen Sie statt des Würfels Bildkarten. Wer an der Reihe ist, zieht eine der verdeckt liegenden Karten, spricht das Wort und zählt die Silben. Man darf soweit gehen, wie das Bild auf der gezogenen Karte Silben hat. Dabei kann der Gegenstand unterschiedlich benannt werden, z. B. So-fa statt Couch oder Woh-nungs-tür statt Tür. Es ist auch erlaubt, einzelne Teile des Bildes zu nennen, wenn damit Silben „ergaunert“ werden können, z. B. A-mei-sen-bein-chen statt Ameise oder „Pa-pa-gei-en-fe-der“ statt Papagei.
Beim Vorwärtsziehen des Spielsteins spricht das Kind synchron sein Wort in Silben dazu.

Variante:
Der rechte Nachbar des Kindes, das gerade seinen Spielstein mit Silbennennung gezogen hat, setzt das Wort zusammen. Nennt er das richtige Wort, darf er ein Feld vorziehen.

1.9 Wörter mit Silbenbögen „schreiben“ (erstes Verschriften)

Hinweis:
Wichtig ist bei allen folgenden Übungen, dass die Kinder zunehmend eine Beziehung herstellen zwischen Gesprochenem und Geschriebenem. Sie müssen erkennen, dass die schriftlichen Zeichen bestimmte Elemente der gesprochenen Sprache darstellen. Das müssen nicht gleich die Wörter in ihrer vollständigen lautlichen Struktur sein, sondern es reicht zunächst, wenn ein Wort über die Silbenanzahl von einem anderen unterschieden wird (schriftliche Repräsentation durch Silbenbögen).

Ziele:
- Silbengliederung
- Koordination von Handbewegungen in Schreibrichtung mit dem Sprechen in Silben
- Bestimmung der Silbenanzahl eines Wortes
- „Schreiben“ eines Wort in „Silbenbogenschrift“

Material:
Zum selbständigen Üben nach der gemeinsamen Erarbeitung: Arbeitsblätter (siehe AB zur Silbe 1.9)

Mitspieler:
1 bis 6 Spieler, Spielleiter

Vorbereitung:
keine

Spielregeln:
Sie könnten die Silbenbögen folgendermaßen einführen:
„Statt die Silben von Wörtern zu gehen, können wir sie auch aufschreiben: Für jede Silbe machen wir mit der Hand einen Bogen aufs Papier.“
Sprechen Sie verschieden lange Wörter in Silben und malen Sie *gleichzeitig* zu jeder Silbe einen Bogen an die Tafel. Die Kinder wiederholen die Handlung, indem sie jedes Wort in Silben nachsprechen und gleichzeitig schwungvolle Bögen, die vom Kopf bis zum Bauchnabel reichen, in die Luft schwingen.
An der Tafel stehen schließlich lauter „Bögen-Wörter“ mit ein, zwei, drei, vier und fünf Bögen. Fragen Sie nun: „Hieß das hier ‚Autoreifen‘ oder das?“ und deuten Sie dabei auf den Vierer- und den Einerbogen. Die Kinder „lesen“ nun, dass „Autoreifen“ eindeutig zum Viererbogen gehört.
Auch den übrigen Bögen werden die Wörter wieder zugeordnet.

Beispielwörter:
- **1-silbig:** Bus, Fuß, Ast, Bein, Berg, Band, Bild, Hut, Pferd, Stein, Zoo, Frau, Kranz, Kamm, groß, dick, dünn, tief, hoch usw.
- **2-silbig:** Sofa, Oma, Hose, Hase, Füße, Juli, Name, Wiese, Esel, holen, baden, malen, leben, fragen, Winter, Insel, finden, windig usw.
- **3-silbig:** Rosine, Ameise, Melone, Rakete, Trompete, Zitrone, Ananas, Banane, Pelikan, Domino, Gemüse, Minute, Maschine, Tomate, Bilderbuch, Pistole, Hampelmann, Eichhörnchen usw.
- **4-silbig:** Apfelsine, Mandarine, Sahnebonbon, Kinokarte, Marmelade, Honigkuchen, Regenbogen, Taschentücher. Möbelwagen, Würfelbecher, Strampelhose, Winterstiefel, Hosengürtel, Indianer, Telefonbuch usw.
- **5-silbig:** Lokomotive, Limonadenglas, Ameisenhügel, Riesenkänguru, Wanderheuschrecke usw.

Variation:
Verteilen Sie an die Kinder die Arbeitsblätter zur Silbe 1.9 und lassen Sie sie selbständig die Silbenbögen zu den Wörtern finden. Es sollte aber anschließend eine gemeinsame Besprechung stattfinden.

Tipp:
Lassen Sie die Kinder das jeweilige Wort nennen, da man für einige Bilder unterschiedliche Begriffe finden kann.

1.10 Welches ist das längere Wort?

Hinweis:
Eine wichtige Erkenntnis für den Leselernprozess ist, dass die Länge eines Wortes nichts mit dessen Bedeutung zu tun hat, sondern lediglich von der Anzahl der Laute abhängt.
Die Silbenbogenschrift ermöglicht eine erste Bestimmung der Wortlängen.

Ziel:
- Bestimmung der Silbenzahl eines Wortes
- Schreiben in „Silbenbogenschrift“
- Wortlängenvergleich

Material:
Bildkarten aus dem allgemeinen Kopiermaterial, Teil 2, oder aus dem Kopiermaterial zur Silbe 1.10

Mitspieler:
2 bis 6

Vorbereitung:
Bildkarten vergrößert kopieren

Spielübung:
Befestigen Sie zwei Bildkarten an der Tafel, deren Bilder sich in der Silbenanzahl unterscheiden. Dabei soll das kürzere Wort möglichst den größeren Gegenstand bezeichnen. So müssen die Kinder unbedingt von der *Bedeutung abstrahieren*, um die Aufgabe lösen zu können.
Die Schüler bestimmen durch Sprechen und Luftbögenzeichnen die Silbenanzahl und malen abwechselnd die Bögen unter die Bilder. Durch den Vergleich der Bögenanzahl bestimmen sie, welches Wort länger ist.

1.11 Silbenbogenkurzschrift mit Vokalen

Hinweis:
Wenn unter den Bildkarten mehrere mit gleicher Silbenzahl sind, ergibt sich ein Problem: Die Bögen alleine reichen nicht aus, um das dazugehörige Bild eindeutig zu identifizieren. Jetzt können Sie einen Schritt weitergehen: Die *Lautanalyse der Vokale* wird mit einbezogen.
Dabei lernen die Kinder noch etwas Grundsätzliches zur Silbenstruktur: *Jede* Silbe enthält einen Vokal, denn ohne Vokal klingt die Silbe/das Wort nicht. Diese Erkenntnis ist eine wesentliche Hilfe, um die Silbe bei Analyse und Synthese sinnvoll nutzen zu können.

Ziele:
- Erkennen der Vokale eines Wortes
- Erkenntnis, dass jede Silbe einen Vokal enthalten muss
- Zuordnung von Vokalen zu Silbenbögen in richtiger Reihenfolge

Material:
- Bildkarten mit zwei- bis viersilbigen Wörtern aus dem allgemeinen Kopiermaterial, Teil 1
- Die großen dicken Silbenlöwen zur Demonstration, siehe allgemeines Kopiermaterial, Teil 1
- Die kleinen dicken Silbenlöwen für die Kinder, siehe allgemeines Kopiermaterial, Teil 1
- pro Kind einen Briefumschlag
- Arbeitsblätter, siehe Kopiermaterial zur Silbe 1.11

Mitspieler:
1 bis 6

Vorbereitung:
Bildkarten mit Wörtern gleicher Silbenanzahl, aber unterschiedlichen Vokalen in Demonstrationsgröße kopieren und bereithalten (unter anderem „Sofa“ und „Kanu“);
Je einen Satz dicker Löwen für jedes Kind kopieren (wenn nicht schon geschehen).

Einführung und Übung:
An der Tafel sind große Bögen für ein zweisilbiges Wort aufgezeichnet.
Zeigen Sie den Kindern die Bildkarten mit „Sofa“ und „Kanu“ und fragen Sie: „Könnt ihr mir sagen, ob diese Bögen hier ‚Sofa' oder ‚Kanu' heißen?“
Die Kinder werden wahrscheinlich unterschiedlicher Meinung sein oder – noch besser – feststellen, dass man das nicht wissen kann, weil beide Wörter zwei Silben haben.
Jetzt ist der Zeitpunkt für die **Silben-Löwen** gekommen, falls sie nicht schon beim Bearbeiten eines anderen Themas eingeführt wurden:
Heften Sie die passenden Löwen in die Silbenbögen und erklären Sie ungefähr so:
„Ihr könnt euch die Silbenbögen auch als Sandkuhlen vorstellen, in denen immer ein Löwe liegt. Es gibt fünf verschiedene Löwen in verschiedenen Farben und jeder von ihnen stellt einen Selbstlaut dar, also

es gibt den a-Löwen (halten Sie den entsprechenden Löwen hoch), den e-Löwen (hochhalten!), den i-Löwen, den o-Löwen und den u-Löwen. Es sind deshalb *Löwen*, weil die ja so laut brüllen können und man die Selbstlaute auch ganz laut brüllen kann im Gegensatz zu den anderen Buchstaben, die gar keine richtige Stimme haben. Brüllt mal ganz laut wie ein Löwe: /aaa/, und jetzt /eee/ .... Jawohl, und nun versucht /ffff/ ganz laut zu brüllen ... Das geht nicht, oder? Deshalb können nur die Selbstlaute Löwen sein. Und nun passt mal auf, was ich jetzt mache ..."

Heften Sie den o-Löwen und den a-Löwen in die Silbenbögen an der Tafel und fragen Sie: „Jetzt liegen die Löwen in den Sandkuhlen. Wer findet *jetzt* heraus, ob das Wort ‚Sofa' oder ‚Kanu' heißt?"

Auf Grund der Selbstlaute sollte die richtige Bildkarte eindeutig den Silbenbögen zugeordnet werden können.

Spielen Sie nun mit weiteren Bildkartenpaaren, indem Sie die richtigen Löwen in die Sandkuhlen heften. Ordnen die Kinder die Bildkarte korrekt zu, bekommen sie einen Punkt. Wenn nicht, geht der Punkt an Sie.

Verwenden Sie nach einer Weile auch längere Wörter.

Weiterführung:

Verteilen Sie an jedes Kind einen Briefumschlag mit 5 dicken Silben-Löwen. Lassen Sie die Silbenlöwen von den Kindern ausmalen (a = rot, e = orange, i = gelb, o = lila, u = braun). Der Umschlag kann auf das Schreibheft oder auf einen Ordner geklebt werden, je nachdem, was Sie im Förderunterricht bevorzugt verwenden. So geht er nicht verloren, und die Kinder haben ihn immer parat.

Auf einem Tisch liegen ca. zehn Gegenstände. Die Kinder bilden Paare. Jedes Kind wählt in Gedanken einen Gegenstand, malt dazu auf ein Blatt ziemlich groß die Silben-Sandkuhlen und legt in jede Kuhle den richtigen Silben-Löwen. Der Partner soll den zugehörigen Gegenstand finden.

Selbständiges Arbeiten:

Die Kinder bearbeiten die Arbeitsblätter.

2. Silben zusammensetzen

Didaktische Hinweise:
Jetzt wird die Aufmerksamkeit der Kinder noch intensiver auf die Lautstruktur der Sprache gelenkt. Sie sollen lernen, ein in Silben zerlegtes Wort als „normales“ Wort korrekt zusammenzusetzen und aus vertauschten Silben ein richtiges Wort zu bilden.

2.1 Robotersprache

Ziel:
Ein silbenweise gesprochenes Wort als „normales Wort“ sprechen

Material:
- Abermakaber, Hokus und Hexe Winnie als Pappfiguren, siehe allgemeines Kopiermaterial, Teil 1
- Hörwortliste: siehe unten

Mitspieler:
2 bis 6

Vorbereitung:
Falls noch nicht geschehen: Pappfiguren von Abermakaber, Hokus und Winnie basteln und für die Einführungsgeschichte benützen.

Spielregeln:
Führen Sie diese Übung zur Abwechslung über eine kleine Geschichte ein:

„Der kleine Zauberlehrling Abermakaber hat seinen Freund und Vetter, den schlauen Hasen Hokus, aus Versehen verzaubert. Hokus kann sich nur noch ganz ‚zackig' bewegen. Und er spricht so komisch: Er kann nicht mehr ‚Hase' sagen, sondern nur noch ‚Ha-se'. Dabei muss er auch immer so seltsam mit dem Kopf nicken, dass ihm beim Sprechen ganz schwindlig wird. Er ist total unglücklich, weil ihn seine Freundin, die Hexe Winni, nicht mehr versteht. Könnt ihr den beiden helfen und der Hexe Winni sagen, was ihr Freund gemeint hat?“

Sprechen Sie Wörter silbierend vor. Zu jeder Silbe nicken Sie mit dem Kopf. Vielleicht gehen Sie auch mit „zackigen“ Bewegungen wie ein Roboter. Die Kinder sollen erraten, was Sie gesagt haben.
Später können Sie es auch mit kleinen Sätzen versuchen und/oder die Kinder den verzauberten Hasen spielen lassen.

- Kamel, Sofa, Oma, Hose, Hase, Füße, Juli, Name, Wiese, Esel, holen, baden, malen, leben, fragen, Winter, Insel, finden, windig usw.
- Rosine, Ameise, Melone, Rakete, Trompete, Zitrone, Ananas, Banane, Pelikan, Domino, Gemüse, Minute, Maschine, Tomate, Pistole, Bilderbuch, Hampelmann, Eichhörnchen, Seepferdchen, Badeschwamm, Fußballplatz, Buchstabe, Glühwürmchen, Schäferhund, Goldhamster
- Zwergkaninchen, Apfelsine, Mandarine, Sahnebonbon, Kinokarte, Marmelade, Honigkuchen, Regenbogen, Taschentücher, Möbelwagen, Würfelbecher, Strampelhose, Winterstiefel, Hosengürtel, Indianer, Telefonbuch, Landschildkröte, Kugelschreiber
- Lokomotive, Limonadenglas, Ameisenhügel, Riesenkänguru, Wanderheuschrecke, Telefonkabel, Schreibtischschublade, Blumentopferde

2.2 Lebendige Wörter stellen

Ziel:
Bildung eines Wortes aus vermischten Silben
Erkenntnis, dass man Lautelemente zusammenbauen kann
Material:
- Abermakaber als Pappfigur, siehe allgemeines Kopiermaterial, Teil 1
- Karten in Demonstrationsgröße mit Silben, die sich zu einem Wort zusammenfügen lassen

Mitspieler:
4 bis 6

Vorbereitung:
Schreiben Sie mit einem dicken Filzstift auf Pappkarten im DIN-A4-Format die Silben von mehreren mindestens dreisilbigen Wörtern (Tomate, Melone, Rakete, Rosine, Salami).
Stellen Sie, falls noch nicht geschehen, Abermakaber als Pappfigur her.

Spielregeln:
1. Phase:
Sie erzählen: „Gestern saß ich am Schreibtisch und überlegte, welches Spiel ich heute mit euch spielen könnte. Aber mir fiel nicht Rechtes ein. Da hatte Abermakaber auf einmal eine tolle Idee. ‚Deine Kinder können doch schon Wörter zusammensetzen, die in Silben zerhackt sind. Mach es doch mal etwas lustiger und misch die Silben nach dem Zerhacken. Ob die Kinder dann auch das richtige Wort wieder rauskriegen? Die Kinder können ja selbst die Silben sein und sich solange hin- und herstellen, bis sie wie die Silben im richtigen Wort stehen.'
Lasst uns den Vorschlag von Abermakaber mal probieren. Das macht bestimmt Spaß. Ich denke mir jetzt eine Frucht. Die kann man in drei Silben zerhacken."
Geben Sie drei Kindern je einen Silbennamen: „Du bist TO. – Du bist TE. – Und du bist MA. Stellt euch nebeneinander (achten Sie darauf, dass die Kinder in Schreibrichtung stehen) und sagt eure Silbennamen."
„TO-TE-MA.",„Mh, diese Frucht kenne ich nicht. Stellt euch mal anders hin und sagt wieder eure Namen."
„TE-MA-TO." Wenn die Kinder in der Folge TO-MA-TE stehen, erkennen sie sicher die Frucht.
Spielen Sie so einige Runden, bis die Kinder verstanden haben, worum es geht.

2. Phase:
Ein Kind wird hinausgeschickt. Die anderen einigen sich auf ein Wort. Jedes Kind bekommt eine Silbe zugeteilt. Noch besser ist es, wenn die Kinder selbst „ihre Silbe" finden: „Du kriegst die 1. Silbe." „Dann bin ich TO." „Du kriegst die 2. Silbe." „Dann bin ich MA."
Nun wird das Kind von draußen hereingerufen. Die „Silbenkinder" stellen sich durcheinander auf und nennen ihre Silbe. Das ratende Kind versucht das Wort herauszuhören und die Kinder richtig aufzustellen. Dabei gibt es sicher viel zu lachen, wenn die Reihenfolge noch nicht stimmt und lustige Phantasiewörter entstehen.
Hat das ratende Kind die Aufgabe gelöst, darf es ein anderes Kind hinausschicken.

2.3 Zu Silbenbögen Wörter finden – Erstes „Lesen"

Hinweis:
Dies ist eigentlich der zweite Teil des Spiels „Wörter mit Silbenbögen schreiben" (siehe 1.9). Hier „lesen" die Kinder, indem sie den Bogenmustern passende Wörter zuordnen.

Ziel:
- Unterscheidung von Wörtern auf Grund des zugehörigen Silbenbogenmusters
- Zusammensetzung von Silben zu Wörtern
- Erkenntnis, dass es eine Beziehung gibt zwischen Schriftzeichen und gesprochenen Wörtern

Material:
Bildkarten mit zwei- bis fünfsilbigen Wörtern aus dem allgemeinen Kopiermaterial, Teil 2

Mitspieler:
1 bis 6 Spieler, Spielleiter

Vorbereitung:
„Kisten“ an die Tafel malen für 1-Bogen-Wörter, für 2-Bogen-Wörter ... oder echte Kistchen bzw. Dosen aufstellen, die mit Schildern beklebt sind, auf denen die Bogenanzahl gemalt ist.

Spielregeln:
Legen Sie die Bildkarten auf dem Boden aus und sagen Sie den Kindern, dass die Bildkarten alle durcheinander geraten sind und dass Sie sie um ihre Mithilfe beim Einsortieren in die richtigen Kisten bitten müssen.
Die Kinder nehmen sich jeweils eine Bildkarte und sortieren sie in die passende „Kiste“ ein. Dabei „beweisen“ sie durch das Luft-Bogen-Zeichnen während sie das Wort sprechen, dass sie die passende Kiste gefunden haben.

Variation:
Die Kinder malen selbst Bögen an die Tafel zu einer der Bildkarten und die anderen Kinder „raten“, welches Bild gemeint ist. Sie können dabei auch Vokale in die Bögen malen.

Der Laut (= L)

Didaktische Hinweise:
Wichtige Unterscheidung:
Der *Laut* ist, was man hört und spricht.
Der *Buchstabe* ist, was man liest und schreibt!

Im Gegensatz zur Bilderschrift, bei der jedes Wort ein eigenes Symbol hat und bei der man beim Schreiben die *Gestalt* des Zeichens als Merkhilfe benutzen kann, fehlt in der Lautschrift jegliche optische Beziehung zwischen dem sprachlich Ausgedrückten und den Schriftzeichen. Aufgeschrieben wird die „Lautfolge", das heißt, man muss aus dem Artikulationsstrom eines Satzes zunächst die einzelnen Wörter heraustrennen und anschließend jedes Wort in seine einzelnen Laute zergliedern. Dabei muss man begreifen, dass jeder Laut einem Zeichen zugeordnet ist, dass der Laut an sich aber keine Bedeutung hat, sondern dass erst eine bestimmte Zusammenstellung von Lauten (und damit auch von Zeichen) ein bedeutungstragendes Element ergibt.
Aber Vorsicht mit dem verallgemeinernden Ratschlag „Schreib, wie du sprichst!": Eine 1:1-Zuordnung gibt es nicht bei allen Lauten und Schriftzeichen! Bei Wörtern, die orthographischen Konventionen unterworfen sind (Dehnungs-h, Konsonantenverdopplung, Ableitungen), ist eine vollständige *Laut*analyse auf keinen Fall möglich! Weder ist der Unterschied zwischen eu und äu akustisch zu erkennen, noch ist das Dehnungs-h oder ein gedoppelter Konsonant *hörbar*.
Und selbst bei den so genannten lauttreuen Wörtern ist die vollständige Lautanalyse für einen Schriftunkundigen schwierig:

1. stellt auch das einzelne Wort ein Lautkontinuum dar, bei dem die Laute miteinander verbunden und ineinander verschleift sind,
2. können die Laute je nach *Betonung* und *Nachbarschaft* deutlich hörbar, entstellt oder bis zur Unkenntlichkeit verblasst sein,
3. gibt es mehr Laute als Zeichen, das heißt, manche Zeichen repräsentieren zwei Laute („d" steht für /d/ in „Hände" und /t/ in „Hand") oder physikalisch unterschiedliche Laute werden zu einer Lautkategorie zusammengefasst, wenn sie in der Kommunikation die gleiche Bedeutung haben (Zungenspitzen-r und Rachen-r),
4. müssen einerseits die beim Sprechen oft kaum angedeuteten Nachsilben geschrieben, andererseits aber durchaus hörbare Laute wie /h/ nach einem Plosivlaut (pharkhen statt parken) oder /j/ nach ei oder eu (feijern oder freujen) ignoriert werden,
5. gibt es Wörter mit komplexer Lautstruktur (Konsonanten- oder Vokalhäufungen), die das isolierte Wahrnehmen der einzelnen Laute zusätzlich erschwert (Pflaster, Strumpf, Mauer, beäugen, Schwänzchen),
6. gibt es Laute, die aus mehreren Buchstaben bestehen: ng, sch, ch ...,
7. entsprechen die verschiedenen Dialekte oft nicht der für das Schreiben unumgänglichen hochdeutschen Artikulation, so dass die akustische Differenzierung nicht ohne den Umweg über das Lernen der „Hochsprache" gelingen kann.

Die Phonemanalyse ist eine *Zwischenstufe* auf dem Weg zum schnellen, „automatischen" Lesen und Schreiben. Sie ist eine Fähigkeit, die die Kinder *nicht* aus ihrem vorschulischen Erfahrungsschatz mitbringen, sondern die kognitiv erlernt und geübt werden muss. Dies ist trotz der oben beschriebenen Hürden möglich und sinnvoll, denn auch wenn es viele Wörter gibt, die nicht als 100%ig lauttreu bezeichnet werden können (für die also die Prämisse „Schreib wie du sprichst" nur bedingt zutrifft), kann man unsere *Lautschrift* auch als solche vermitteln, und es wäre fatal, wollte man die unübersehbaren Vorteile des alphabetischen Systems nicht didaktisch nützen. Natürlich muss das Wortmaterial dementsprechend sinnvoll gewählt sein und selbstverständlich dürfen den Kindern in weiteren Schritten nicht die orthographischen Gesetze vorenthalten werden, die es ihnen ermöglichen, auf einer höheren Ebene über die lauttreue Schreibung hinauszukommen.

Für längere Wörter bietet sich die Silbe als Segmentierungshilfe an. Bei einsilbigen Wörtern muss das ganze Wort in seine einzelnen Laute zerlegt werden. Sinnvollerweise wird dabei mit dem leichtesten Strukturprinzip der Lautfolge begonnen: dem Wechsel Konsonant-Vokal-Konsonant. Hierbei ist die artikulatorische Differenz zwischen Konsonant und Vokal deutlich zu hören, und das Kind bekommt intuitiv die Sicherheit, dass nach einem Konsonant ein Vokal und anschließend wieder ein Konsonant folgen müssen (Vokale können mit besonderen Namen eingeführt werden). Mit Hilfe dieser einfachen Lautfolge wird dem Kind das Prinzip unserer Lautschrift nahegebracht. Bei Wörtern mit Konsonantenhäufungen ist die Isolierung der einzelnen Laute wesentlich schwieriger. Sie sollte deshalb separat eingeführt und trainiert werden.

1. Vorbereitungen zur Lautanalyse

Didaktische Hinweise:
Um die Kinder dabei zu unterstützen, von der *Bedeutung* der Sprache zu abstrahieren und stattdessen auf die *Lautform* zu achten, können Spiele angeboten werden, die auf die sprachlich bedeutsamen Unterschiede zwischen den Lauten aufmerksam machen.
Achten Sie an dieser Stelle darauf, ob beim Kind eventuell eine Schwerhörigkeit vorliegen könnte.

1.1 Zungenbrecher

Ziel:
Üben der korrekten Artikulation

Material:
Keines

Mitspieler:
Viele oder 2 im Partnerspiel

Vorbereitung:
Keine

Spielregeln:
Entweder Sie geben Zungenbrecherverse vor und veranstalten einen Wettbewerb, wer den Vers am schnellsten ohne Verhaspeln aufsagen kann, oder zwei Kinder sprechen sich wechselseitig ein ihrer Meinung nach schwieriges Wort vor, das das andere Kind wiederholen muss. Auf diese Weise können Sie feststellen, bei welchen Lauten ein Kind noch Probleme hat oder welche Wörter es als schwierig empfindet.
Fallen den Kindern spontan keine „schwierigen" Wörter ein, müssen Sie Vorgaben machen, aus denen sie sich Beispiele heraussuchen können, z. B.:
Anorak, Salamander, Schwarzstorch, Krachmacherstraße, Kreuzworträtsel, Kirschkuchen, Karneval, plätschern, Trompete, Pflaumenkerne, Hochzeitstorte, Wellensittich, Dalmatiner, Schlingpflanze, Nachtschränkchen, Schreckschraube, hoffentlich, Bundeskanzler, entschuldigen, streitsüchtig, Zwiebelbrettchen, Zwillingspaar, Zwetschgenmus, Riesenkänguru, Spitzmaulnashorn.

Beispiele für Zungenbrecher:
Blaukraut bleibt Blaukraut, Brautkleid bleibt Brautkleid.
Fischers Fritze fischte frische Fische, frische Fische fischte Fischers Fritze.
Der Flugplatzspatz nahm auf dem Flugplatz Platz.
Der Cottbusser Postkutscher putzt den Cottbusser Postkutschkasten.
Klaus Knopf liebt Knödel, Klöße, Klopse; Knödel, Klöße, Klopse liebt Klaus Knopf.

Schnecken erschrecken, wenn Schnecken an Schnecken schlecken,
weil zum Schrecken vieler Schnecken, Schnecken nicht schmecken.

Zwanzig Zwerge zeigen Handstand, zehn im Wandschrank, zehn am Sandstrand.
Zwischen zwei Zwetschgenzweigen zwitschern zwei Schwalben.
Zehn zahme Ziegen zogen zehn Zentner Zucker zum Zoo.
Esel essen Nesseln nicht, Nesseln essen Esel nicht.
Früh fressen freche Frösche Früchte. Freche Frösche fressen früh Früchte.
Manches müde Murmeltier mag Magermilch mit Mandarinen.
Mein Spitzer spitzt Stifte spielend spitz.

Den winzigen Zwerg Zimpelpum zwickt seine Zipfelmütze.
Er zupft, er zieht und zerrt zuletzt voll Zorn sie in die Pfütze.

Bierbrauer Bauer braut braunes Bier; braunes Bier braut Bierbrauer Bauer.

Auf dem Charlottenburger Türmchen sitzt ein Würmchen mit ´nem Schirmchen,
kommt ein Stürmchen, reißt das Würmchen mit dem Schirmchen vom Charlottenburger Türmchen.

Drei dicke Drachen dienen drei dünnen Damen.
In dem dicken Fichtendickicht pickten dicke Finken tüchtig.
Flotte, flinke Fellflicker flicken flink feine Felle.

1.2 Stille Post

Ziel:
Das Erkennen, welche akustischen Unterschiede zwischen Lauten wichtig sind und welche nicht

Material:
Keines

Mitspieler:
Ca. 4 bis 8

Vorbereitung:
Keine

Spielregeln:
Die Kinder setzen sich in einer Reihe hin. Das erste Kind flüstert seinem Nachbarn einen Satz ins Ohr. Dieser gibt das, was er verstanden hat, wiederum seinem Nachbarn ins Ohr flüsternd weiter. Das letzte Kind sagt das, was es verstanden hat, laut in die Runde, und das erste Kind verrät, wie sein ursprünglicher Satz lautete. Abgesehen davon, dass die Differenz der Ergebnisse oft zu heftigen Lachanfällen führt, bekommen die Kinder intuitiv mit, dass es beim Sprechen und Hören auf feine Unterschiede ankommt: Wer viele Laute vernuschelt, wird nur schwer von den anderen verstanden.

1.3 Reimspiele

Ziel:
Die Erkenntnis, dass sich ähnlich klingende (reimende) Wörter meistens nur in *einem* Laut unterscheiden.

Siehe:
FA 4.1 bis 4.5

2. Der Anfangslaut

Didaktische Hinweise:
Der *Anfangs*laut ist in der Lautfolge eines Wortes am leichtesten zu erkennen, vor allem dann, wenn er aus einem langen Vokal oder einem dehnbaren Konsonanten besteht.
Reihenfolge der Laute in steigenden Schwierigkeitsstufen:

- Vokal (a, e, i, o, u)
- Reibelaut (f, stimmloses und stimmhaftes s, später dunkles und helles ch, sch, h, w, j)
- Seitenlaut (l)
- Schwinglaut (r)
- Nasenlaut (n, m)
- Plosivlaut (t, p, k, d, b, g)

Jeder Laut wird auf eine eigene Art und Weise gebildet, die auch beschreibbar ist. Dies sollte jedem Lehrenden bewusst sein, damit er die eventuellen Schwierigkeiten der Kinder bei bestimmten Lauten besser verstehen und ihnen effektiver begegnen kann. Natürlich ist es nicht möglich, kleinen Schreibanfängern mit wissenschaftlichen Beschreibungen der Mundwerkzeuge und der Lautcharaktere zu helfen, aber man kann durchaus bei Lauten, die den Kindern Probleme bereiten, mit Handspiegel und genauer Beobachtung einen Einblick darin geben, was eigentlich im Mund und mit der Zunge oder den Lippen beim Sprechen passiert. Gelingt es, den Kindern ein zumindest rudimentäres Gespür für das Zusammenspiel von Lippen, Zunge, Zähnen und Gaumen zu vermitteln, ist nicht nur eine stärkere Identifizierung mit einem bestimmten Laut die Folge, sondern auch eine Sensibilisierung im akustischen und visuellen Bereich: Hat das Ohr gelernt, minimale Lautnuancen zu unterscheiden, wächst möglicherweise auch die Einsicht, dass es bei den dazugehörigen Zeichen zum Teil auf ebenso winzige Unterschiede ankommt.

Voraussetzung für das gemeinsame Erarbeiten von Lauten ist natürlich die bewusste Auseinandersetzung des Pädagogen selbst mit diesem Thema. Als notwendiges Hintergrundwissen folgt deshalb im Anschluss ein knapper Exkurs über die artikulatorischen Vorgänge bei der Lautproduktion.

Exkurs zur Lautproduktion:
Vokale und **Konsonanten** lassen sich allgemein gesprochen wie folgt unterscheiden: Bei der Bildung von Vokalen strömt die Luft ungehindert durch den Mundraum. Bei Konsonanten hingegen trägt ein „Hindernis“ zur Lautbildung bei (beim /f/ ist das z. B. die Enge zwischen der Unterlippe und den oberen Schneidezähnen).
Bei den **Vokalen** muss zwischen betonten und unbetonten unterschieden werden. Die **betonten** wiederum muss man trennen in „lange“ und „kurze“ Vokale. Lang- und Kurzvokale unterscheiden sich aber nicht nur *quantitativ*, sondern auch *qualitativ*: Die kurzen Vokale werden „offener“, also mit einer etwas größeren Kieferöffnung gesprochen als die langen Vokale, und die Zunge ist etwas stärker gesenkt.
Von der Systematik „geschlossen – lang“ und „offen – kurz“ weicht der Laut /a/ ab: Das lange /a:/ wird mit größerer Kieferöffnung gebildet als das kurze /a/. Klanglich liegen die beiden a-Laute nah beieinander, so dass ein Unterschied eigentlich nur quantitativ durch Länge und Kürze feststellbar ist.
Bei den anderen Vokalen handelt es sich jedoch hinsichtlich der offenen und geschlossenen Formen um zwei erkennbar unterschiedliche Laute. **Diese Tatsache muss den Kindern sofort bei Einführung der Laute mitgeteilt werden,** um z. B. zu vermeiden, dass das erste /e/ in **E**sel zwar erkannt wird, das /e/ in **E**nte aber nicht.
Lange betonte Vokale sind für den Leser dadurch erkennbar,

- dass dem Vokal nur *ein* Konsonant innerhalb der Silbe des Stamm-Morphems nachfolgt (Rad, leben),
- dass auf den Vokal Dehnungszeichen folgen (See, Bohne, liegen),
- dass der betonte Vokal im Silbenauslaut steht (da, so, du, wo).

***Kurze* betonte Vokale** sind daran erkennbar, dass ihnen innerhalb der Silbe oder des Stamm-Morphems zwei oder mehr Konsonanten folgen (Kopf, Wand, Wasser, Licht).
Ausnahmen sind Wörter wie Ostern, hoch, Husten, Tuch usw.

Für die unterschiedliche Artikulation der einzelnen betonten Vokale sind verschiedene Kriterien verantwortlich:

1. Die Kieferöffnung (sprechen Sie die Lautreihe /a: - e: - i:/ und achten Sie auf Ihre Kieferöffnung: Der Kiefer schließt sich!)
2. Die vertikale Zungenposition (der Abstand der Zunge vom Gaumen: Schieben Sie Ihre Zeigefinger links und rechts in die Mundwinkel und beißen Sie leicht darauf. Sprechen Sie nun /a: - e: - i:/. Sie werden bemerken, dass sich Ihre Zunge bei gleich bleibender Kieferöffnung bei jedem Laut in eine höhere Position begibt.)

3. Die horizontale Zungenposition (achten Sie auf den Unterschied bei ü und u → Zunge vorne und hinten)
4. Die Lippenrundung (gespreizt oder gerundet mit Vorstülpen)

Beschreibung der einzelnen Vokallautbildungen:
Langes a (hinteres dunkles a wie in Bad): Größter Kieferwinkel aller Vokale, große runde Lippenöffnung. Die Zunge liegt flach und breit auf dem Mundboden, wobei der Zungenrücken leicht nach hinten angehoben ist. Die Nasenpassage ist durch das angehobene Gaumensegel versperrt. Der Laut kann ruhig und ohne Druck herausströmen. Das /a/ ist der Laut, der am leichtesten zu bilden ist.

Kurzes a (vorderes helles a wie in Ball): Wie langes a, nur etwas kleinerer Kieferwinkel und geringere Anhebung des Zungenrückens.

Langes e (See): Relativ kleiner Kieferwinkel (größer als beim i). Die Vorderzunge wölbt sich zum harten Gaumen auf, wobei in der Mitte eine Rille frei bleibt. Bei leicht gespreizten Lippen liegen die seitlichen Zungenränder an den hinteren Backenzähnen an. Die Nasenpassage ist durch das angehobene Gaumensegel versperrt.

Kurzes e (hell): Bei einer weniger gespannten Sprechweise als beim langen e sind auch die artikulatorischen Momente weniger stark ausgeprägt: Kiefer- und Lippenöffnung sind etwas größer. Die Zungenhebung etwas geringer und die seitlichen Zungenränder berühren die hinteren Zähne nur leicht.

Langes i (Wiese): Der Zahnreihenabstand ist äußerst gering, die Vorderzunge wölbt sich steil zum harten Gaumen auf und lässt nur eine schmale Mittelrinne. Die Lippen sind sehr gespreizt. Die seitlichen Zungenränder liegen an den oberen Backenzähnen an. Die Zungenspitze berührt die unteren Schneidezähne. Das angehobene Gaumensegel verschließt die nasale Passage.

Kurzes i (wild): Bei einer weniger gespannten Sprechweise als beim langen i sind auch die artikulatorischen Momente weniger stark ausgeprägt: Kiefer- und Lippenöffnung sind etwas größer, die Mittelrinne ist breiter.

Langes o (Boot): Mittlerer Kieferwinkel, Wölbung der hinteren Zunge zum weichen Gaumen. Die Lippen sind gerundet, vorgestülpt und stehen unter Spannung. Das angehobene Gaumensegel verschließt die Nasenpassage.

Kurzes o (Post): Bei weniger gespannten Sprechweise sind die artikulatorischen Merkmale weniger stark ausgeprägt als beim langen o. Das heißt, die Lippenöffnung und der Zahnreihenabstand sind etwas größer und die hintere Zunge ist etwas weniger aufgewölbt.

Langes u (Hut): Geringer Zahnreihenabstand (etwas größer als beim i), die hintere Zunge wölbt sich stark zum weichen Gaumen auf, die Lippen sind gerundet und am stärksten von allen Vokalen vorgestülpt. Das angehobene Gaumensegel verschließt die Nasenpassage.

Kurzes u (Bulle): Im Vergleich zum langen u weniger angespannte Sprechweise und weniger stark ausgeprägte artikulatorische Merkmale, das heißt: Lippenöffnung und Kieferwinkel sind etwas größer und die hintere Zunge wölbt sich etwas weniger hoch.

Unbetonte Vokale kommen im Deutschen vor allem in den Endungen mehrsilbiger Wörter vor. Besonders hervorzuheben sind dabei:
1. der Schwa-Laut des /e/ in den schwachvokaligen Endungen „e“, „el“, „en“, „em“
2. das silbische r bei der Endung „er“, das fast wie /a/ klingt

Zum Schwa-Laut:
Der schwach ausgeprägte Schwa-Laut des /e/ (für Kinder oft „Murmellaut“ genannt) wird entweder ganz „verschluckt“ oder klanglich in die Nähe von ä-/ö-Lauten gerückt. Er kommt vor:
- als unbetontes /e/ im Auslaut (Lüge, bitte)
- als unbetontes /e/ in Endungen (spielen, scharfem, Nagel → /spieln/, /scharfm/, /Nagl/)
- in den Vorsilben „be“ und „ge“ (bezahlen, gelingen)

In betonten Vokalen ist noch das unsilbische r zu erwähnen. Es kommt vor in Wörtern wie „mir“ und „Rohr“: /mia/ und /Roa/.

Zum silbischen r:
Der Laut „silbisches r“ bildet den vokalischen Gipfel einer eigenen Silbe, nämlich „er“, und wird ähnlich wie ein kurzes /a/ gesprochen. Er kommt vor:
- am Wortende: Vater (/Vata/)
- vor Konsonant: wandert (/wandat/), gestern (/gestan/), hundert (/hundat/)

Zum unsilbischen r:
Das unsilbische r steht nach einem betonten Vokal in derselben Silbe. Es heißt „unsilbisches r“, weil nicht es, sondern ein anderer stärker betonter Vokal den Silbengipfel bildet. Es kommt vor:
- am Wortende nach betontem Langvokal: hier (/hia/)
- nach betontem Kurzvokal: Storch (/Stoach/, aber auch /Storch/!), Herr (/Hea/, aber auch /Herr/)
- in den Vorsilben „er“, „ver“, „zer“, „her“: erscheinen (/eascheinen/), verlassen (/vealassen/), zertrümmern (/zeatrümmern/), herbei (/heabei/)

Konsonanten werden gebildet, indem – vereinfacht ausgedrückt - im Ansatzrohr eine Hemmstelle überwunden wird. Dabei kommen fünf verschiedene Kriterien zum Tragen:
- die Stelle der Artikulation (der Ort der Lautbildung bzw. der Ort, an dem die Hemmschwelle gebildet wird, die für einen bestimmten Laut charakteristisch ist), z. B. die oberen Frontzähne
- das artikulierende Organ (das die Hemmschwelle erzeugt), z. B. die Unterlippe
- die Art der Hemmschwelle, z. B. die Enge zwischen Unterlippe und Frontzähnen
- die Art, wie die Hemmschwelle überwunden wird, z. B. durch Reibung
- die Sonorität des Lautbildungsstroms: stimmhaft oder stimmlos

Beschreibung der einzelnen Lautbildungen für die in den ersten Schulmonaten relevanten Konsonanten:

Generell: Bei jedem Laut wird Luft ausgestoßen.

Nasallaute (ng wird hier noch nicht besprochen)
m: Oberlippe und Unterlippe liegen lose aufeinander (der Mund ist zu). Die Zungenwurzel liegt locker am oberen Gaumen an und verschließt auf diese Weise das Ansatzrohr. Diese Stellung kommt durch das Anheben des Unterkiefers zustande. Der Luftstrom fließt durch die Nase, und der Klang des /m/ entsteht durch das Mitschwingen der beteiligten Knochenpartien und des verbleibenden Resonanzraumes in der Mundhöhle.

n: Die Lippen sind leicht geöffnet. Die Zungenspitze liegt an den Schneidezähnen und die seitlichen Zungenränder liegen an den oberen Zähnen an. Der Zungenrücken berührt den Gaumen nicht. Durch die Zunge entsteht ein Verschluss. Der /n/-Laut wird wie das „m“ ausschließlich durch die Nase gebildet und erhält seinen Klang ebenfalls durch die mitschwingenden beteiligten Knochen.

Reibelaute (nicht vollständig)
f: Der Kiefer ist leicht geöffnet. Ober- und Unterlippe sind leicht gespitzt und streben nach oben. Die Innenkante der Unterlippe liegt an den oberen Frontzähnen. Die Luft streicht durch die dadurch entstehende Enge und erzeugt ein Reibegeräusch.

s: Die Lippen sind wenig gespreizt. Die Zähne liegen nicht aufeinander. Die angehobene Zungenspitze berührt die unteren Frontzähne. Der vordere Zungenrücken wölbt sich in Richtung obere Frontzähne. Dadurch entsteht eine Enge. Die seitlichen Zungenränder liegen an den Backenzähnen an. In der Vorderzunge bildet sich eine Längsrinne, durch die der Luftstrom auf die vorderen Frontzähne gelenkt wird. Beim stimmlosen s wird dabei ein kräftiges Reibegeräusch erzeugt, beim stimmhaften s ein weniger starkes Reibegeräusch mit Vibration.

Seitenengelaut l
l: Der Kiefer ist mittelweit geöffnet. Die obere Zungenspitze wird gegen die Innenseite der oberen Frontzähne gedrückt. Der hintere Teil der Zunge ist leicht gesenkt, der Rachenraum ist geöffnet. Der Luftstrom entweicht also nicht durch die Mitte, sondern durch den Spalt zwischen den seitlichen Zungenrändern und oberen Backenzähnen. Die Nasenpassage ist zu.

Schwinglaut r
Beim **Zäpfen-r** berührt die Zunge die Innenseite der unteren Frontzähne, der hintere Teil des Zungenrückens wölbt sich in Richtung weicher Gaumen und Zäpfchen. So entsteht zwischen dem hinteren Zungenrücken und dem weichen Gaumen eine Enge, durch die der Luftstrom hindurch muss. Dadurch gerät das Rachenzäpfchen ins Schwingen und flattert gegen den hinteren Teil des Zungenrückens (schneller Wechsel von Verschluss und Öffnung). Auf diese Weise wird das rollende Gurgelgeräusch erzeugt. Durch die Nähe zum dunklen /ch/ werden r und ch öfters von Schreibanfängern verwechselt.

Beim **Zungenspitzen-r** zeigt die Zungenspitze gegen die oberen Frontzähne. Die Zungenränder liegen seitlich-hinten an den oberen Backenzähnen. Die Nasenpassage wird vom hinteren Gaumen verschlossen. Der Lautstrom setzt die Zunge in Bewegung, so dass sie an den oberen Schneidezähnen oder am vorderen harten Gaumen flattert. Durch den schnellen Wechsel von Verschluss und Öffnung wird der Lautstrom periodisch unterbrochen, so dass der rollende Klang entsteht.

Im Deutschen ist das Zäpfchen-r mehr verbreitet als das Zungenspitzen-r. Letzteres kommt hauptsächlich im Südosten Bayerns, in einigen Gegenden Norddeutschlands und vor allem in der Schweiz vor. Es gilt in der Bühnensprache als korrektes r.
Eine weitere Variante des Zäpfchen-r, nämlich ein stimmhafter Reibelaut, ist vor allem im Rheinland verbreitet. Hier ist die Verwechslung von ch und r eine sehr häufige Fehlerquelle.
Für das Schreibenlernen gilt: Die Kinder müssen erfahren können, dass jeder der oben beschrieben r-Laute mit „r“ verschriftet wird. Dieses Wissen ist nicht unbedingt selbstverständlich!

Plosivlaute (nicht vollständig)
t (d): Der Kiefer ist leicht geöffnet. Der vorderen Zungenrand liegt fest an den oberen Frontzähnen und die seitlichen Zungenränder liegen fest an den Backenzähnen an, wodurch ein fester Verschluss entsteht. Der Zungenrücken berührt den Gaumen allerdings nicht. Die Nasenpassage ist zu. Der Innendruck des Luftstroms im Mund steigert sich und „explodiert“ an der Verschlussöffnung, wenn sich der Unterkiefer senkt und die Zunge sich von den Zahnreihen löst. Beim /t/ (Fortislaut) wird dabei viel Luft ausgestoßen, beim /d/ (Lenislaut) weniger. Außerdem ist beim /d/ die Stimme mit dabei.
Um den Unterschied zwischen Fortis- und Lenislauten zu verdeutlichen, kann mit Federn oder Papier gearbeitet werden: Beim Fortislaut bewegen sich die Gegenstände heftiger vom Sprechenden weg als beim Lenislaut.
Weiterhin muss dem Kind bewusst werden, dass der Hauchlaut (Aspiration), der durch die „Explosion“ mit zum stimmlosen Plosivlaut gehört, nicht extra noch mit einem „h“ dargestellt werden muss. Dieser Fehler geschieht häufig, wenn Kinder versuchen, besonders deutlich zu sprechen, um alle Laute aus einem Wort herauszuhören (Thür). Besonders aspiriert ist der stimmlose Verschlusslaut, als Anlaut vor betontem Vokal (Tal) und im Auslaut, wenn die letzte Silbe betont ist (bunt).

Der Glottisverschluss (Glottis = Stimmritze im Kehlkopf):
Der Glottisverschlusslaut ist ein Knackgeräusch, das entsteht, wenn durch einen kurzen Verschluss der Stimmritze ein subglottaler Überdruck aufgebaut wird und nach der Öffnung des Verschlusses die Luft beschleunigt durch die Glottis entweicht. Dieser Verschlusslaut ist vor einem anlautenden Vokal hörbar. Er wird im Deutschen nicht geschrieben.
Beispiele:
„am Abend“ im Gegensatz zu „nach Nürnberg“ (achten Sie auf die Vokale!)
Besonders deutlich ist der Unterschied zwischen Lautbindung und Neueinsatz durch Glottislaut bei Wortpaaren zu hören:
„Blumentopf-erde“ und „Blumento-pferde“
„Bäcker-ei“ und „Bäckerei“

Abhängig von der lautlichen Umgebung kann der Glottisverschluss auch wegfallen:
„die Erwiderung“ → /dieerwiderung/ und /die?erwiderung/)

Nebenbei: Die vielen Knacklaute sind übrigens der Grund dafür, weshalb das Deutsche für viele anderssprachige Menschen so „hart“ klingt.

2.1 Laute und stumme Vokale

Ziel:
Erleichterung der Lautunterscheidung, Bewusstmachung der Mundform beim Sprechen

Material:
- Handspiegel
- dicke Löwen-Bilder für Sie in Demonstrationsgröße und kleine für jedes Kind, siehe allgemeines Kopiermaterial, Teil 1
- Buntstifte (orange, braun, gelb, lila, rot)

Mitspieler:
Viele (für wenige Kinder kann die Übung modifiziert werden)

Vorbereitung:
Wenn Sie möchten, können Sie zum Auffrischen Ihres Hintergrundwissens die Beschreibungen der einzelnen Vokallautbildungen unter „L 2. Der Anfangslaut" studieren.
Schreiben Sie auf fünf ausreichend große Karten jeweils einen Vokal als Groß- und Kleinbuchstaben.

Führen Sie an dieser Stelle für die Selbstlaute die **„Löwen"** ein:
Löwen können mit der Lautfolge i-e-a-o-u als das Maul weit aufreißende, herzhafte „Gähner" oder „Brüller" in Verbindung gebracht werden. Selbstlaute = Löwen = *laute* Laute, die selbständig klingen. Die Silbenbögen, die später benötigt werden, würden dann die Sandkuhlen darstellen, in denen die Löwen liegen. Die *dicken* Löwen stehen für *lange* betonte Vokale, also auch für die Laute, die in *dieser* Übung vorgestellt werden. Die *dünnen* Löwen repräsentieren die *kurzen* betonten Vokale. Die *Baby*löwen werden später für die *un*betonten Vokale eingesetzt, die nicht ganz so laut und prononciert gesprochen werden wie die betonten oder die man beim Sprechen sogar überhaupt nicht hört.

Kopieren Sie die „dicken" Löwen pro Kind auf festes Papier und schneiden Sie sie aus. (Alle Löwen, auch die dünnen für die kurzen betonten Vokale und später die Babys für die unbetonten Vokale, sollten von den Kindern aufgehoben werden, z. B. in einem Briefumschlag, der auf das Übungsheft oder den Übungsordner geklebt wird.)

Einführung:
Sprechen Sie den Selbstlaut /i/ vor. Die Kinder wiederholen. Jeder soll sich erstmal für sich bewusst zu machen versuchen, inwiefern Zunge und Lippen an der Lautbildung beteiligt sind. Mit einem Handspiegel prüft jedes Kind, wie seine Lippen aussehen. Es wird gemeinsam diskutiert, welche Sprechwerkzeuge auf welche Art an diesem Laut beteiligt sind. Die Erkenntnis, dass bei Vokalen die Atemluft ungehindert aus dem Mund strömen kann, sollte im Laufe der Gespräche erfolgen.
Verteilen Sie nun an jedes Kind den i-Löwen. Hier ist noch einmal kenntlich gemacht, wie die Lippen beim i gespreizt sind. Die Kinder malen den i-Löwen *gelb* aus (helle Farbe – heller Vokal).

Verfahren Sie auf die gleiche Weise mit den anderen Vokalen: e, a, o, u. (Verteilen Sie auch die anderen dicken Löwen und lassen Sie sie ausmalen: e = orange, a = rot, o = lila, u = braun.)
Die Kinder können nun die Löwen nebeneinander legen (i, e, a, o, u) und anhand der Mundbilder auch noch einmal erkennen, wie die Lippenform bei den verschiedenen Selbstlauten aussieht.

Übung:
Anschließend dürfen sich 5 Kinder melden. Jedes repräsentiert einen Vokal und hält sich das entsprechende Vokalkärtchen gut sichtbar für die anderen vor seinen Bauch. Die Kinder stellen sich in einer Reihe (i-e-a-o-u) vor der Klasse auf und machen stumm die jeweilige Mundbewegung „ihres" Selbstlauts. Die anderen Kinder vergleichen: Worin unterscheiden sich die Lippen? Bei welchem Selbstlaut sind sie am meisten gespreizt/gerundet, bei welchem am wenigsten? Wie weit stehen die Zahnreihen auseinander? Wann sieht man die Zähne, wann nicht? Bei welchem Selbstlaut ist der Mund am weitesten geöffnet? Wie unterscheidet sich die Lage der Zunge beim /e/ und beim /o/? Usw.

Variation:
Die fünf Kinder sprechen kurz aufeinanderfolgend (wie bei einer „La-Ola-Welle") die Selbstlaute vor. Daran ist noch einmal gut zu erkennen, wie sich die Lippen vom i zum e weiter öffnen, beim a am weitesten auseinander gehen und sich beim o und u wieder schließen.
Zum Schluss dürfen alle Kinder der Reihe nach vor der Klasse einen Selbstlaut ihrer Wahl stumm darstellen. Die anderen müssen raten, welcher gemeint ist.

2.2 Lange und kurze Vokale

Ziel:
Erkenntnis, dass es lang und kurz gesprochene Vokale gibt, die sich im Klang etwas unterscheiden, die aber trotzdem gleich geschrieben werden.

Material:
- Handspiegel
- Bildkärtchen, siehe Kopiermaterial zu L 2.2
- dünne Löwenbilder, siehe allgemeines Kopiermaterial, Teil 1
- Buntstifte (orange, braun, gelb, lila, rot)

Mitspieler:
1 bis viele

Vorbereitung:
- Kopieren Sie die Bildkärtchen pro Kind und schneiden Sie sie aus.
- Kopieren Sie die dünnen Löwen pro Kind auf festes Papier und schneiden Sie sie aus.

Einführung und Übung:
(Die langen Vokale können zur Veranschaulichung z. B. „Streichel-a" und die kurzen „Box-a" genannt werden. Bei den Streichel-Lauten kann man langsam den Arm entlang streichen; bei den kurzen kann man kurz und leicht in die Hand boxen).
Beginnen Sie mit einem Vokal, bei dem sich der kurze qualitativ stark vom langen unterscheidet, z. B. mit dem /o/. Verteilen Sie die o-Bildkärtchen. Die Kinder benennen die Begriffe. Dabei wird der klangliche Unterschied vom langen und kurzen o herausgearbeitet (siehe Vokallautbildungen auf S. 47) und mit dem Handspiegel (oder beim Partner) die Mundstellung überprüft. Daran anschließend wird die Schrift unter den Bildern betrachtet: Welcher Buchstabe steht am Wortanfang? Beide Male ein o. Fazit: Das o kann also verschieden klingen, wird aber trotzdem mit dem gleichen Zeichen dargestellt.
(Zu einem späteren Zeitpunkt muss die Erkenntnis folgen, dass die Länge und Kürze eines Vokals von den nachfolgenden Buchstaben abhängt: lang → es folgt nur *ein* Konsonant; kurz: es folgen *mindestens zwei* Konsonanten.)

Verteilen Sie nun den *dünnen* o-Löwen und erklären Sie, dass das der dünne Bruder des dicken Löwen ist. Den dicken Löwen muss man lang und breit sprechen, den dünnen Bruder kurz. Der dünne o-Löwe wird ebenfalls lila ausgemalt, denn er gehört ja der gleichen Familie an. Weil er kurz gesprochen wird, bekommt er aber statt eines Strichs einen Punkt unter sein Zeichen.

Die Kinder übermalen die beiden o auf den Bildkärtchen mit dem *lila*farbenen Buntstift. Das lange o bekommt unten drunter einen Strich (langes Streichel-o) und das kurze einen Punkt (kurzes Box-o).
Anschließend können noch mehr Beispiele mit langem oder kurzem o im Anlaut gesucht und dabei der jeweils richtige Löwenlaut hochgehalten werden.
Lang:
    Ohr, Odel, Obst, oder, Oma, Opa, (Vorsicht bei Dialekten: /Omma/ und /Oppa/),
    Oper, Ozean, oben, Ober, ohne
Kurz:
    offen, Opfer, Ordnung, Ordner, Orgel, Ort, Osten, Olli, Onkel

Auf die gleiche Weise werden die anderen Vokale behandelt: e, u, i, a (beim a ist qualitativ kein Unterschied zu hören, sondern nur quantitativ in der Länge und Kürze). Die Vokale werden mit verschiedenen Farben übermalt und mit Strichen oder Punkten versehen: a = rot, e = orange, i = gelb; u = braun. Die restlichen dünnen Löwen werden ebenfalls ausgemalt.

Wortbeispiele für Anlaute:
Langer e-Laut: Eber, edel, Ehe, Ehre, Edith, Eva, ewig, Efeu, Elend, eklig
Kurzer e-Laut: Ecke, elf, Elster, Ende, Erbse, Essig, etwas, extra, Eltern
Langer u-Laut: U-Bahn, Uhu, Ufer, Urwald, Ute
Kurzer u-Laut: ulkig, unten, Ulme, unter, Ulla, Ulf, Urs
Langer i-Laut: ihn, ihm, ihr, ihnen
Kurzer i-Laut: Iltis, immer, ist, Imker, irren
Langer a-Laut: Abend, Aal, Aas, aber, Ahorn, Adel, Adler, Atem
Kurzer a-Laut: Achsel, Acker, Alpen, Ampel, Album, Apfel, Asche, Atlas, Axt

2.3 Anlautspiele mit *einzelnen* Konsonanten (f, l, m, n, s, r, t)

Ziel:
- Bewusstmachung der Lautdifferenz von Konsonanten
- Bewusstmachung der Mundform beim Sprechen
- Erkennen des Anfangslautes

Material:
- Handspiegel
- ein schönes Plakat mit dem jeweiligen Groß- und Kleinbuchstaben drauf, das bei den Spielen auf der Kreideablage steht, oder Tafelanschrift

Mitspieler:
Viele (für wenige Kinder kann die Übung modifiziert werden)

Vorbereitung:
Wenn Sie möchten, können Sie zum Auffrischen Ihres Hintergrundwissens die Beschreibungen der einzelnen Konsonantenlautbildungen studieren.

Einführung:
Wenn Sie wenig Zeit zur Verfügung haben, besprechen Sie nur diejenigen Konsonanten ausführlich, die den Kindern Schwierigkeiten bereiten. Wenn Sie genügend Zeit haben, und meinen, es würde den Kindern zur Festigung der gesamten Thematik gut tun, behandeln Sie alle bereits im normalen Unterricht eingeführten Konsonanten noch einmal in wöchentlichen Abständen.
Sprechen Sie einen Konsonanten vor (den Laut, nicht den Namen!). Die Kinder wiederholen und prüfen im Handspiegel, was ihre Sprechwerkzeuge tun müssen, um diesen Laut zu erzeugen.
Sie stellen die Frage, welche Namen in der Klasse oder Gruppe mit diesem Laut anfangen. Wenn es keine Kinder mit diesem Namen gibt, werden Namen von Familienmitgliedern oder Freunden genannt. Wurden mehrere Namen mit dem gleichen Anfangslaut gefunden, machen Sie die Kinder darauf aufmerksam, dass man, wenn die Wörter am Anfang gleich klingen, die gleiche Bewegung mit dem Mund machen muss. Dies wird im Handspiegel geprüft.

Spiel:
Anschließend wird das „Kofferpackspiel gespielt", bei dem die Kinder nur Dinge oder Lebewesen mit zum Beispiel /f/ am Wortanfang einpacken dürfen. Es geht der Reihe nach: Das erste Kind nennt einen Begriff mit /f/, das nächste wiederholt diesen Begriff und fügt einen weiteren hinzu: „Ich packe meinen Koffer und lege hinein: eine Feder." „Ich packe meinen Koffer und lege hinein: eine Feder und eine Fibel." „Ich packe meinen Koffer und lege hinein: eine Feder, eine Fibel und eine Flasche."
Auch Wörter mit V wie „Vogel" müssen gelten, weil sich hier das „v" wie /f/ anhört, und die Kinder zu diesem Zeitpunkt noch nicht wissen können, welche Wörter mit v und welche mit f geschrieben werden.

Auf diese Weise verfahren Sie mit allen anderen bisher eingeführten Konsonanten.
Besonders zu beachten ist
- beim „r", dass manche Kinder ein Zäpfchen-r und andere ein Rachen-r sprechen. Beide Formen müssen erwähnt werden. Es muss klar sein, dass es für diese beiden unterschiedlichen Laute nur *ein* Zeichen gibt.
- beim „s", dass es ein stimmhaftes, gesummtes /s/ und ein stimmloses, gezischtes /s/ gibt. Beide Male wird „s" geschrieben.
  Stimmhaft: am Silbenanfang, also am Wortanfang und nach langem Vokal (Sonne, Nase)
  Stimmlos: Silbenende (Maus)

ß und ss werden erst später behandelt. Falls die Kinder im Laufe der folgenden Übungen Wörter wie „beißen" oder „Nuss" erwähnen, müssen diese allerdings ebenfalls gelten.

Mögliche Spielvarianten (Zunächst jeden Konsonanten bitte einzeln behandeln! Spiele, bei denen alle gelernten Laute gleichzeitig zum Einsatz kommen, folgen später):

1. Wenn das Kofferpackspiel langweilig wird, kann es durch die „Reise nach Jerusalem" ersetzt werden: Die Kinder laufen um die Stuhlreihen (1 Stuhl weniger als Spieler) herum, während Sie in regelmäßigen Abständen, aber nicht zu schnell, beliebige Wörter rufen. Bei einem Wort mit f (m, r usw.) müssen sich die Kinder eiligst einen freien Stuhl suchen. Wer sich nicht hinsetzen kann, weil alle Stühle besetzt sind, scheidet aus.

2. Die Kinder laufen auf Zehenspitzen im Kreis herum, während Sie beliebige Wörter vorsprechen. Bei einem Wort mit f (m, n …) müssen die Kinder in die Hocke gehen und auf diese Weise weiterlaufen. Beim nächsten Wort mit f gehen sie wieder auf Zehenspitzen usw.
   Oder:
   Die Kinder stehen mit verbundenen Augen im Kreis und lauschen auf die Wörter, die Sie vorsprechen. Bei einem Wort mit dem vorher ausgemachten Anfangslaut gehen die Kinder in die Hocke. Durch die verbundenen Augen wird vermieden, dass sich manche an den anderen orientieren.

3. Welche Gegenstände mit f am Wortanfang findet ihr im Klassenzimmer einschließlich der Menschen darin? (Fenster, Farbe, Fächer, Finger, Füße, Figuren, Flaschen, Fliege, Flöte, Federmäppchen, Farbstift, Frau, Freund, Freundin, Frucht, Frühstück, Friederike)

4. Geben Sie 4 Wörter vor, von denen *eines* mit dem bestimmten Laut f beginnt, z. B.: „glatt, Fahne, Kind, unter". Die Kinder müssen das Wort mit f benennen.

5. Geben Sie 5 Wörter vor, von denen eines *nicht* mit dem bestimmten Laut f beginnt, z. B.: Fest, Fluss, Floh, Garten, Forelle.

6. Geben Sie ein Wort vor und fordern Sie die Kinder auf, den Anfangslaut durch den bestimmten Laut (f, m, n …) auszutauschen: Wie nennt man diese Wörter? (Reimwörter)
   f: Leder – Feder; mein – fein; Dach – Fach; Rad – fad; Malte – Falte; Schalter – Falter; hell – Fell; Ginster – finster.
   l: Mast – Last, Maus – Laus, Weiche – Leiche, meine – Leine, toben – loben
   m: Fahnen – mahnen, kahl – Mal, Bann – Mann, Lasche – Masche, Hast – Mast, raus – Maus, dein – mein, List – Mist, Chor – Moor
   n: Fass – nass, leben – neben, fein – nein, welken – Nelken, sacht – Nacht
   r: fast – Rast, Lauch – Rauch, Specht – Recht, Mais – Reis, Tor – Rohr, Post – Rost
   s: Puppe – Suppe, mau – Sau, rein – sein
   t: fahl – Tal, rau – Tau, Moor – Tor, picken – ticken, Keller – Teller

7. Geben Sie ein Wort vor und fordern Sie die Kinder auf, an den Anfang den bestimmten Laut f (m, n …) zu setzen:
   f: Ass – Fass; ein – fein; ach – Fach; Alter – Falter; Ast – fast; Eier – Feier; euer – Feuer; Lieder – Flieder; liegen – fliegen; Locke – Flocke; Ort – fort; Rost – Frost
   m: ach – mach; ein – mein; an – man; Aal – Mahl; ahnen – mahnen; Angel – Mangel; Asche – Masche; Ast – Mast; aus – Maus, er – Meer; Enge – Menge; ist – Mist; oder – Moder; Ohr – Moor; und – Mund
   n: acht – Nacht; Adel – Nadel; Ass – nass; eben – neben; Uhr – nur
   l: am – Lamm; Ast – Last; aus – Laus, er – leer; eine – Leine; Eiter – Leiter; ist – List; ocker – locker; Otto – Lotto
   s: Aal – Saal; Amt – Samt; arg – Sarg; au – Sau
   r: au – rau; Ast – Rast; aus – raus; echt – recht; Eis – Reis; Ente – Rente; Ost – Rost
   t: au – Tau; Adel – Tadel; Aal – Tal; Anne – Tanne, Asche – Tasche; er – Teer; oben – toben; Ohr – Tor; Raum – Traum; Richter – Trichter, Rumpf – Trumpf

8. Geben Sie Rätsel auf: „Ich denke mir ein Wort mit f (l, m, n …). Es ist leicht. Es kann schweben. Es kann schön bunt sein, aber auch einfarbig. Manche Tiere haben es …" (Lösung: Feder). Die Kinder raten nach jeder Angabe, und es wird die Anzahl der Tipps gezählt, die gegeben werden mussten, bis der richtige Begriff genannt wurde. Zur Abwechslung können sich auch die Kinder Begriffe ausdenken.

9. Es werden gemeinsam Zungenbrecher-Verse mit immer dem gleichen Anlaut gebildet. Die können natürlich auch unsinnig sein, Beispiel: Fliege Frieda feiert fröhlich Fasching.

2.4 Konsonanten-Pantomime (f, l, m, n, s, r, t)

Ziel:
Vertiefung der artikulatorischen Mundform bei Konsonanten

Material:
Keines

Mitspieler:
2 bis viele

Vorbereitung:
Die Konsonanten f, l, m, n, s, r und t sollten bereits einzeln eingehend besprochen und geübt worden sein (s. 2.3). Alle Konsonanten sind an der Tafel angeschrieben (wobei es hier noch nicht direkt um die GPK geht, sondern nur um die akustische Analyse der Laute).

Spielregeln:
Der Reihe nach stellt sich jedes Kind vor die Klasse, sucht sich einen Konsonanten aus und macht lautlos die entsprechende Mundbewegung. Die anderen Kinder raten, welchen Konsonanten es wohl gemeint haben könnte.
Falls die Kinder als Darsteller überfordert sein sollten, z. B. weil ihnen bei der Sprachpantomime doch immer ein kleiner hörbarer Laut mit entschlüpft, müssten Sie die Konsonanten selbst vormachen und alle Kinder raten lassen.

2.5 Ball werfen (i, e, a, o, u, f, l, m, n, s, r, t)

Ziel:
Anlautanalyse aller bisher geübten Laute

Material:
Kleiner Schaumgummiball

Mitspieler:
2 bis viele

Vorbereitung:
Tafelanschrift aller bisher geübten Buchstaben (zum Erinnern für die Kinder)

Spielregeln:
Sie sitzen mit den Kindern im Stuhlkreis und beginnen mit dem ersten Beispiel. Werfen Sie den Ball einem Kind zu und nennen Sie dabei einen der bereits geübten Laute (z. B.: /m/). Das Kind fängt den Ball und sucht ein Wort mit diesem Anfangslaut (z. B.: Muschel). Es wirft den Ball inkl. Lautvorschlag einem anderen Kind zu ….

2.6 Ich sehe was, was du nicht siehst, es fängt mit … an. (i, e, a, o, u, f, l, m, n, s, r, t)

Ziel:
Anlautanalyse aller bisher geübten Laute

Material:
Keines

Mitspieler:
2 bis viele

Vorbereitung:
Tafelanschrift alle bisher geübten Buchstaben (zum Erinnern für die Kinder)

Spielregeln:
Sie beginnen mit dem ersten Beispiel und formulieren den Satz: „Ich sehe was, was du nicht siehst, und das fängt mit /l/ an." Die Kinder raten, was das sein könnte: Lampe, Lehne, Lineal, Lothars Lippe, Lisas Locken ...). Das Kind, das den Gegenstand errät, darf nun fortfahren.

2.7 Bildpaare sammeln (i, e, a, o, u, f, l, m, n, s, r, t)

Ziel:
Anlautanalyse aller bisher geübten Laute; gleiche Laute erkennen

Material:
Bildkärtchen, siehe allgemeines Kopiermaterial, Teil 2

Mitspieler:
Einzel-, Partner- oder Gruppenarbeit

Vorbereitung:
Von den Bildkärtchen immer zwei mit dem gleichen Anlaut auswählen (nicht zu viele!). Dabei kann der Schwerpunkt auch auf besonders schwierig zu differenzierenden Lauten liegen, z. B.: e und i, o und u, m und n.

Beispiele:
Igel, Indianer, Insel, Iglu, Esel, Engel, Ente, Elefant, Adler, Ampel, Ameise, Affe, Ohr, Orgel, Ofen, Ochse, Uhu, Ungeheuer, Uhr, Unterhemd, Fisch, Fenster, Fee, Fön, Flöte, Frosch, Löwe, Leiter, Lineal, Lama, Laterne, Sofa, Seestern, Salat, Sonne, Maus, Mantel, Messer, Mund, Mond, Meer, Nadel, Nudel, Nagel, Note, Nashorn, Nilpferd, Rüssel, Rakete, Raupe, Rose, Ritter, Reh, Topf, Tasche, Turm, Tisch, Tasse, Tiger, Trompete, Traktor

Spielübung:
Die Kinder haben die Bildkärtchen vor sich liegen und suchen jeweils zwei Partnerbilder heraus, die den gleichen Anlaut haben.

Spielerische Varianten:
a) Kartenspiel:
Die Bildkärtchen werden vergrößert kopiert, gemischt und an eine Spielgruppe gleichmäßig verteilt. Reihum darf jeder seine Anlaut-Paare ablegen und ein Kind seiner Wahl fragen, ob es ihm ein Bild mit dem Anlaut x geben könne. Wenn ja, darf er dieses Paar auch noch ablegen, wenn nein, kommt gleich das nächste Kind an die Reihe. Wer zuerst alle Karten abgelegt hat, ist Sieger.

b) Blitzgucken:
Die Kärtchen liegen aufgedeckt auf dem Tisch. Der Spielleiter sagt einen Laut (i, e, a, o, u, f, l, m, n, s, r, t) und die anderen suchen so viele Bilder, wie sie zu diesem Anfangslaut finden können. Wer die meisten am schnellsten bei sich gestapelt hat, ist Sieger.

2.8 Verzauberte Namen (i, e, a, o, u, f, l, m, n, s, r, t)

Ziel:
Abstraktionsvermögen schulen: Wie klingt mein Name ohne den ersten Laut?

Material:
Keines

Mitspieler:
Viele

Vorbereitung:
- Zauberstab herstellen, z. B. aus mit Krepppapier umwickelten Schaschlikspießen;
- den großen Abermakaber (s. allgem. Kopiervorlagen) bunt kopieren und an der Tafel befestigen.

Spielregeln:
Sie oder ein Kind, das die Lautanalyse schon beherrscht, spielen den Zauberlehrling Abermakaber, der die Namen der Kinder verhext. Denken Sie sich einen Zauberspruch aus (z. B.: „Abrakadabra – der Anfangslaut ist nicht mehr da!") und rufen Sie den Namen eines Kindes ohne den Anlaut, z. B. „Elanie".
Das gerufene Kind nennt seinen ganzen Namen und betont den Anlaut.
Am wenigsten verwirrend ist es, wenn Sie nur Namen verwenden, die die schon behandelten Laute als Anlaute haben.
Für die Kinder, deren Namen in diesem Fall nicht aufgerufen werden können, gibt es die Variante mit anderen Begriffen (einige Beispiele sind schwierig, weil es zu manchen Buchstaben wenig geeignete Wörter gibt!):
„Abrakadabra – der Anfangslaut ist nicht mehr da! Pfelsine – wie heißt es richtig?"

Weitere Wortbeispiele:

Skimo (Eskimo), Lefant (Elefant), Gelstacheln (Igelstacheln), Rrtum (Irrtum), Ktober (Oktober), Lympiade (Olympiade), Niversität (Universität), Ngeheuer (Ungeheuer), Asching (Fasching), Reundin (Freundin), Imonade (Limonade), Awine (Lawine), Armelade (Marmelade), Ikrofon (Mikrofon), Achmittag (Nachmittag), Ovember (November), Osine (Rosine), Akete (Rakete), Ekunde (Sekunde), Amstag (Samstag), Omate (Tomate), Elefon (Telefon)

3. Der Endlaut

Didaktische Hinweise:
Beim Endlaut ist sehr darauf zu achten, welcher tatsächlich von einem Schreibanfänger korrekt herauszuhören ist. Das „r“ z. B. klingt am Ende oft wie /a/ und ist daher als Sonderfall zu behandeln (/Roa/ für „Rohr“).
Beim „e“ ist darauf zu achten, dass es je nach Dialektregion fast wie ö artikuliert werden kann. Je nachdem, ob es den Endlaut einer betonten Silbe bildet (S**ee**) oder einer unbetonten Silbe (Wann**e**), klingt es anders.
Außerdem muss darauf geachtet werden, dass die Kinder verstehen, was tatsächlich mit Endlaut gemeint ist. Also der Laut ganz am Ende, der *allerletzte* Laut!

3.1 Vorübung: Gemeinsam Endlaute erkennen (i, e, a, o, u, f, l, m, n, s, t)

Ziel:
Verstehen, was „Endlaut“ bedeutet.

Material:
Keines

Mitspieler:
1 bis viele

Vorbereitung:
Keine

Übung:
Sprechen Sie den Kindern ein Wort mit /s/ oder einem anderen dehnbaren Laut am Ende vor und betonen Sie den Endlaut. Sprechen Sie ihn noch einmal separat und erklären Sie, dass das der „Endlaut“, also der Laut ganz am Ende des Wortes, ist. Die Kinder sprechen das Wort genauso nach, wie Sie es vorgesprochen haben. Verfahren Sie so mit weiteren Wörtern, die den gleichen Endlaut haben. Erst dann verwenden Sie den nächsten Laut.
Im Laufe der Übung können Sie die Anforderungen erhöhen, indem Sie ein Wort „normal“ sprechen und die Kinder fragen, welcher Laut nun am Ende ist.
Wenn alle Laute durchgenommen wurden, geht es mit Spielen weiter.

Wortbeispiele:
s: Maus, Glas, Los, Mus, Gras, Gips (auch heiß, weiß, Nuss, Schloss usw. gelten)
f: Hof, schief, Schaf, tief, Brief, Huf
l: Schimmel, hell, Gabel, Müll, kahl, Apfel, Sessel, Saal
m: Traum, zahm, Kamm, schlimm, Rum, warm
n: Hahn, Daumen, Sohn, Bein, lächeln, teilen
a: Lama, Sofa, Oma, Opa, Mofa, Komma, lila, Gorilla
e: See, Klee, Fee, Tasche, Tanne, Stube, Nase (hier wird die Klangdifferenz von /e/ wiederholt).
i: Schi, Spagetti, Salami, Ravioli, Biologie, Chemie
o: wo, Zoo, Lasso, Salto
u: du, Kanu, Uhu, Känguru, Kuh, Schuh, Kakadu
t: schlecht, Nest, Watt, bunt, Blut, Boot, mit, Kraft

r: Hier liegt es in Ihrem Ermessen, ob und wann Sie das r als verzwickten Endlaut einführen möchten. Wir empfehlen, dies erst zu einem späteren Zeitpunkt zu tun, da sich die Kinder augenblicklich noch mit dem reinen „Hören“ beschäftigen sollten. Deshalb ist auch bei den weiteren Übungen auf den geeigneten Wortschatz zu achten.
(Zum unsilbischen „r“ beachten Sie bitte die Ausführungen auf S. 49. Die möglichen Hilfestellungen für die korrekte Schreibung sind für Schreibanfänger nicht ganz trivial, weswegen wir ja auch eine spätere Behandlung des Themas empfehlen.
Tipp: Normalerweise erkennt man durch Wortverlängerung, ob ein „r“ am Wortende stehen muss, wenn man /a/ hört: Roa, aber: Rohre; Ua, aber: Uhren usw.)

3.2 Endlaut und Bewegung (i, e, a, o, u, f, l, m, n, s, t)

Ziel:
Endlaute erkennen; Konzentration und Gedächtnis fördern

Material:
Keines

Mitspieler:
1 bis viele

Vorbereitung:
Keine

Spielregeln:
Einigen Sie sich mit den Kindern auf drei oder vier bestimmte Handlungsabläufe, die die Kinder beim Erkennen bestimmter Endlaute durchführen müssen. Sprechen Sie Wörter mit den verschiedenen besprochenen Endlauten; die Kinder führen jeweils die richtige Handlung aus.

Beispiele (nicht alle auf einmal durchführen!):

s: Mit den Armen wedeln
f: Auf einem Bein hüpfen
l: In die Hocke gehen
m: Den Bauch reiben
n: Auf Zehenspitzen laufen
a: In die Hände klatschen
e: Hampelmannsprünge
i: Schultern rollen
o: Kniebeugen
u: Einmal im Kreis drehen
t: An die Nase fassen

Alternative:
Lassen Sie die entsprechenden Lautgebärden durchführen, falls diese schon besprochen wurden (siehe Übungen zur GPK unter Punkt 2. „Übungen zu Einzellauten“)

3.3 Endlaut-Detektive (i, e, a, o, u, f, l, m, n, s, t)

Ziel:
Endlaute erkennen

Material:
Bildkärtchen aus dem allgemeinen Kopiermaterial, Teil 2

Mitspieler:
1 bis viele

Vorbereitung:
Suchen Sie sich Bildkarten mit den Endlauten aus, die Sie behandeln wollen. Verteilen Sie die Karten im Klassenzimmer.

Spielregeln:
Bilden Sie Gruppen, von denen jede für einen Endlaut „verantwortlich“ ist. Die Kinder gehen im Raum herum und suchen die Bildkarten mit „ihrem“ Endlaut. Die Gruppe, die am schnellsten alle ihre Karten gefunden hat, ist die Gewinner-Gruppe.

Beispiele für Bildkarten:

s: Maus, Glas, Bus, Fuchs, Ananas, Kaktus
f: Topf, Dorf, Zopf, Brief, Schaf, elf, zwölf
l: Igel, Esel, Insel, Ampel, Orgel, Lineal, Engel, Mantel, Nadel, Rüssel, Angel, Kamel, Seil
m: Turm, Arm, Baum, Schirm, Wurm, Helm
n: Ofen, Fön, Daumen, Nashorn, Besen, Hahn, Kuchen, Hafen, Telefon
a: Lama, Sofa, Puma, Zebra
e: Ente, Affe, Fee, Flöte, Reh, Lupe, Welle, Katze, Birne
i: Bikini, Spagetti, Schi, Knie,
o: Lasso, Foto, Klo, Zoo, Floh
u: Uhu, Schuh, Kuh, Känguru, Kanu
t: Elefant, Planet, Hut, Ast, Faust, Boot

3.4 Wortschlangen (i, e, a, o, u, f, l, m, n, s, t)

Ziel:
Anfangs- und Endlaute erkennen

Material:
Bildkärtchen aus dem allgemeinen Kopiermaterial, Teil 2,
oder aus dem Kopiermaterial für einzelne Bereiche zu L 3.4

Mitspieler:
Einzel- oder Partnerarbeit

Vorbereitung:
Bildkärtchen auswählen

Spielregeln:
Jedes Kind oder jede Zweiergruppe bekommt einen Satz Bildkärtchen (also die Bilder für *eine* Wortschlange). Sie geben das Anfangswort vor. Die Kinder legen an den Endlaut das Wort mit dem gleichen Anfangslaut, daran wieder das Wort mit dem gleichen Endlaut usf., bis sie alle Karten aufgebraucht haben.

Wortschlangen:

1. Lama → Ananas → Sonne → Elefant → Turm → Mantel → Lasso → Ofen (8 Wörter)
2. Glas → Sofa → Ampel → Laterne → Elefant → Topf → Floh → Oma (8 Wörter)
3. Klo → Ofen → Nadel → Lampe → Elefant → Turm → Maus → Sofa → Adler (9 Wörter)

Funktion und Aufbau | Silbe | Laut | Graphem-Phonem-Korrespondenz | Synthese | Analyse

4. Der Inlaut (Mittellaut)

Didaktische Hinweise:
Inlaute sind für viele Kinder am schwierigsten zu ermitteln. Hier kommt es wieder vor allem auf das geeignete Wortmaterial an, das, wenn z. B. explizit nach dem *Mittel*laut gefragt wird, tatsächlich nur *einen* Laut in der Mitte bietet, also sollten es einsilbige Wörter mit nur drei Lauten sein. Da wir uns mit den folgenden Übungen noch im Anfangsstadium der Lautanalyse bewegen, in dem vor allem das *Prinzip* der Lautschrift erfasst werden soll, sind diese Wörter nicht als zu leicht, sondern als angemessen zu betrachten.
Die erste Übung steht auf der Schwierigkeitsstufe ganz unten, da die Fragestellung einfach lautet, ob ein bestimmter Laut *im* Wort zu hören ist. Hier ist es noch nicht nötig, die Übungswörter auf nur drei Laute zu reduzieren.

4.1 Inlaut heraushören

Ziel:
Bestimmte Laute *in* einem Wort heraushören

Material:
- Kastanien oder Glassteine in einer kleinen Schachtel für jedes Kind oder Schmierpapier und Stift
- ev. Tücher zum Verbinden der Augen

Mitspieler:
1 bis viele

Vorbereitung:
Notieren Sie sich die Wörter, die Sie vorsprechen wollen.
Erklären Sie zunächst, dass es jetzt nicht mehr um die Anfangs- oder Endlaute geht, sondern um die Laute *in der Mitte* des Wortes. Wo *genau* diese Laute sind, ist bei dieser Übung noch nicht relevant; wichtig ist, dass sie nicht an der ersten und nicht an der letzten Stelle stehen.
Geben Sie ein Beispiel, z. B.: „Hört ihr ein /a/ in ‚Nase'? Wenn ja, nehmt ihr einen Glasstein aus eurer Schachtel und legt ihn vor euch auf den Tisch."

Spielregeln:
Die Kinder schließen die Augen oder bekommen sie durch ein Tuch verbunden (das ist etwas aufregender; gleichzeitig konzentrieren sie sich besser auf das Hören und können sich auch nicht direkt an den Mitschülern orientieren).
Nennen Sie den Laut, um den es aktuell geht (möglichst zu Beginn einen *langen* Vokal wählen). Sprechen Sie in genügend großen Abständen die Wörter vor. Bei einem Wort mit dem vereinbarten Laut legen die Kinder einen Stein oder eine Kastanie vor sich auf den Tisch. Wenn diese Materialien nicht vorhanden sein sollten, malen sie „blind" einen Kringel auf ihr Blatt.
Am Ende der ersten Runde werden die Steine oder Kringel gezählt. Wer hatte die Laute richtig herausgehört?

Schwierigkeitssteigerungen:
Lange „Löwenlaute" (Vokale), kurze „Löwenlaute" (Vokale), dehnbare Mitlaute, t.
Einsilbige Wörter, mehrsilbige Wörter.

Beispiele:
Lange Löwenlaute:
o: schnell, Stall, **Kohl**, Hut, Wunsch, **Brot**, Schwan, **Mond**, **Floß**, Schluss (4 Kast.)
a: **Glas**, Keks, neun, Buch, **Schaf**, Klops, **Kran**, **Plan**, Glut, Foto, **wahr**, schlimm, **brav** (6 Kast.)
i: Klops, **Sieb**, **Dieb**, Kampf, **Brief**, Max, **piep**, Kohl, Hund, **Kies** (5 Kast.)
e: **schwer**, **Lehm**, Last, **Meer**, Maul, **quer**, **Gel**, Burg, Kamm, Fuchs (5 Kast.)
u: Boot, **Blut**, **Fuß**, rot, Beet, Steg, **Zug**, **Fluch**, Zimt, Kind, **Mus**, **Krug** (6 Kast.)

Kurze Löwenlaute:

o: Mist, **Frost**, Schluss, **Rost**, Bett, Wald, **Block**, **Zopf**, **Post**, **Stock**, Krach, **Kopf** (7 Kast.)
a: **Schwanz**, Hut, **Glanz**, Trick, Klecks, Witz, **Schwamm**, Fisch, Schiff, **Wand** (4 Kast.)
i: **schlimm**, **Wind**, bunt, Hemd, **Tisch**, kalt, **Schiff**, **Gift**, Kern, Specht (5 Kast.)
e: Post, Knick, **Sekt**, **Senf**, **Fleck**, schwarz, **sechs**, **Zweck**, Zimt, **Pest** (6 Kast.)
u: Korn, **Wurm**, **Hund**, Dachs, Wind, klar, **Mund**, **Lust**, **bunt**, Lok, **Kuss**, **krumm** (7 Kast.)

Mitlaute:

f: **Sofa**, wimmern, **laufen**, **Kaffee**, Onkel, **Käfer**, zappeln, **Stufe**, **Taufe**, Garten, **Waffel**, **Hafen** (8 Kast.)
s: **lesen**, Hammer, **Masern**, Meter, **Hase**, **Rose**, **Nüsse**, Feder, **Dose**, König, **Kissen** (7 Kast.)
m: Robbe, **Blume**, Dackel, **Kamel**, **schäumen**, Ochse, besser, **Lama**, Leiter (4 Kast.)
n: Schakal, **Spinne**, Wespe, **Kanne**, **Honig**, Hose, hören, **König**, Kaiser, **Tonne** (5 Kast.)
l: keuchen, **Sohle**, **hallo**, kippen, Kerzen, **Wolle**, **Kuhle**, Tante, **Willi**, **Falle** (6 Kast.)
r: jagen, **Sara**, **Marion**, Kette, falten, **murren**, **Sirene**, Silbe, küssen (4 Kast.)
t: **Wetter**, Silber, Sonne, **beten**, **Mutter**, **Liter**, loben, **weiter**, Haken, haben (5 Kast.)

4.2 Hörübung mit Ball

Ziel:
Mittellaut bei vorgesprochenen Wörtern erkennen

Material:
Kleiner Schaumgummiball

Mitspieler:
1 bis viele

Vorbereitung:
Erklären Sie zuerst, was „Mittellaut“ bedeutet, nämlich der Laut in der Mitte (also nicht am Anfang und auch nicht am Ende). Schreiben Sie gegebenenfalls ein einfaches Wort wie „Rad“ an die Tafel und lassen Sie die Kinder überlegen, welches der Zeichen nun der Mittellaut sein könnte: das erste, das zweite oder das dritte? Streichen Sie den Anfangs- und Endlaut weg und umringeln Sie den Mittellaut. Um diesen Laut geht es also in den folgenden Spielen.
An einigen Beispielen, die im Chor gesprochen werden, wird noch einmal klar gemacht, was Sie von den Kindern verlangen: „Sprecht mir mal nach: ‚Mut'“! „Mut.“ „Welchen Laut hört ihr hier in der Mitte?“ „U!“ „Genau.“

Spielübung:
Sie sitzen mit den Kindern im Kreis auf dem Boden. Rollen Sie das Bällchen zu einem Kind hin und sprechen Sie deutlich aber nicht übertrieben ein einsilbiges Wort vor. Das Kind soll den Mittellaut nennen und den Ball an Sie zurückrollen. Nun kommt das nächste Kind an die Reihe.
Durch das Ballspiel wird vermieden, dass alle Kinder durcheinander rufen.

Beispielwörter:
Lange „Löwenlaute“ (leicht zu erkennen):

a: Rad, Bad, fad, Saal, Zahl, Kahn, Zahn, Bahn, kahl, Wal, Schaf, Rat, Saat, Paar, Maß, Schal, Gas
e: Meer, leer, Lehm, zehn, wen, den, Gel, Beet
i: Bier, schief, tief, fies, mies, vier, Gier, viel, Ziel, Kies, wir, Sieb, lieb, Dieb, Lied
o: rot, Boot, Moos, tot, schon, Kohl, Tor, Moor, Pol, Schoß, Mohn, wohl, Sohn, Ton, Lohn, Not
u: Mut, Wut, Hut, gut, pur, Kur, nun, nur, Fuß, Buch, Zug

Kurze „Löwenlaute“ (bisschen schwieriger zu erkennen):

a: was, Bass, das, Hass, nass, Wall, Ball, Fall, Narr, Kamm, Lamm, Mann, Watt, Lack, Sack
e: hell, Fell, Bett, Fett, nett, Depp, Heck, Leck, keck, Deck, Reck, Scheck, wenn, denn
i: Fisch, Schiff, dich, bis, mich, Kitt, Tisch, Riss, Biss, Tim, Tipp, dick, Kick, schick, Tick
o: komm, toll, Boss, Ross, Mopp, Gott, Rock, Schock, Bock, Dock, Bonn
u: Bus, Kuss, Nuss, Schuss, Schutt, Guss, dumm, Muff, Ruck

Mitlaute (es gibt wenig geeignetes Wortmaterial):

f: Affe, oft
l: alle, Ulli, Olli, Ella
s: Asse, Ast, ist, Ost
m: Oma, Amme, Amt, Ems
n: Anna, Ina, und, uns, ins
r: irre
t: Otto, Ute, Kutte

4.3 Der verhexte Löwen-Inlaut (a, e, i, o, u)

Ziel:
Den betonten Vokal (Löwen-Laut) austauschen.
(Es geht dabei noch nicht um die Zeichen, sondern nur um die *Laute*! Deshalb ist es auch egal, wenn das erste Wort z. B. mit Dehnung und das andere ohne Dehnungszeichen geschrieben wird. Wichtig ist allerdings, dass der Vokal, der verhext werden soll, bei beiden Wörtern die gleiche Länge bzw. Lautqualität hat!)

Material:
- Abermakaber aus dem allgemeinen Kopiermaterial, Teil 1, ausschneiden, auf Pappe kleben (falls nicht bereits geschehen) und auf die Tafelablage stellen
- Büroklammern oder Glassteine
- Demonstrationslöwen, siehe allgemeines Kopiermaterial, Teil 1

(Auf Bildkarten wollen wir hier verzichten, weil sonst das Wortmaterial zu sehr eingeschränkt werden würde!)

Mitspieler:
1 bis 6 (auch mehr, wenn Spielregel modifiziert wird)

Vorbereitung:
Erklären Sie, dass Abermakaber so gerne Wörter verhext. Dazu muss er oft nur einen einzigen Laut in einen anderen verzaubern (austauschen), und schon entsteht ein völlig neues Wort, das etwas ganz anderes bedeutet als das erste. Jetzt hat er gerade Lust auf „Löwenlaute" in der Wortmitte!

Spielregeln:
Jedes Kind erhält 3 oder mehr (je nachdem, wie lange das Spiel dauern soll oder wie viele Kinder in einer Gruppe sind) Büroklammern oder Glassteine. Erklären Sie, dass Sie nun immer ein Wort vorsprechen und die Kinder reihum das Wort verhexen müssen, indem sie einen anderen „Löwenlaut" einsetzen. Dieser andere „Löwenlaut" wird zunächst vorgegeben.
Beispiel: „Verhext den Löwenlaut nun immer in ein „e": Moor – Meer
Das Kind, das das Wort richtig verhext, bekommt eine Büroklammer. Es werden einige Runden gespielt und dann die Klammern gezählt.

Beispielwörter mit einsilbigen Wörtern (manche mögen den Kindern vielleicht noch unbekannt sein, aber die können Sie ja weglassen):

In ein Wort mit „e" verhexen:
lahm – Lehm, Boot – Beet, Tor – Teer, Mahl – Mehl, Haar – Heer, Rost – Rest,
Fall – Fell, fast – fest, Burg – Berg

In ein Wort mit „a" verhexen:
schief – Schaf, Wohl – Wahl, Huhn – Hahn, Kohl – kahl, Stuhl – Stahl, pur – Paar,
groß – Gras, Bild – bald, wild – Wald, komm – Kamm, Lok – Lack, List – Last,
Nuss – nass, Pfund – Pfand, rund – Rand, Schutz – Schatz,

In ein Wort mit „i" verhexen´:
Schaf – schief, Zahl – Ziel, Bar – Bier, Haar – hier, Fuß – fies, vor – vier, Ross – Riss, Fratz – Fritz, Bus – bis, Schlamm – schlimm, Luft – Lift, Lust – List, rund – Rind, bald – Bild, Gramm – Grimm

In ein Wort mit „o" verhexen:
Kiel – Kohl, Meer – Moor, Wahl – Wohl, tun – Ton, Tür – Tor, vier – vor, Huf – Hof, rar – Rohr, Rahm – Rom, Rast – Rost, Ruck – Rock, Blick – Block, Riss – Ross, Schluss – Schloss

In ein Wort mit „u" verhexen:
Hof – Huf, Stahl – Stuhl, Maß – Mus, Krieg – Krug, Rahm – Ruhm, Rind – rund, List – Lust, Lift – Luft, Rock – Ruck, kess – Kuss, Damm – dumm, Schatz – Schutz, Schloss – Schluss

Beispielwörter mit zweisilbigen Wörtern:
Wichtig: Es liegt in Ihrem Ermessen, welches Kind zu diesem Zeitpunkt schon so weit ist zu verstehen, dass es hier um das Verhexen bzw. den Austausch des *betonten* Vokals geht. Sie könnten erklären, dass bei längeren (zweisilbigen) Wörtern der hintere Löwenlaut unbetont, das heißt oft gar nicht richtig zu hören ist (/Nebl/), und dass es bei dieser Übung nur auf den *ersten* Löwenlaut im Wort ankommt. Im Folgenden wurden nur deutsche Wörter aufgelistet, bei denen immer der Vokal der ersten Silbe betont ist (Stammvokal). Wenn Sie merken, dass ein Kind bei Erklärung oder Übung durcheinander kommt, verwenden Sie die zweisilbigen Wörter erst dann, wenn das Strukturieren eines Wortes in Silben behandelt wurde:

In ein Wort mit „e" verhexen:
Nabel – Nebel, Luder – Leder, Kugel – Kegel, bieten – beten, Wolle – Welle, Hocke – Hecke, Koller – Keller, locker – lecker, Hacke – Hecke, putzen – petzen, rinnen – rennen, Masse – Messe, Hitze – Hetze

In ein Wort mit „a" verhexen:
Hose – Hase, Woge – Waage, Giebel – Gabel, Nebel – Nabel, Schule – Schale, Bluse – Blase, Nudel – Nadel, siegen – sagen, Rebe – Rabe, Tante – Tinte, Hecke – Hacke, Zunge – Zange, Lunge – lange, Gitter – Gatter, picken- packen, Messe – Masse, Mitte (Motte, Mette) – Matte, Lippen – Lappen, knurren – knarren, Klippe – Klappe,

In ein Wort mit „i" verhexen´:
Rose – Riese, Regel – Riegel, Gabel – Giebel, Bohne – Biene, Hummel – Himmel, sagen – siegen, Runde – Rinde, Gatter – Gitter, Keller – Killer, packen – picken, Matte – Mitte, Lappen – Lippen, Klappe – Klippe, küssen – Kissen, spucken – spicken, Butter – bitter, Tante – Tinte, Hetze – Hitze

In ein Wort mit „o" verhexen:
Hase – Hose, Waage – Woge, Rabe – Robe, Biene – Bohne, Mitte – Motte, Wanne – Wonne, Tanne – Tonne, Keller – Koller, lecker – locker, Welle – Wolle, Hecke – Hocke

In ein Wort mit „u" verhexen:
Schale – Schule, Nadel – Nudel, Kegel – Kugel, Leder – Luder, bitter – Butter, lange – Lunge, petzen – putzen, Pappe – Puppe, Himmel – Hummel, Rinde – Runde, spicken – spucken, knarren – knurren

5. Vollständige Lautanalyse

Didaktische Hinweise:
Die Lautanalyse eines ganzen Wortes ist die „Königsaufgabe" in diesem Kapitel und für Schreibanfänger häufig sehr schwer zu lösen. Wichtig sind eine behutsame Steigerung des Übungswörterniveaus und ein längeres Verharren auf einer Stufe, wenn Sie merken, dass das Kind die nächste Hürde noch nicht schaffen kann. Die Lautanalyse *muss geübt* werden, denn sie ist keine Fähigkeit, die die Kinder aus ihrem vorschulischen Erfahrungsschatz mitbringen.
Bitte versuchen Sie sich vorzustellen, dass ein Kind die vorgesprochenen Wörter noch nicht in seinem Gedächtnis als Schriftbild gespeichert hat. Im Gegensatz zu uns, die wir als geübte Schreiber und Leser bei einem *gesprochenen* Wort sofort das *geschriebene* vor unserem geistigen Auge haben, weil es fest in unserem Gedächtnis verankert ist. Wir „lesen" das Wort also praktisch ab. Ein Schreibanfänger kann das nicht. Er ist bei seinen ersten Versuchen tatsächlich auf das genaue Hören angewiesen, muss aber im Laufe der Zeit das Wort natürlich ebenfalls abspeichern, um den Übergang zu flüssigem Lesen und Schreiben machen zu können.
Ähnlich wie einem Schreibanfänger erginge es uns, wenn uns ein vollkommen unbekanntes Wort vorgesprochen werden würde (z. B. Bisoprololhemifumarat), wobei wir selbst dann noch auf unsere langjährige Erfahrung mit Schrift zurückgreifen könnten. Aber haben Sie das obige Wort, nachdem Sie es einmal gelesen haben, schon sicher abgespeichert? Wahrscheinlich nicht. Wenn Sie es jetzt vor Ihrem geistigen Auge erscheinen lassen wollten, würden wahrscheinlich auch einige Buchstaben fehlen oder verdreht sein.

In unseren Wortbeispielen gehen wir nicht nur von den eingeführten Lauten aus, weil ein solches Vorgehen die Wortauswahl zu sehr einschränken würde. Da aber an dieser Stelle noch nicht geschrieben werden muss, ist es nicht so schlimm, wenn auch unbekannte Buchstaben oder Mehrfachgrapheme wie „sch" und „ch" vorkommen. Wichtig ist, dass diese Mehrfachgrapheme als *ein* Laut behandelt werden.

5.1 Der verzauberte Roboter

Ziel:
Lautanalyse von einsilbigen Wörtern

Material:
- Abermakaber als Pappfigur basteln, siehe allgemeines Kopiermaterial, Teil 1

Mitspieler:
2 bis viele (oder 1 mit Spielleiter → Spiel modifizieren)

Vorbereitung:
Notieren Sie sich die Wörter, die Sie vorsprechen wollen. Es sollten nur einsilbige sein, die zudem in steigendem Schwierigkeitsniveau angeboten werden. Zweisilbige Wörter werden in Silben zerlegt, weil die vollständige Synthese auf diese Weise wesentlich leichter zu bewerkstelligen ist (siehe Kapitel „Silbe").
Üben Sie gegebenenfalls selbst das Sprechen in abgehackten Lauten, denn es sollte auf eine Weise erfolgen, die die Vokale nicht verfälscht: Lange Vokale artikulieren Sie lang, kurze Vokale kurz, so wie sie im Wort klingen. Vergessen Sie bitte auch nicht, für die Konsonanten nur die *Laute* zu sprechen und nicht die Namen.

Spielregeln:
Erzählen Sie, dass Abermakaber, der kleine Zauberer, einen Roboter hergezaubert hat, der ihm beim Aufräumen seines Zimmers helfen soll. Er nennt ihn Willibald. Leider muss Abermakaber entdecken, dass er einen falschen Zauberspruch verwendet hat und dass deshalb die Sprachmaschine im Kopf des Roboters leider nicht ganz richtig funktioniert:
„Willibald kann nur ganz abgehackt sprechen, weil er die Wörter in ihre einzelnen Laute zerlegt. Nach jedem Laut muss er eine kleine Pause machen. Das hört sich dann so an: Zu ‚Tim' sagt er /T-i-m/, zu ‚Ali' sagt er /A-l-i/ und zu ‚Eva' sagt er /E-v-a/. Könnt ihr auch so sprechen wie der kaputte Roboter Willibald? Versucht es einfach mal – wie würde Willibald ‚Kuh' sprechen?" (K-u)

Die Kinder dürfen erst ausprobieren und Sie berichtigen. Geben Sie als Hilfe, dass in jedem der Wörter, die in diesem Spiel verwendet werden, *ein* Löwenlaut (a, e, i, o, u) vorhanden ist.
Anschließend beginnt das Spiel:
Sie flüstern einem Kind ein Wort ins Ohr. Das Kind muss das Wort in seine einzelnen Laute zerlegen und die anderen Kinder dürfen raten, was es für ein Wort sein soll.
Hier überschneiden sich Analyse und Synthese, aber es ist für die Kinder schöner und interessanter, wenn sie von ihren Mitschülern korrigiert werden (indem diese das Wort nicht erraten können, weil es nicht korrekt zerlegt wurde), als wenn nur von Ihnen ein „Richtig" oder „Falsch" käme. Das heißt aber auch, dass das „Analyse-Kind" mehrere Versuche hat, alle Laute in der richtigen Reihenfolge anzugeben.

Wortbeispiele mit steigendem Schwierigkeitsniveau:

2-Laut-Wörter mit K-V-Struktur:	Reh, See, Fee, Schi, Schuh, nie, wie, sie, da, Tee
2-Laut-Wörter mit V-K-Struktur:	Aal, Aas, Öl
Kurze Vokale (schwieriger):	im, an, um, in, am, ich, es
3-Laut-Wörter mit K-V-K-Struktur:	Los, Fuß, Mus, Ruß, Maß, Mehl, Mut, rot, Hut, Wal, Schal, gut, Gas, Gel, Dom, Schal, Hahn, Schaf, Huhn, Kahn, lahm, Buch, Boot, Beet, Rad, Bad, Sieb (/S-i-p/), Tag (/T-a-k/),
Kurze Vokale (schwieriger):	Fell, Fisch, Tisch, Schiff, Mann, Bus, Ball, Nuss, Fass, Busch, Kuss, Fett, Bach, dick, Dieb, Sack, Fach, Dach, Kamm

Die folgenden Wörter mit Konsonantenhäufung bitte erst dann üben, wenn die vorhergehenden Wörter *sicher* analysiert werden können. Gegebenenfalls sollten zuerst zweisilbige Wörter mit einfacher K-V-K-V-Struktur behandelt werden, die, in Silben aufgeteilt, dem Kind vielleicht leichter fallen (Na-se, So-fa usw.).

3-Laut-Wörter mit V-K-K-Struktur:	ist, oft, Ast, alt, als, Amt, echt, elf, und, arm*, Ort*
4-Laut-Wörter mit K-V-K-K-Struktur:	kalt, Wald, Hand, Wand, Sand, Hund, Mund, Hemd**
3- und 4-Laut-Wörter mit K-K-V-K-Str.:	Floh, froh, Flut, Fluss, flott, Fleck, flach, frech, frisch, fromm, Trick, Troll, trüb

*Bei „arm" und „Ort" ist das „r" nur schwer hörbar. In vielen Gegenden Deutschlands spricht man (/aam/ und /Oat/). Die Hilfestellungen die es dazu gibt, sind relativ komplex und deshalb zu diesem Zeitpunkt noch nicht sinnvoll. Sie können also diese Wörter auch weglassen oder /a-m/ statt /a-r-m/ und /O-a-t/ statt /O-r-t/ gelten lassen.
Für Ihr Hintergrundwissen:
Das „r" nach Vokal und vor Konsonant wird vokalisiert: /Head/, /Pfead/, /Eade/, /Wuam/). Hilfestellung für das Kind: Den Zwielaut „ea" gibt es nicht (oder nur ganz, ganz selten wie im Namen „Lea"), also muss man, wenn man Vokal plus /a/ hört oder spricht, Vokal und „r" *schreiben*.
Bei „a" plus „r" vor Konsonant wird meistens nicht /r/ artikuliert, sondern einfach ein langes /aa/: /Aam/ statt /Arm/.
Hilfestellung für das Kind: Die Verkleinerungsform bringt Aufschluss über die richtige Schreibung, denn „Ärmchen", spricht man /Äamchen/. Das /a/ nach dem Ä deutet wiederum das vokalisierte „r" an. Den Zwielaut /äa/ gibt es aber nicht (siehe oben), also muss man „r" schreiben (/waam/ → /wäamer/ → „wärmer"; aber /fane/ → /Fänchen/ und *nicht* /Fäanchen/ → „Fähnchen"!).

**Bei „Hemd", „Samt" und ähnlichen Wörtern kommt es öfters vor, dass die Kinder in ihrem Bemühen, jeden Laut eines Wortes zu „erwischen", übergenau auch auf ihre Lippenbewegungen achten. Aus „Hemd" wird dann „Hemnd" oder „Hembt". Wenn Sie selbst einmal beim Sprechen auf den Übergang „md" achten, werden Sie merken, dass sich Ihre Lippen nach dem /m/ zum /b/ und anschließend zum /n/ formen. Es geht faktisch gar nicht anders. Wenn ein Kind „Hembd" oder „Hemnd" schreibt, nützt es also wenig, es noch einmal um genaues Hinhören zu bitten, denn das hat es bereits getan. Zu diesem Zeitpunkt hilft dem Kind, wenn man ihm die obige Ausführung in einfachen Worten erklärt (Handspiegel) und zusätzlich den Hinweis gibt, dass bei den Beispielwörtern in *diesen* Übungen nicht mehr als zwei verschiedene Mitlaute nacheinander vorkommen.

5.2 Versteckte Laute

Ziel:
Lautanalyse von einsilbigen Wörtern, pro Laut eine Kastanie (einen Glasstein) legen

Material:
- Kastanien oder Glassteine
- ein Tuch

Mitspieler:
1 bis viele

Vorbereitung:
Keine

Spielübung:
Denken Sie sich ein geeignetes einsilbiges Wort aus (siehe 5.1). Legen Sie, ohne dass die Kinder mitzählen können, so viele Kastanien wie Laute unter das Tuch. Sprechen Sie das Wort laut vor. Die Kinder versuchen herauszufinden, wie viele Laute das Wort hat, und legen die entsprechende Anzahl Kastanien vor sich auf den Tisch. Sie lüften das Geheimnis und entfernen Ihr Tuch. Wer hat die gleiche Anzahl Kastanien vor sich auf dem Tisch liegen? Das Wort wird von einem Kind in Willibald-Manier lautierend gesprochen und von den anderen im Chor wiederholt.
Wer hier noch große Schwierigkeiten hat, muss die Gelegenheit erhalten können, einzeln An-, End- und Inlaute zu üben.

5.3 Laute hüpfen

Ziel:
Lautanalyse von einsilbigen Wörtern automatisieren, pro Laut in ein Feld hüpfen

Material:
Klebeband

Mitspieler:
1 bis viele

Vorbereitung:
Auf den Boden mit Klebeband ein Gitter von 3 mal 4 Feldern abkleben. Die Kästchen sollten so groß sein, dass ein Kind bequem hineinhüpfen kann.

Spielregeln:
Jeweils 3 Kinder bilden eine Hüpfgruppe. Jedes Kind bekommt ein Wort gesagt. Bei der Wortauswahl darauf achten, dass die Wörter einsilbig sind, aber unterschiedlich viele Laute haben (nicht mehr als 4!). Das erste Kind lautiert „sein" Wort und hüpft pro Laut in ein Feld. Das zweite und dritte verfährt genauso. Wer ist am weitesten gehüpft? Welches Wort hatte also die meisten Laute?
Hat ein Kind große Probleme, können Sie es bei der Hand nehmen und mit ihm zusammen die Laute „ablaufen".

Wortbeispiele (nur auf die Laute achten, die man tatsächlich *hören* kann!):
Schuh, Reh, Fee, so
Mut, Tal, Mus, Fuß (/F-u-s/), tun, Los, rot, Not, Tat, Saal (/S-a-l/), nun, mit, mal, Tim, Fett (/F-e-t/), Fell (/F-e-l/), Fass (/F-a-s/), Lamm (/L-a-m/), Mann (M-a-n/), Ast, oft, alt
Fest, Rest, Rast, fast, Last, Mast, Land (L-a-n-t/), Rand (R-a-n-t/), Sand (/S-a-n-t/), Feld (/(F-e-l-t/)

Funktion und Aufbau | Silbe | Laut | Graphem-Phonem-Korrespondenz | Synthese | Analyse

5.4 Spiel mit Spielplan

Ziel:
Lautanalyse von einsilbigen Wörtern automatisieren

Material:
- Spielplan, siehe allgemeines Kopiermaterial, Teil 1
- Setzsteine bzw. Spielfiguren
- kleine Zettel
- Hut oder Büchse

Mitspieler:
2 bis max.6 in einer Gruppe, ein Spielleiter

Vorbereitung:
Schreiben Sie geeignete einsilbige Wörter (oder später natürlich auch zweisilbige) auf kleine Zettel, falten Sie die Zettel als Lose und legen Sie sie in einen Hut oder eine Büchse. Kopieren Sie den Spielplan vergrößert auf festes Papier und laminieren sie ihn.

Spielregeln:
Reihum darf ein Spieler ein Los ziehen. Er gibt es Ihnen (oder einem anderen Spielleiter, der schon gut lesen kann) und Sie lesen das Wort vor. Der Spieler lautiert das Wort und rückt dabei mit seinem Setzstein pro Laut ein Planetenfeld vor. Wenn er *nicht* richtig lautiert, muss er auf seinem alten Feld stehen bleiben. Kommt er auf ein Sonnenfeld, darf er ein weiteres Los ziehen. Dies geht aber nur einmal pro Kind und Runde. Wer als erster im Ziel ist, hat gewonnen.

Varianten:
Der Spielplan kann natürlich auch später für mehrsilbige Wörter genützt werden, wenn diese im Kapitel „die Silbe“ behandelt wurden.

Graphem-Phonem-Korrespondenz (= GPK)

Didaktischer Hintergrund:
Lesen bedeutet:

- Die einzelnen abstrakten Schriftzeichen eines Wortes müssen in die entsprechenden „Laute" übersetzt werden.
- Das Kurzzeitgedächtnis muss jeden dieser Laute speichern, bis alle Buchstaben abgearbeitet wurden.
- Das ganze Wort wird gesprochen – allerdings oft verfälscht mit gedehnten Vokalen.
- Im Langzeitgedächtnis muss geforscht werden, ob es tatsächlich ein Wort gibt, das so klingt.
- Wenn nicht, bleibt das Ausprobieren, ob sich das Wort mit kurz gesprochenen Vokalen vertrauter anhört.
- Innerhalb eines Kontextes kann dabei noch die Sinnerwartung helfen.

Schreiben heißt:

- Ein gehörtes Wort, das noch nicht im Gedächtnis gespeichert ist und somit auch nicht vom „inneren Auge" abgelesen werden kann, muss in Silben gegliedert werden.
- Jede Silbe wird wiederum in ihre einzelnen Laute zerlegt.
- Jeder Laut muss einem bestimmten Zeichen zugeordnet werden.
- Die Zeichen müssen aufgeschrieben werden. Aber Vorsicht! Keinen Strich oder Punkt vergessen, die Raumlage beachten, nicht über die Linien malen, keinen Buchstaben auslassen oder fälschlich verdoppeln, die richtige Reihenfolge einhalten!

Lesen und vor allem Schreiben sind also sehr komplexe Unternehmen, innerhalb derer die **GPK** nur ein kleiner Teil ist, und dazu noch ein nicht eben unkomplizierter, denn: Eine durchgehende 1:1-Zuordnung von Lauten und Zeichen gibt es in einem Wort nur recht selten! „Wal" und „Kino" wären solche komplett lauttreuen Wörter, und auch „Sofa" und „Oma". Aber viele Buchstaben haben nicht nur *eine* Lautvariante, sondern *mehrere*. In „Gebet" beispielsweise finden wir zweimal den Buchstaben „e". Dessen Lautung ist in diesem Wort aber sehr unterschiedlich: Das erste „e" wird wie ein kurzes /ä/ artikuliert und das zweite wie das lange /e/ im ABC. Beide Male wird jedoch ein- und dasselbe Zeichen verwendet.
Die Kinder müssen also die verschiedenen Laute im Kopf haben, die zu einem Buchstaben gehören, um ein Wort lesen bzw. schreiben zu können. Dies gilt besonders für die Vokale. Sie klingen sehr unterschiedlich in ihrer langen und kurzen Form, vergleiche „Ofen" und „offen".
Umgekehrt kann aber auch *ein* Laut durch mehrere Schriftzeichen dargestellt werden, wie es u. a. der Fall ist beim /f/ („f" oder „v") oder beim /w/ („v" oder „w").

Wird im normalen Unterricht mit Anlauttabellen gearbeitet, haben die Kinder viel Gelegenheit dazu, eigene Texte aufzuschreiben und nach ihren Vorstellungen mit Schriftsprache zu experimentieren. Es sollte ihnen natürlich auch genügend Raum dafür gegeben werden, viele Sachverhalte selbst zu entdecken und durch die sich daraus ergebenden Aha-Erlebnisse ein beständiges Interesse an der Sache, nämlich am Verstehenwollen von Schriftsprache, zu erhalten. Das ist *eine* Facette von Schreibenlernen.
Eine *andere* ist die gezielte Vermittlung von *Prinzipien* und *Regeln*. Viele Kinder sind sicherlich dazu imstande, sich diese ebenfalls durch „try and error" nahezu selbst anzueignen. Aber es wird immer einige geben, die trotz großem Bemühen schon bei den ersten Hürden straucheln, weshalb ihnen Schriftsprache bald wie ein undurchdringlicher Dschungel vorkommen und jede Beschäftigung damit Frust und Widerstand auslösen wird. Für diese Kinder ist es wichtig, dass sie nicht im Unklaren gelassen werden über den orthographischen Aufbau der Sprache und dass ihnen keine falschen Wege gewiesen werden, z. B. im Sinne eines kategorischen: „Schreib, wie du sprichst."!

Das bedeutet: Bereits bei der ausführlichen Erarbeitung der Buchstaben des Alphabets inklusive ä, ö ü, ß und der Grapheme ch, sch, ei, ai, au, eu und ng (= nur ein Laut!) kann auf Stolpersteine und Hindernisse aufmerksam gemacht werden. Warum sollte man es vermeiden, die Kinder darauf hinzuweisen, dass sich „e" im Wort tatsächlich nur in wenigen Fällen wie /eee/ anhört, sondern meistens wie ein kurzes /ä/, oder dass es gar nicht zu hören ist wie in /Nagl/? Welchen Sinn hätte das Zurückhalten dieser wichtigen Informationen? Wieso sollte man die Kinder erst in den Brunnen fallen lassen? *Wissen darf weitergegeben werden*! Vor allem an diejenigen Kinder, die nur rudimentär oder sehr spät von selbst auf bestimmte Sachverhalte kommen würden.

1. Buchstaben einprägen und mit Lautwerten verbinden

Didaktische Hinweise:
Im Lehrerhandbuch zu jeder Fibel gibt es eine Reihe von Ideen, wie die einzelnen Buchstaben eingeführt werden können. Viele Schüler erlernen auf diese Weise auch die sichere Laut-Buchstaben-Zuordnung. Einige Kinder brauchen allerdings weitere Anleitungen und Hilfen. Unseren diesbezüglichen Vorschlägen, die weder den Anspruch auf Vollständigkeit erheben noch in ihrer Gesamtheit unterschiedslos abgearbeitet werden wollen, liegen folgende *Leitlinien* zugrunde:

- Kinder der ersten Klasse lernen eher körperbetont und durch Nachahmung als durch wortreiche Erklärungen. Dies sollte man sich immer wieder bewusst machen. So ist es für viele Kinder sehr hilfreich, wenn sie sich bei der Einführung eines Lautes erst einmal verdeutlichen, wo und wie der Laut gebildet wird. Dies können die Kinder im Spiegel (oder am Partner) beobachten und im Mund erspüren.
- Auch Lautgebärden können unterstützend sein. Es muss allerdings bei jedem Kind sehr genau beobachtet werden, ob die Einführung derselben nicht zusätzliche Verwirrung stiftet (s. Exkurs: „Hinweise zu den Gebärden", S. 80).
- In vielen Studien wurde festgestellt, dass Kinder leichter im SSEW fortschreiten, wenn sie mehrere Sinneskanäle gleichzeitig einsetzen können und wenn sie lernen, ihr Sprechen mit synchronen Bewegungen zu verbinden (s. Fördermaterial zum Silbenschwingen, S 1.2 bis 1.4).
- Die einzuführenden Buchstaben sollten im Schwierigkeitsniveau langsam gesteigert werden:
  - Vokale und dehnbare Konsonanten
  - Plosivlaute
  - Konsonantenhäufungen mit dehnbaren Konsonanten
  - Konsonantenhäufungen mit Plosivlauten
- Schon anhand weniger eingeführter Buchstaben lassen sich die Prinzipien der Lautanalyse und -synthese üben. Erst wenn diese verstanden sind, sollten weitere Laute folgen.
- *Handelnder* Umgang mit Schriftsprache ermöglicht die Entdeckung und Anwendung von Regularitäten. Arbeitsblätter zur Stillarbeit werden – wenn irgend möglich – erst zur Automatisierung von bereits Gelerntem eingesetzt.
- Arbeitsblätter können niemals den direkten Schüler-Lehrer-Kontakt während einer Erarbeitungsphase ersetzen!
- Die Entscheidung darüber, *welcher* Zugangsweg welchem Schüler am besten hilft, kann nur von Ihnen als Lehrkraft getroffen werden. Sie kennen das Kind und seine Art, den Lernstoff aufzunehmen, am besten.
- Nicht vergessen: Das Wichtigste beim Lesen ist die Informationsentnahme, das Wichtigste beim Schreiben ist der Anlass! Ohne eigenes Interesse daran, Schriftsprache verstehen und Schriftzeichen entschlüsseln zu wollen, werden auch die ausgetüfteltsten Einzelübungen ihren Sinn verfehlen.

Übungen zur Festigung der Laut-Buchstaben-Zuordnung, die für alle Laute gleich sind
Vermutlich werden auch im Lehrerhandbuch zu Ihrer Fibel vielfältige Übungsformen aufgezählt, die der Laut-Buchstaben-Einprägung dienen. Im Folgenden stellen wir eine Auswahl aus dem großen „Angebot" vor; vielleicht ist ja die eine oder andere Übung dabei, die Ihnen noch nicht bekannt ist. Versuchen Sie herauszufinden, welche dem einzelnen Kind am besten hilft.

1.1 Buchstaben dreidimensional darstellen

Didaktische Hinweise:
Wenn sich Kinder mit den üblichen, meist zweidimensionalen Übungen Buchstaben nicht einprägen können, wäre es den Versuch wert, ob es mit der dreidimensionalen Darstellung besser klappt. Vorteil dieser Vorgehensweise: Das Kind kann durch das Formen ein Gefühl für das Buchstabensymbol entwickeln.

Ziel:
Buchstaben einprägen, die bisher schlecht gespeichert wurden

Material:

- Knetmasse (Empfehlenswert ist ***plastic-fermit***, eine sofort formbare, dauerplastische, nicht austrocknende Dichtungsmasse. Die Hände bleiben sauber.) und/oder
- dicke Wollfäden oder Schnüre und/oder
- Pfeifenputzer und/oder
- Legosteine und/oder
- Holzbausteine und/oder
- Korkscheibe mit Hammer und Nägeln, u. U. Blätter mit Buchstabenform zum Aufnageln
- Bildkarten
- Zucker- oder Schokostreusel, Brot, Butter
- Buchstabenkekse „Russisch Brot"

Mitspieler:
1 bis viele, Förderlehrer

Vorbereitung:
Sie können die Materialien an einem Materialtisch bereitstellen und so über längere Zeit verfügbar halten.

Spielregeln:
Ein Buchstabe wird trainiert, indem er:

- aus Knetmasse geformt wird
- mit Seilen/Fäden gelegt wird
- mit Nägeln gehämmert wird
- mit Pfeifenputzern gebogen wird
- mit Lego- oder Holzbausteinen gelegt wird
- mit Streuseln auf das Brot gestreut wird
- aus den Keksen herausgesucht (und gegessen) wird

Ein Buchstabe wird immer aus mehreren Materialien hergestellt. Lassen Sie den Buchstaben nach dem Formen abtasten und mit dem Finger nachfahren.
Jetzt braucht es *Ihre* Anleitung, um sich den Buchstaben einzuprägen:

- Regen Sie das Kind dazu an, den Buchstaben intensiv zu betrachten. Oft fallen den Kindern bildhafte Assoziationen ein: „Das E sieht aus wie eine kaputte Leiter."
- Das Kind soll den Lautwert nennen.
- Lassen Sie ähnliche Buchstaben miteinander vergleichen: „Was ist beim E anders als beim F? Was ist beim n anders als beim m? Was ist bei beiden gleich?"
- Wörter, die diesen Buchstaben als An-, In- oder Endlaut haben, werden aus den Bildkarten oder mündlich gesucht.

1.2 Buchstaben laufen

Ziel:
Buchstaben einprägen, die bisher schlecht gespeichert wurden.

Material:
Kreide

Mitspieler:
1 bis 6

Vorbereitung:
Auf dem Schulhof malen Sie einen Buchstaben groß auf.

Spielregeln:
Sie und die Kinder benennen ihn. Ein Kind darf den Buchstaben ablaufen, und zwar in der Bewegungsrichtung, wie er auch geschrieben wird. Dabei soll es die ganze Zeit lautieren: „mmmmmmmmmmm" (ev. zusammen mit den anderen Kindern).
Die anderen Kinder beobachten den Bewegungsablauf. Bei einem Fehler rufen sie „Stopp", geben dem Kind eine Hilfe oder lösen es ab.
Hat ein Kind einen Buchstaben richtig abgelaufen, klatschen alle Beifall.

1.3 Buchstabenregenbogen

Ziel:
Buchstaben einprägen, die bisher schlecht gespeichert wurden.

Material:
- Din-A4-Blatt, auf dem der zu übende Buchstabe in Ausmalform groß dargestellt ist
- dicke Filzstifte/Wachsstifte
- alte Warenhauskataloge
- Schere

Mitspieler:
1 bis viele

Vorbereitung:
Zeichnen Sie den betreffenden Buchstaben in Ausmalform groß auf ein Blatt oder stellen Sie ihn mit Hilfe des PCs her, z. B.: Schriftart „Arial", Schriftgröße 530, Schriftfarbe hellgrau. Kopieren Sie ihn für jedes Kind.

Spielübung:
Jedes Kind erhält einen Ausmalbuchstaben, einen Katalog (oder Teile davon) und eine Schere. Es malt den Buchstaben mit vielen verschiedenen Farben nach und lautiert ihn dabei.
Anschließend sucht es aus dem Katalog Bilder mit dem betreffenden Anlaut, schneidet sie aus und klebt sie auf das Papier.

1.4 Buchstaben füllen

Ziel:
Einen Buchstaben mit dem zugehörigen Laut verbinden

Material:
Din-A4-Blatt, auf dem der zu übende Buchstabe in Ausmalform groß dargestellt ist

Mitspieler:
1 bis viele

Vorbereitung:
Zeichnen Sie den betreffenden Buchstaben in Ausmalform groß auf ein Blatt oder stellen Sie ihn mit Hilfe des PCs her, z. B.: Schriftart „Arial", Schriftgröße 530, Schriftfarbe hellgrau. Kopieren Sie ihn für jedes Kind.

Spielübung:
Das Kind schreibt in die große Buchstabenform viele Male den entsprechenden Buchstaben mit verschiedenen Farben und in verschiedenen Größen. Wichtig ist, dass das Kind jedes Mal den Buchstaben, den es schreibt, auch (leise) lautiert.
Das *gleichzeitige* Hören, Sehen und Schreiben von Phonem und Graphem fördert das Einprägen.

1.5 Tastsack

Ziel:
Die typische Form eines Buchstabens über den haptischen Sinn einprägen

Material:
Zunächst zwei, später drei oder vier Stanzbuchstaben oder Moosgummibuchstaben, die trainiert werden sollen. Bezugsquellen für Tastbuchstaben:
- bunte Magnetbuchstaben aus Plastik, groß und klein, je Satz ca. 6,-, erhältlich im Spielwarenhandel
- Buchstaben aus Moosgummi, magnethaftend, groß und klein; je Satz 11.90,- erhältlich bei SCHUBI Lernmedien, www.schubi.de
- Russisch-Brot-Kekse
- Tuch oder Sack
- Schaschlikstäbe, Streichhölzer, dicke Wollfäden

Mitspieler:
1 bis 3, zu Beginn der Förderlehrer

Vorbereitung:
Keine

Spielregeln:
Leichte Variante (den sichtbaren Buchstaben fühlen):
Dies ist eine Vorform für das eigentliche Spiel.
Legen Sie den zu übenden Buchstaben auf den Tisch. Ein Kind soll ihn ertasten. Wenn möglich, lassen Sie dies auch beschreiben. Geben Sie dem Kind ruhig Hilfestellungen: „Fang mal unten links an. Wohin geht der Balken?" – „Schräg nach oben." – „Und dann?" – „Wieder nach unten." – „Ist das alles?" – „Nein. Da ist noch ein kleiner Balken zwischen den beiden langen."
Wichtig ist, dass das Kind möglichst bewusst fühlen lernt und nicht „einfach drauf los" fühlt. Es soll „nach jedem Zentimeter tasten" und versuchen, eine Verbindung herzustellen zwischen dem erfühlten und dem schon gesehenen Buchstaben. So soll die Form des Buchstabens wirklich bewusst gemacht werden.
Das Beschreiben erfordert neben dem Fühlen die kognitive Bearbeitung des Be-greifens und kann das Einprägen erleichtern. Lassen Sie es aber weg, wenn es ein Kind überfordert.
Nach dem Fühlen wird der Buchstabe natürlich laut benannt.
Zum Schluss wird er noch einmal mit dem Finger abgefahren, so als wenn das Kind ihn schreiben wollte. Dabei soll es ihn lautieren.

Schwierigere Variante (den unsichtbaren Buchstaben fühlen):
Dies ist das eigentliche Spiel.
Legen Sie zwei Buchstaben *in ihrer richtigen Position* unter das Tuch. Ein Kind soll sie ertasten. Sie bitten es nun: „Gib mir bitte das A." Gibt das Kind den richtigen Buchstaben, kann es dafür einen Punkt bekommen.
Steigern Sie ggf. die Schwierigkeit, indem Sie drei Buchstaben zur „Fühlauswahl" stellen.

Profi-Variante:
Legen Sie einen Buchstaben *in seiner richtigen Position* unter das Tuch. Ein Kind soll ihn ertasten und dabei zu beschreiben versuchen. Geben Sie dem Kind ruhig Hilfestellungen: „Fang mal unten links an. Wohin geht der Balken?" – „Schräg nach oben." – „Und dann?" – „Wieder nach unten." – „Ist das alles?" – „Nein. Da ist noch ein kleiner Balken zwischen den beiden langen."
Das Kind kann sein Fühlergebnis auch mit dem Finger auf den Tisch oder in die Luft malen.
Die anderen Mitspieler legen mit Schaschlikstäben, Streichhölzern oder einem Faden nach, was das Kind beschreibt. Wer den Buchstaben erkennt, darf ihn auf die verdeckte Seite der Tafel schreiben.
Zum Schluss wird natürlich der Buchstabe laut benannt und festgestellt, wer ihn richtig gelegt und an die Tafel geschrieben hat. Dafür kann es dann einen Glasstein geben.
Sie können diese Übung erleichtern, indem Sie die möglichen drei oder vier Buchstaben vor dem Tasten an die Tafel schreiben und noch einmal benennen lassen.

Super-Profi-Variante:
Es sind mehrere Buchstaben *in beliebiger Position* im Sack/unter dem Tuch. Sie nennen einen, den das Kind heraussuchen soll. „Suche bitte das B." Fragen Sie alle Kinder: „Woran kann man es erkennen?" – „An den beiden runden Bögen."

1.6 Buchstabenkunst

Ziel:
Form erkennen; Zuordnung von Groß- und Kleinbuchstaben

Material:
- Tonpapier DIN A4
- Zeitungen, Kataloge, alte Plakate usw.
- Schere
- Kleber

Vorbereitung:
Keine

Spielverlauf:
Geben Sie einen Laut vor. Der dazugehörige Groß- und Kleinbuchstabe soll in allen Größen und Farben in den Zeitungen usw. gesucht, herausgeschnitten und auf das Tonpapier geklebt werden. Die Collagen hängen für eine Weile als „Buchstabenkunst" im Klassenzimmer, später können sie an Eltern oder Verwandte verschenkt werden.

1.7 Groß-Klein-Memory

Ziel:
Zuordnung von Groß- und Kleinbuchstaben

Material:
3 bis 4 Buchstaben-Pärchen mit einem Groß- und dem zugehörigen Kleinbuchstaben, siehe Kopiermaterial zu GPK 1.7.

Vorbereitung:
Buchstaben-Kärtchen kopieren, ev. laminieren und ausschneiden.

Spielverlauf:
Die Großbuchstaben werden links auf dem Tisch *offen* ausgelegt, die Kleinbuchstaben rechts (auch offen). Sie tippen auf einen Großbuchstaben und benennen seinen Lautwert: /s/. Die Kinder wiederholen und suchen die entsprechende Kleinbuchstabenkarte. Wer sie zuerst angetippt hat, bekommt das Pärchen.
Wenn die Kinder alleine spielen, erfolgt die Kontrolle mit Hilfe der Anlauttabelle.

Variante:
Sie tippen auf einen Kleinbuchstaben. Die Kinder suchen den passenden Großbuchstaben.

1.8 Lebendige Memory-Karten

Ziel:
Automatisierung der Groß-Klein-Buchstabenzuordnung

Material:
Mindestens vier Großbuchstaben- und die zugehörigen Kleinbuchstabenkarten, die noch trainiert werden sollen, siehe Kopiermaterial zu GPK 1.7.

Mitspieler:
8 bis viele

Vorbereitung:
Jeder Spieler bekommt eine Großbuchstaben- oder eine Kleinbuchstabenkarte.

Spielregeln:
Die Kinder mit den Großbuchstabenkarten stehen denen mit den Kleinbuchstabenkarten gegenüber. Das erste Kind erfragt sich die Karte, die ihm noch zu einem Paar fehlt. „Ich habe das große L. Wer hat das kleine l?“ oder „Ich habe das kleine a. Wer hat das große A?“ Das Kind mit der passenden Karte geht zu dem Frager. Dies wird fortgesetzt, bis alle ihren Partner gefunden haben.

Variation 1:
Wenn nach einigen Runden das Paarebilden für alle klar ist, wird auch frei im Raum gespielt: Alle gehen mit ihrer Karte im Klassenzimmer herum und suchen ihren Partner.
Kontrolle mit Anlauttabelle oder durch die anderen Mitspieler.

Variation 2:
Im Klassenzimmer wird zusätzlich zu jedem Buchstabenpaar eine Anlaut-Bildkarte ausgelegt. Die Pärchen, die sich gefunden haben, gehen zu der passenden Bildkarte und rufen „STOPP“. Die anderen müssen einen Moment „zu Eis erstarren“, das „Stopp-Pärchen“ kontrollieren und dann weiterspielen. Für die ersten drei Plätze kann ein Siegpunkt vergeben werden.

1.9 Laut-Buchstaben-Memory

Ziel:
Zuordnung Buchstabe - Anlautbild

Material:
- 3 bis 4 Bildkarten aus dem allgemeinen Bildkartenmaterial und
- die dazugehörigen Buchstabenkarten, s. Kopiermaterial zu GPK 1.7.

Am besten wählen Sie die Bilder, die zur eingeführten Anlauttabelle passen. Dann können die Kinder diese zur Selbstkontrolle benutzen.

Mitspieler:
1 bis 3 Kinder und bei den ersten Runden der Förderlehrer

Vorbereitung:
Suchen Sie 3 – 4 Buchstabenkarten zu Buchstaben, die Sie trainieren wollen, und dazu passende Bildkarten, z. B. Buchstabe „S“, Bild „Sofa“.
Aus unserem allgemeinen Bildkartenmaterial können Sie auswählen. Sind die Kinder noch sehr unsicher im Anlaut-Hören, sollten Sie zunächst Bildwörter ohne Konsonantenhäufung am Wortanfang wählen, z. B. „Nudel“ oder „Ufer“.

Spielregeln:
Trainieren Sie erst mit wenigen Paaren, bis diese wirklich „sitzen“. Dann können Sie – bei der offenen Spielform – die Pärchenzahl langsam erhöhen.
Die Bildkarten werden links auf dem Tisch *offen* ausgelegt, die Buchstabenkarten rechts (auch offen). Sie tippen auf eine Bildkarte und benennen das Bild: „Sofa“. Die Kinder bilden den Anlaut: /s/. Dann suchen sie die entsprechende Buchstabenkarte. Wer sie zuerst angetippt hat, bekommt das Pärchen.
Wenn die Kinder alleine spielen, erfolgt die Kontrolle mit Hilfe der Anlauttabelle.

Variation:
Es wird mit verdeckten Karten gespielt.
Die Bildkarten werden links auf dem Tisch verdeckt ausgelegt, die Buchstabenkarten rechts. Nach den Memory-Regeln versuchen die Kinder, Paare zu bilden. Die Kontrolle erfolgt durch den Lehrer oder mit Hilfe der Anlauttabelle.
Es sollten nicht zu viele Paare im Spiel sein, da es nicht so sehr um eine Memory-Gedächtnisübung geht, sondern um die Laut-Buchstaben-Einprägung.

1.10 Paare erfragen

Dieses Spiel wird gespielt, wenn schon mindestens 12 Buchstaben eingeführt und auch einigermaßen sicher beherrscht werden.

Ziel:
Automatisierung der Buchstaben - Anlautzuordnung

Material:
- Mindestens 12 Anlaut-Bildkarten, z. B. aus dem allgemeinen Kopiermaterial, Teil 2
- die zugehörigen Buchstabenkarten, die noch geübt werden sollen (s. Kopiermaterial zu GPK 1.7)

Sind die Kinder noch sehr unsicher im Anlaut-Hören, sollten Sie zunächst Bildwörter ohne Konsonantenhäufung am Wortanfang wählen, z. B. „Nudel" oder „Ufer".

Mitspieler:
4 bis viele (bei 2 oder 3 Spielern empfiehlt es sich, weniger Kartenpaare auszugeben)

Vorbereitung:
Jeder Spieler bekommt gleich viele Buchstabenkarten und Bildkarten.

Spielregeln:
Jeder legt seine Karten offen vor sich aus und prüft, ob er schon ein Paar bilden kann. Dieses darf er sofort auf dem Tisch auslegen.
Dann beginnt ein Kind. Es erfragt sich eine Karte, die ihm noch zu einem Paar fehlt: „Hast du /l/ für Lampe?" oder: „Gib mir das Bild, das zu /m/ passt." Hat das gefragte Kind die Karte, gibt es sie ab und erfragt seinerseits eine Karte. Dies wird fortgesetzt, bis alle Kartenpaare auf dem Tisch liegen. Wer die meisten Paare hat, ist Sieger.

Intention des Spiels: Herausfinden, ob die Kinder fähig sind,
- zu einem Bildwort den Anlaut zu isolieren und die zugehörige Buchstabenkarte zu identifizieren,
- einen Anlaut mit dem Restwort zu verbinden und so die passende Bildkarte finden.

Um diese Fähigkeiten zu erwerben, sollen sie sich durchaus gegenseitig helfen. Deswegen wird auch mit offenen Karten gespielt.

1.11 Lebendige Kartenpaare

Ziel:
Automatisierung der Buchstaben – Anlautzuordnung

Material:
- Mindestens 12 Bildkarten aus dem allgemeinen Kopiermaterial, Teil 2 und
- zugehörige Buchstabenkarten, die noch trainiert werden sollen; s. Kopiermaterial zu GPK 1.7

Sind die Kinder noch sehr unsicher im Anlaut-Hören, sollten Sie zunächst Bildwörter *ohne* Konsonantenhäufung am Wortanfang wählen.

Mitspieler:
4 bis viele

Vorbereitung:
Jeder Spieler bekommt eine Buchstaben- oder eine Bildkarte.

Spielregeln:
Die Kinder mit den Bildkarten stehen denen mit den Buchstabenkarten gegenüber. Dann beginnt ein Kind. Es erfragt sich die Karte, die ihm noch zu einem Paar fehlt. „Ich habe das L. Wer hat das passende Bild?" oder: „Ich habe die Lampe. Wer hat den passenden Anfangsbuchstaben?" Das Kind mit der passenden Karte geht zu dem Frager. Dies wird fortgesetzt, bis alle ihren Partner gefunden haben.
Wenn nach einigen Runden das Paarebilden für alle klar ist, kann auch frei im Raum gespielt werden: Alle gehen mit ihrer Karte durch das Klassenzimmer und suchen ihren Partner.

1.12 Buchstabendetektiv 1

Ziel:
Den akustisch vorgegebenen Buchstaben optisch wiedererkennen.

Material:
Schultafel

Mitspieler:
1 bis viele

Vorbereitung:
Sie schreiben in ein großes Feld an der Tafel jeden zu trainierenden Buchstaben mehrere Male.

o	m	e	l	i	a	
m	l	a	o	f	l	i
e	i	a	m	o	f	l

Spielübung:
Sie nennen einen der Buchstaben. Wer einen von ihnen an der Tafel entdeckt, darf ihn einkreisen oder übermalen, bis alle gefunden sind. Dabei fragen Sie nach: „Wie heißt der Buchstabe, den du eingekreist hast? Kennst du ein Wort, das mit ______ anfängt?"
Anschließend nennen Sie einen neuen Buchstaben, bei dem eine andere Farbe genommen wird.

1.13 Buchstabendetektiv 2

Ziel:
Den akustisch vorgegebenen Buchstaben optisch wiedererkennen.

Material:
Text mit großen Buchstaben, ev. Kurzzeitmesser

Mitspieler:
1 bis viele

Vorbereitung:
Kopieren Sie den gleichen Text pro Kind.

Spielregeln:
Sie geben einen Laut vor, die Kinder sollen den dazugehörenden Buchstaben sooft wie möglich im Text finden und unterstreichen oder einkreisen. Die Uhr wird auf zwei Minuten eingestellt. Wer nach diesen zwei Minuten die meisten Buchstaben gefunden hat, ist Sieger.

1.14 Buchstabendetektiv 3

Ziel:
Das definierende Grundmuster eines Buchstaben erkennen.

Material:
Blatt mit verschiedenen Buchstaben in unterschiedlicher Schrift

Mitspieler:
1 bis viele

Vorbereitung:
Stellen Sie zu einem Buchstaben, der sich den Kindern besonders schwer einzuprägen scheint, mit dem PC eine Vorgabe her, die diesen Buchstaben in verschiedenen Schrifttypen zeigt (nur Groß- oder Kleinbuchstaben!). Mischen Sie andere, *ähnliche* Buchstaben darunter, z. B. f und t; m und n; a, o und u; F und E; L und E.
Kopieren Sie diese Vorlage pro Kind. Beispiel:

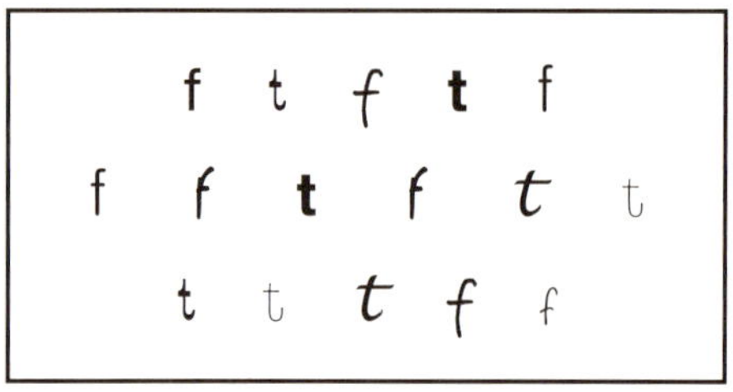

Übung:
Geben Sie den zu entdeckenden Laut vor. Die Kinder sollen alle zugehörigen Buchstaben einkreisen. Dabei müssen sie die wesentlichen Unterschiede zwischen den Zeichen von den bedeutungslosen unterscheiden: Was ist der Unterschied zwischen f und t?

1.15 Buchstabendiktat

Ziel:
Festigung der Laut-Buchstaben-Zuordnung

Material:
Tafel, Kreide, Schreibhefte, Stifte

Mitspieler:
1 bis viele

Vorbereitung:
keine

Übung:
Dies ist eine Übung analog zum Fünf-Minuten-Rechnen, d. h. sie soll immer wieder einmal für fünf Minuten eingestreut werden, um durch die häufige Wiederholung zu verschiedenen Zeitpunkten die Laut-Buchstaben-Zuordnung zu festigen.
Alle Schüler legen sich ihr Schreibheft und einen Stift bereit. Ein Schüler darf an die verdeckte Seite der Tafel gehen.
Nun diktieren Sie verschiedene Buchstaben, die die Kinder aufschreiben: „großes A, kleines i,...". Diktieren Sie dabei auch die *unterschiedlichen Lautwerte*, die einzelne Buchstaben haben: /o/ (wie in offen), /e/ (wie in Heft).
Nach ein paar Minuten werden das Diktat des „Tafelkindes" und damit verbunden die eigenen Buchstaben oder die des Partners korrigiert.

1.16 Eigene Anlauttabelle herstellen

Manche Kinder prägen sich Buchstaben- oder Wortbilder besser ein, wenn sie sie mit einer angenehmen Vorstellung verbinden können („Lieblingsbuchstaben" oder „Lieblingswörter"). So kann auch ein „Lieblings*bild*" in der Anlauttabelle das Einprägen eines Buchstabens erleichtern.
Außerdem können sich Kinder auf einer langsam wachsenden Anlauttabelle leichter zurechtfinden als auf einer, die schon alle Buchstaben enthält.

Ziel:
Durch die vom Kind selbst ausgewählten Anlautbilder prägt sich der Anlaut besser ein.
Die überschaubare Tabelle erleichtert das Selbstschreiben bekannter Wörter.

Material:
Pro Kind:
- 1 kleines Anlautkärtchen für den Anlautbogen
- 1 Anlautbogen, s. Kopiermaterial zu GPK 1.16
- 1 Klarsichtfolie
- Tesafilm
- Buntstifte, Kataloge, Anlautbilder zum Ausschneiden, Schere, Kleber

Mitspieler:
1 bis viele

Vorbereitung:
Kopieren Sie für jedes Kind den Anlautbogen *mit* Buchstaben. Kopieren Sie den Anlautbogen ohne Buchstaben so oft, dass Sie für jedes Kind ein kleines Kärtchen ausschneiden können.

Übung:
Verteilen sie an jedes Kind ein Anlautkärtchen ohne Buchstaben. Der zu besprechende Buchstabe wird *ausführlich* eingeführt (siehe GPK 2.) und von den Kindern in die dafür vorgesehenen Kästchen geschrieben (Großbuchstabe links, Kleinbuchstabe rechts).
Alle suchen gemeinsam Wörter mit diesem Anlaut. Jedes Kind malt sich sein „Lieblingswort" auf das Anlautkärtchen oder klebt ein Katalogbild darauf.
Verteilen Sie jetzt den Anlautbogen *mit* Buchstaben und die Klarsichtfolie. Jedes Kind klebt sein fertiges Kärtchen auf den richtigen Platz im Anlautbogen und steckt den Bogen in die Klarsichthülle.
Nun gibt es mehrere Möglichkeiten der Aufbewahrung:
- Entweder wird die Hülle mit Tesakrepp auf die Schulbank geklebt (natürlich so, dass sie beim Schreiben nicht stört, z. B in die rechte obere Ecke)
- oder die Hülle wird an der Rückseite des Schreibheftes oder des Ordners befestigt. Wichtig ist, dass der Anlautbogen dem Kind beim Schreiben immer zur Verfügung steht.

1.17 Bilder würfeln

Ziel:
- Identifizierung eines vorgegebenen Buchstabens als An- oder Inlaut.
- Deutliche Artikulierung

Material:
- Ein Würfel, der mit den zu trainierenden Buchstaben beschriftet ist. Am Anfang reichen sicher drei Buchstaben, die auf je zwei Würfelflächen stehen.
- Bildkarten von Gegenständen, z. B. aus dem allgemeinen Kopiermaterial, Teil 2, die die zu trainierenden Buchstaben im An- oder Inlaut enthalten. Sind die Kinder noch sehr unsicher im Anlaut-Hören, sollten Sie zunächst Wörter ohne Konsonantenhäufung wählen.
- Ev. ein Kurzzeitmesser

Mitspieler:
2 bis 6

Vorbereitung:
Breiten Sie die Bildkarten auf dem Spieltisch aus.

Spielregeln:
Die Uhr wird auf zwei Minuten eingestellt. Ein Kind würfelt. Es nennt den erwürfelten Buchstaben. Jetzt sammeln alle Spieler Bildkarten, die diesen Buchstaben enthalten, bis die Uhr abgelaufen ist.
Jedes Kind zeigt nun nacheinander seine Bildkarten und „beweist" durch deutliche Artikulation, dass der gesuchte Buchstabe im Bildwort enthalten ist.
Jede richtig bestimmte Bildkarte darf es bis zum Ende der Runde behalten. Wer die meisten Karten hat, ist Rundensieger.

2. Detaillierte Übungen zu Einzellauten

Gerade wenn das Einprägen einer Laut-Buchstaben-Beziehung schwer fällt, ist es sehr hilfreich, diese Laute „von allen Seiten" zu betrachten. Dazu gehören die saubere Artikulation, die Bildung und vor allem die verschiedenen Klangfarben eines Lautes, die durch ein und denselben Buchstaben repräsentiert werden können.
Detaillierte Informationen sind im Kapitel „Der Laut" unter Punkt 2 zu finden. Im Folgenden erhalten Sie praktische Anweisungen für die Arbeit mit den Kindern. Beachten Sie bitte beim Überprüfen der Mundwerkzeuge mit dem Handspiegel, dass der entsprechende Buchstabe zum Laut für das Kind gut sichtbar ist, damit es Lautbildung und Zeichen gleichzeitig wahrnehmen kann.

Vokale

Im Deutschen gibt es mehr Laute als Buchstaben. Gerade die Vokale hören sich sehr unterschiedlich an, je nachdem, ob sie lang oder kurz gesprochen werden. Z. B. unterscheidet sich das /o/ in „Ofen" stark vom /o/ in „offen". Die Kinder müssen mit der Einführung des Buchstabens auch diese unterschiedlichen Klangfärbungen für den gleichen Buchstaben kennenlernen.
Beim Erstlesen werden die Kinder den Sinn vieler Wörter nur dann erfassen, wenn sie die verschiedenen Klangnuancen eines Vokals ausprobieren. Sie lesen z. B. /Heeeft/ und können mit diesem Lautbild verständlicherweise nichts verbinden. Erst wenn sie sich daran erinnern, dass das /e/ auch kurz und offen gesprochen werden kann, gelingt es, das korrekte Lautbild zu „Heft" zu formen. Im Folgenden finden Sie zusätzliche Übungen, wie Sie diesen Wechsel mit den Kindern üben können.

2.1 A, a

Lautanalyse langes /a/ – kurzes /a/:
Das /a/ ist der am einfachsten zu bildende Laut. Es muss lediglich der Mund wie beim Gähnen weit geöffnet werden. Die Zunge ist leicht angehoben. Alle Artikulationsmuskeln, das Gaumensegel und das Zäpfchen sind locker, und so kann die Luft ohne jeden Druck ausströmen.

Den Laut hören:
„Hört einmal genau zu. Was ist bei den Wörtern, die ich euch jetzt sage, gleich?"
Nennen Sie Wörter, die mit langem A beginnen. Übertreiben Sie, indem Sie den Anfangslaut sehr lang ziehen. Die Aufmerksamkeit der Kinder soll auf diesen Laut gelenkt werden.

Ameise („Aaaaaameise"), Atem, Aal, Abend, Ader, aber

Die Kinder sollen den Anfangslaut nennen: „Alle Wörter fangen mit /a/ an."
„Richtig, dieses /a/ wollen wir uns jetzt einmal ganz genau ansehen."

Den Laut genau untersuchen:
akustisch
„Schau in den Spiegel. Was machst du, damit ich dein /a/ hören kann?" „Ich mache einfach den Mund weit auf und lasse die Luft raus." – „Ich mache so wie beim Doktor."
optisch
Sie schreiben das „A, a" an. Die Kinder malen es in die Luft, während Sie es farbig übermalen. Achten Sie auf die korrekte Bewegungsabfolge (kleine Pfeile).
Gebärde
- Gebärdensprache von H.-J. Kossow in: Triebel, Heinz/ Maday, Wilhelm: Handbuch der Rechtschreibübungen. Beltz, Weinheim und Basel, 1982.
- Koch, F. J.: Fingerlesen, Lesen als Gebärdenspiel. Essen, 1947 (wird nicht mehr verlegt, daher nachzulesen unter: www.lernstation-hasenschule.de)

Exkurs: Hinweise zu den Gebärden
Die Handgebärden, die sich die Kinder zu einzelnen Buchstaben merken sollen, erscheinen Ihnen vielleicht eher als zusätzliche Schwierigkeit denn als Hilfe: Es muss ein weiteres Zeichensystem gelernt werden, so dass der Lernumfang noch größer und unübersichtlicher wird. Für viele Kinder, die

sowieso schon Probleme mit dem Buchstaben-Laut-System haben, mag das Dazwischenschalten einer Gebärdensprache tatsächlich ein „Zuviel" bedeuten.
Andere Kinder empfinden Lautgebärden jedoch als echte Merkhilfe. Deshalb unser Vorschlag: Experimentieren Sie mit einigen wenigen Gebärden und beobachten Sie, wie das Kind darauf reagiert. Immerhin ermöglichen Handgebärden über die Einbeziehung der Motorik die *Nutzung eines weiteren Sinneskanals*. Dabei sollten unseres Erachtens solche Gebärden gewählt werden, *die Ähnlichkeit zum geschriebenen Laut aufweisen oder die Artikulation des Lautes verdeutlichen*, wie dies bei Kossow oder Koch der Fall ist.
Tipp: Wenn Sie sich mit bereits bewährten Gebärdensprachen vertraut gemacht haben, könnten Sie zusammen mit den Kindern *eigene* Fingerzeichen für die wichtigsten Buchstaben ausdenken. Dieses Vorgehen kann den Spaß daran noch erhöhen und das Einprägen unterstützen.
Sie sollten die Gebärden – wenn möglich – mit der „Nicht-Schreibhand" ausführen lassen, damit sie später auch das Schreiben des Kindes begleiten können.
Mit dem Einsatz der Gebärden *verlangsamt sich das Sprechtempo*. Dies kann sicherlich eine Hilfe bei der genauen Lautanalyse sein. Außerdem wird die Aufmerksamkeit auf die *Laute* gelenkt, was sich gerade für diejenigen Kinder unterstützend auswirken kann, die noch nicht ganz verstanden haben, dass beim Lesen und Schreiben der Fokus auf den Lauten und nicht auf der Wortbedeutung liegt.
Führen Sie die Gebärden ausschließlich in der Fördergruppe ein, so ergibt sich noch ein zusätzlicher motivierender Effekt: Die Kinder der Fördergruppe können eine „Geheimsprache", die die anderen Klassenkameraden nicht kennen, aber durchaus interessant finden. In diesem Fall wären also zur Abwechslung einmal die „schwächeren" Kinder den stärkeren einen Schritt voraus.

Allerdings ist es unserer Ansicht nach nicht zwingend, dass diese „Geheimschrift" für alle Buchstaben eingeführt werden muss. Wenn die Kinder die Grundprinzipien der Schriftsprache verstanden haben, werden sie auf weitere Gebärden verzichten können.

Beispiel für „a":

Kossow	Koch
 Daumen und Zeigefinger symbolisieren die weit geöffneten Lippen	

Einführung des langen /a/ und des kurzen /a/:
Als Hilfe für die einführende Unterscheidung der langen und kurzen Vokale in einem Wort hat sich in der Arbeit mit den Kindern die Bezeichnung „Streichel-Vokal" für den langen und „Box-Vokal" für den kurzen Vokal bewährt.
Bei der Einführung könnten Sie folgendermaßen vorgehen:
Stellen Sie das lange /a/ als „Streichel-a" und das kurze /a/ als „Box-a" vor.
Sprechen Sie das Wort „Hase" mit übertrieben langem /a/ und streichen Sie dabei von der Schulter zum Handgelenk über Ihren Arm: „Haaaase". Fragen Sie nun: „Welches Wort habe ich gesagt?" Die Kinder werden /Hase/ gut verstanden haben und Ihnen nennen können. Fragen Sie welcher Buchstabe besonders lange zu hören war. Die Kinder werden das /a/ nennen. „Hase hat also ein langes Streichel-a."
Sagen Sie nun auf die gleiche Weise „Aaaaffe". Und fragen Sie wieder nach dem Wort: „Welches Wort habe ich gesagt? Habt ihr es *gut* verstanden?" Sicher werden Ihnen die Kinder sagen, dass es komisch klang, falls sie es überhaupt erkannt haben. Sagen Sie nun „Affe", indem Sie bei der ersten Silbe mit der Faust der rechten Hand in die offene Handfläche der linken Hand boxen. „Habt ihr das Wort jetzt gut verstanden?" Die Kinder werden jetzt alle verstanden haben. Fragen Sie weiter: „War es auch ein ‚Streichel-a'?" – Nein, es war ganz kurz wie ein Boxschlag. Affe hat ein kurzes ‚Box-a'."

Nun trainieren Sie die Unterscheidung an Wortpaaren. Dazu nennen Sie ein Wort und die Kinder probieren mit den entsprechenden Gesten, ob sie es als „Wort mit Streichel-a“ oder als „Wort mit Box-a“ sprechen müssen, damit es *gut* zu verstehen ist.
Beginnen Sie mit „Streichel-a-Wörtern“, da diese einfacher zu erkennen sind:

- Bahn – Bach
- lahm – Lamm
- Glas – kalt
- Schal – Fass
- Ader – Affe
- Nagel – Hammer
- Rahmen – Lampe
- Gabel – Tasse

Schreiben Sie die Wortpaare an die Tafel und malen Sie unter das lange /a/ einen Strich (Symbol für Streicheln) und unter das kurze einen Punkt (Symbol für Boxen).
Mit einem Arbeitsblatt (siehe AB zu GPK 2.1) können die Kinder das Gelernte vertiefen.

Spiel: Laute vertauschen
Erzählen Sie die Geschichte von Abermakaber, der lesen lernt: „Abermakaber hat in der Schule auch gerade den Buchstaben A gelernt. Aber Wörter mit /a/ zu lesen, findet er ganz schön schwierig. Denn in manchen Wörtern muss man /a/ sagen wie in /Wal/ und in anderen muss man /a/ sagen wie in /Tasse/, wenn man den a-Buchstaben sieht. Oft vertut er sich und dann ist er ganz durcheinander und versteht gar nichts mehr. Könnt ihr ihm helfen? Auf seiner Karte steht ein Wort. Er liest /Taffel/ – und weiß nicht, was das sein soll. Wisst ihr es?“

Sie nennen also in dieser reinen Hörübung Wörter, die eigentlich ein langes /a/ enthalten wie in /baden/. Sie artikulieren es aber mit kurzem /a/: /badden/. Die Schüler sollen das Wort richtig aussprechen und dazu die Streichelbewegung machen.

Weitere Wörter, mit denen Sie üben können:

Gabbel – Ga-bel	Walle – Wa-le	Rabbe – Ra-be
habben – ha-ben	Katter – Ka-ter	Namme – Na-me
Naddel – Na-del	saggen – sa-gen	Fadden – Fa-den
Tagge – Ta-ge	Taffel – Ta-fel	Schnabbel – Schna-bel

Oder umgekehrt: Wörter mit kurzem /a/ werden mit langem /a/ gesprochen

Schaaten – Schatten	Flaame – Flamme	Paape – Pappe
Maate – Matte	Laapen – Lappen	Haamer – Hammer
Kaane – Kanne	Klaasse – Klasse	Waane – Wanne
Waafe – Waffe	Pfaane – Pfanne	Taane – Tanne

Die Schüler machen dazu die Boxbewegung.

Mit den in der Klasse eingeführten Wortbildern üben:
Schreiben Sie die Wörter an die Tafel, die die Kinder schon kennengelernt haben. Lesen Sie sie in der Rolle von Abermakaber: /Taase/ - /Namme/,... Die Kinder berichtigen.

2.2 E, e

Lautanalyse langes /e/ – kurzes /e/:
Das /e/ gehört zur Gruppe der hellen Vokale. Beim /e/ muss im Anfangsunterricht sogar zwischen dem **langen betonten** /e/, dem **kurzen betonten** /e/ und dem **kurzen unbetonten** /e/ differenziert werden. Drei recht unterschiedlich klingende Laute werden also alle mit demselben Buchstabenzeichen verschriftet. Dies ist für die Kinder nicht ohne weiteres klar und muss entsprechend verdeutlicht und trainiert werden: Der Buchstabe „e“ in Schn**ee** hört sich ganz anders an als in H**e**ft oder in Nas**e**.

Das geschlossene, lange betonte /e/:
Beide Mundwinkel werden wie beim Lächeln nach außen gezogen. Die Lippen sind leicht gespannt und bilden eine schmale – aber im Vergleich zum /i/ breitere – Öffnung. Der hintere Teil des harten Gaumens wird sanft vom Zungenrücken berührt, ohne den Schlund zu verschließen, z. B. /Schnee/.

Das offene, kurze betonte /e/:
Der Unterkiefer ist weiter geöffnet als beim langen /e/. Der Zungenrücken liegt tiefer im Mund und berührt den hinteren Gaumen nur kurz, z. B. /Heft/.

Das kurze unbetonte /e/:
1. der Schwa-Laut des /e/ in den schwachvokaligen Endungen „e", „el", „en", „em"
2. das silbische r bei der Endung „er", das fast wie /a/ klingt.

Den Laut hören:
„Hört einmal genau zu. Was ist bei den Wörtern, die ich euch jetzt sage, gleich?"
Nennen Sie Wörter, die ein langes /e/ haben. Übertreiben Sie, indem Sie den e-Laut sehr lang ziehen. Die Aufmerksamkeit der Kinder soll auf diesen Laut gelenkt werden.

See (Seeeee), Klee, Tee, Schnee, Reh

Die Kinder sollen erkennen: „Alle Wörter haben ein /e/."
„Richtig, dieses /e/ wollen wir uns jetzt einmal ganz genau ansehen."

Den Laut genau untersuchen:
<u>akustisch</u>
- Langes betontes /e/: „Schau in den Spiegel. Was machst du, damit ich dein /e/ (wie in /See/) hören kann?" „Ich mache die Lippen breit wie beim Lächeln. Die Zunge kann ich ganz breit zwischen den oberen und unteren Zähnen sehen. Und dann lasse ich die Luft raus."
- Kurzes betontes /e/: „Schau in den Spiegel. Was machst du, damit ich dein /e/ (wie in /Nest/) hören kann?" „Ich mache den Mund etwas auf, nicht ganz so weit wie beim /a/. Die Zunge kann ich gut zwischen den oberen und unteren Zähnen sehen. Und dann lasse ich die Luft raus."
- Kurzes unbetontes /e/: „Schau in den Spiegel. Was machst du, damit ich dein /e/ (wie in /Nase/) hören kann?" – „Die Zunge liegt unten im Mund, die Lippen gehen etwas nach vorne und bilden einen Kreis, durch den man die Zähne sehen kann."

<u>optisch</u>
Sie schreiben das „E, e" an. Die Kinder malen es in die Luft, während Sie es farbig übermalen. Achten Sie auf korrekte Bewegungsabfolge (kleine Pfeile).
<u>Gebärde</u>
Hier wird nicht zwischen den unterschiedlichen e-Lauten unterschieden. Mit ihr wird das lange betonte /e/ dargestellt.

Einführung des langen /e/ und des kurzen /e/:
Weil das /e/ sehr variantenreich in seiner Lautfärbung ist, muss man bei seiner Einführung besondere Sorgfalt walten lassen.
Gehen Sie zunächst analog wie beim /a/ vor:
Üben Sie mit Wortpaaren: Heften Sie eine Bildkarte für ein Wort mit langem /e/ an die linke Tafel (z. B. See) und eine für ein Wort mit kurzem /e/ an die rechte Tafel (z. B. Heft). Schreiben Sie „e" unter beide Karten.
Nennen Sie nun Wörter mit langem und kurzem /e/. Die Kinder zeigen auf der Tafel die passende Bildkarte.
See – Bett, Weg – Hemd, Reh – Nest, Mehl – Netz, Tee – Senf

Betrachtung des kurzen betonten /e/:
Weil sich das kurze betonte /e/ im Klang besonders stark vom langen betonten /e/ unterscheidet, sollte dies noch einmal explizit herausgearbeitet werden.
Hängen Sie die Bildkarte „Nest" auf und schreiben Sie das Wort *Nest* darunter. „Was ist auf dem Bild?" – „Ein Nest." – „Guck mal, wie es geschrieben wird. Da ist auch ein ‚e'. Hört sich das so an wie das /e/ in /See/?" – „Nein." – „Das stimmt. Man schreibt diesen Buchstaben nicht nur für das /e/ (wie in /See/), sondern auch für das /e/ (wie in /Nest/). Das müsst ihr euch ganz gut merken. Zum Buchstaben ‚e' muss man also einmal /e/ wie in /See/ sagen und einmal /e/ wie in /Nest/ Das ist für euch erst mal ganz schön kompliziert. Aber ihr werdet bald raushaben, wie es geht."

Betrachtung des kurzen *un*betonten /e/:
Eine weitere e-Variante ist oft am Wortende oder in Endsilben zu finden: das unbetonte /e/.
Wählen Sie aus den folgenden Wörtern die aus, die Ihre Kinder schon lesen können, und schreiben Sie sie an die Tafel:

Tasse, Tante, Sonne, Nase, Tanne, Name, Rose, Torte, Dose, Hase, Affe, Löwe

„Fällt euch Wortdetektiven etwas auf? Was ist bei allen Wörtern gleich?" –
„Der letzte Buchstabe – das ‚e'."
Lesen Sie nun die Wörter mit (übertrieben) lang gezogenem /e/. „Das hört sich aber irgendwie komisch an: Sonneee, Roseeee. Ich muss euch etwas verraten. Der e-Buchstabe ist ein ziemliches Schlitzohr. Der wird hier wieder anders gesprochen als ihr es schon kennt. Am Ende von Wörtern mit zwei oder mehr Silben klingt er immer wie in /Hase/."

Dieses Wissen können Sie nun auch wieder mit dem Spiel „Laute vertauschen" trainieren:
- erst mit zwei e-Lauten,
- dann mit allen drei e-Lauten.

Übungen
Eckenlaufen:
Heften Sie eine Bildkarte für ein Wort mit langem /e/ und eine für ein Wort mit kurzem /e/ in zwei Ecken der Klasse, z. B. „See" und „Heft". Schreiben Sie „E, e" unter beide Karten.
Nennen Sie nun Wörter mit langem und kurzem /e/. Die Kinder laufen immer in die Ecke mit der passenden Bildkarte.

Laute vertauschen:
Wenn die Kinder e-Wörter korrekt lesen sollen, dann müssen sie in der Lage sein, die verschiedenen Lautfärbungen des gleichen Buchstabens schnell durchzuprobieren, bis sie das richtige Wort gefunden haben. Diesen Klangwechsel für den gleichen Buchstaben können Sie trainieren, indem Sie e-Wörter mit dem falschen e-Klang artikulieren. Die Schüler sollen das richtige Wort aussprechen.
Sie sagen z. B. /Sä/ (und schreiben das Wort an, wenn die Kinder schon alle seine Buchstaben kennen). Die Kinder verbessern: „Das heißt doch /See/".
Das können Sie natürlich auch wieder in die Geschichte von Abermakaber, der lesen lernt, einbetten: „Abermakaber hat in der Schule auch gerade den Buchstaben ‚e' gelernt. Aber Wörter mit ‚e' zu lesen, findet er ganz schön schwierig. Denn in manchen Wörtern muss man /e/ sagen wie in /See/ und in anderen muss man /ä/ sagen wie in /Nest/, wenn man den e-Buchstaben sieht. Oft vertut er sich und dann ist er ganz durcheinander und versteht gar nichts mehr. Könnt ihr ihm helfen? Auf seiner Karte steht ‚See'. Er liest /Sä/ – und weiß nicht, was das sein soll. Wisst ihr es?"

Übungswörter für kurzes und langes **betontes** „e" (die Kinder machen dazu die Streichelbewegung):

Sä – See Rä – Reh Mell – Mehl Tä – Tee Zä – Zeh	Fedder – Feder wir redden – reden Reggen – Regen wir lebben – leben Seggel – Segel

Und umgekehrt (die Kinder machen dazu die Box-Bewegung):

sie freesen – fressen Meeser – Messer Keeler – Keller Eente – Ente	Heene – Henne wir reenen – rennen sie beelen – bellen Keete – Kette	er ist schneeler – schneller Seesel – Sessel Teeler – Teller Teepich – Teppich

Übungswörter für das kurze **unbetonte** /e/:

Hasee – Hase Schulee – Schule Tassee – Tasse Diebee – Diebe	Tantee – Tante Hosee – Hose Tannee – Tanne Nasee – Nase

Je nach Dialektregion und vorangehendem Konsonanten wird der Schwa-Laut /e/ in den Endungen –el, -en und –em nur kurz gesprochen oder sogar vollständig verschluckt!

wir frageen – fragen, /frag'n/ wir sucheen – suchen, /such'n/ wir singeen – singen	Lockeen – Locken, /Lock'n/ Sockeen – Socken, /Sock'n/ bringeen – bringen	Pudeel – Pudel, /Pud'l/ Nadeel – Nadel, /Nad'l/ jodeeln – jodeln, /jod'ln/

Mit einem Arbeitsblatt können die Kinder das Gelernte vertiefen (siehe AB zu GPK 2.2).

2.3 I, i

Lautanalyse langes /i/ – kurzes /i/:
Das /i/ gehört zur Gruppe der hellen Vokale. Die Lippen sind – noch stärker als beim /e/ – wie zu einem Lächeln breit gezogen. Die Zungespitze berührt die unteren Schneidezähne, der Zungenrücken wölbt sich leicht dem harten Gaumen entgegen.
Auch beim /i/ muss zwischen dem langen, betonten /i/ und dem kurzen, betonten /i/ unterschieden werden.
Besonders das kurze /i/ muss deutlich artikuliert werden und vom kurzen /e/ unterschieden werden, z. B. sagen viele Kinder /Brelle/ (ganz kurzes /e/) statt /Brille/ oder /Kürsche/ statt /Kirsche/.

Den Laut hören:
„Hört einmal genau zu. Was ist bei den Wörtern, die ich euch jetzt sage, gleich?"
Nennen Sie Wörter, die ein langes /i/ haben. Übertreiben Sie, indem Sie den i-laut sehr lang ziehen. Die Aufmerksamkeit der Kinder soll auf diesen Laut gelenkt werden.

Igel (liiiiigel), Tiger, Nil, Schi

Die Kinder sollen erkennen: „Alle Wörter haben ein /i/."
„Richtig, dieses /i/ wollen wir uns jetzt einmal ganz genau ansehen."

Den Laut genau untersuchen:
akustisch
„Schau in den Spiegel. Was machst du, damit ich dein /i/ hören kann?" „Ich mache die Lippen breit wie beim Lächeln. Die Zunge kann ich ganz breit zwischen den oberen und unteren Zähnen sehen. Und dann lasse ich die Luft raus."
optisch
Sie schreiben das „I, i" an. Die Kinder malen es in die Luft, während Sie es farbig übermalen. Achten Sie auf korrekte Bewegungsabfolge (kleine Pfeile).
Gebärde
- Gebärdensprache von H.-J. Kossow in: Triebel, Heinz/ Maday, Wilhelm: Handbuch der Rechtschreibübungen. Beltz, Weinheim und Basel, 1982.
- Koch, F. J.: Fingerlesen, Lesen als Gebärdenspiel. Essen, 1947 (wird nicht mehr verlegt), daher nachzulesen unter: www.lernstation-hasenschule.de

Einführung des langen /i/ und des kurzen /i/:
Gehen Sie dabei analog wie beim /a/ vor. Üben Sie mit Wortpaaren:
viel – Filz, nie – Pilz, Ziel – Gift, schief – Schiff, Brief – Lift
Riese – Risse, Tiger – ticken, Fliege – Fische, Igel – Indien, Krokodil – April, Brise – Brille

Mit einem **Arbeitsblatt** können die Kinder das Gelernte vertiefen (siehe AB zu GPK 2.3).

Spiel „Laute vertauschen":
Erzählen Sie die Geschichte von Abermakaber, der lesen lernt: „Abermakaber hat in der Schule auch gerade den Buchstaben i gelernt. Aber Wörter mit „i" zu lesen, findet er ganz schön schwierig. Denn in manchen Wörtern muss man /i/ sagen wie in /Wiese/ und in anderen muss man /i/ sagen wie in /Kissen/, wenn man den i-Buchstaben sieht. Oft vertut er sich und dann ist er ganz durcheinander und versteht gar nichts mehr. Könnt ihr ihm helfen? Auf seiner Karte steht ein Wort. Er liest /Stiffel/ – und weiß nicht, was das sein soll. Wisst ihr es?"

Sie nennen also in dieser reinen Hörübung Wörter, die eigentlich ein langes /i/ enthalten wie /Stiefel/. Sie artikulieren es aber mit kurzem /i/: /Stiffel/. Die Schüler sollen das Wort richtig aussprechen und dazu die Streichelbewegung machen.

Weitere Wörter, mit denen Sie üben können:

Tigger – Tiger Iggel – Igel Krokodill – Krokodil	Briffe – Briefe Dibbe – Diebe Fligge – Fliege	Binne – Biene Spiggel – Spiegel wir spillen – spielen

Und umgekehrt (die Schüler machen dazu die Box-Bewegung):

Hiimel – Himmel Spiine – Spinne Kiisen – Kissen	Briile – Brille Schliiten – Schlitten Riiter – Ritter

Mit den in der Klasse eingeführten Wortbildern üben:
Schreiben Sie die Wörter an die Tafel, die die Kinder schon kennen gelernt haben. Lesen Sie sie in der Rolle von Abermakaber: /Iggel/, /Tiisch/,...“. Die Kinder berichtigen.

2.4 O, o

Lautanalyse langes /o/ – kurzes /o/:
Das /o/ gehört zur Gruppe der dunklen Vokale. Die leicht gespannten Lippen formen eine Rundung. Im Unterschied zum /a/ ist beim /o/ die Zungenspitze leicht angehoben und der Zungenrücken stärker gewölbt. Der Unterkiefer ist weiter geschlossen als beim /a/. Der dunklere o-Laut entsteht in dem so gebildeten kleineren Resonanzraum. Achten Sie auf die Bildung eines reinen, vollen Klangs des /o/.
Auch beim „o“ muss zwischen dem *langen* betonten „o“ und dem *kurzen* betonten „o“ unterschieden werden.
Beim kurzen betonten /o/ ist die Zungenwurzel weniger angehoben als beim langen /o/. Der Unterkiefer ist weiter geöffnet und die Lippen sind entspannter, besonders die Oberlippe wölbt sich nach oben und außen.

Den Laut hören:
„Hört einmal genau zu. Was ist bei den Wörtern, die ich euch jetzt sage, gleich?“
Nennen Sie Wörter, die ein langes /o/ haben. Übertreiben Sie, indem Sie den o-Laut sehr lang ziehen. Die Aufmerksamkeit der Kinder soll auf diesen Laut gelenkt werden.

Ofen (Oooofen), Obst, Hose, Klo, Rose, Dose

Die Kinder sollen erkennen: „Alle Wörter haben ein /o/.“
„Richtig, dieses /o/ wollen wir uns jetzt einmal ganz genau ansehen.“

Den Laut genau untersuchen:
akustisch
„Schau in den Spiegel. Was machst du, damit ich dein /o/ hören kann?“ „Ich schiebe die Lippen nach vorne und mache sie ganz rund. Die Zunge ist nicht zu sehen. Und nur ganz wenig von den Zähnen. Dann lasse ich die Luft raus.“
optisch
Sie schreiben das „O, o“ an. Die Kinder malen es in die Luft, während Sie es farbig übermalen. Achten Sie auf korrekte Bewegungsabfolge (kleine Pfeile).
Gebärde
- Gebärdensprache von H.-J. Kossow in: Triebel, Heinz/ Maday, Wilhelm: Handbuch der Rechtschreibübungen. Beltz, Weinheim und Basel, 1982.
- Koch, F. J.: Fingerlesen, Lesen als Gebärdenspiel. Essen, 1947 (wird nicht mehr verlegt), daher nachzulesen unter: www.lernstation-hasenschule.de

Einführung des langen /o/ und des kurzen /o/:
Gehen Sie dabei analog wie beim /a/ vor. Üben Sie mit Wortpaaren:
Moos – Boss, Ton – Topf, rot – Rost, doof – doch, Klo – Klops, Hof – Wolf
Ofen – offen, Kohle – Wolle, mogeln – joggen, Mofa – Koffer, wohnen – Wonne

Mit einem **Arbeitsblatt** können die Kinder das Gelernte vertiefen (siehe AB zu GPK 2.4).

Spiel „Laute vertauschen":
Erzählen Sie die Geschichte von Abermakaber, der lesen lernt: „Abermakaber hat in der Schule auch gerade den Buchstaben „o" gelernt. Aber Wörter mit „o" zu lesen, findet er ganz schön schwierig. Denn in manchen Wörtern muss man /o/ sagen wie in /Ofen/ und in anderen muss man /o/ sagen wie in /Sonne/, wenn man den o-Buchstaben sieht. Oft vertut er sich und dann ist er ganz durcheinander und versteht gar nichts mehr. Könnt ihr ihm helfen? Auf seiner Karte steht ein Wort. Er liest /Monnd/ – und weiß nicht, was das sein soll. Wisst ihr es?"

Sie nennen also in dieser reinen Hörübung Wörter, die eigentlich ein langes /o/ enthalten wie in /Hose/. Sie artikulieren es aber mit kurzem /o/: /Hosse/. Die Schüler sollen das Wort richtig aussprechen und dazu die Streichelbewegung machen.

Weitere Wörter, mit denen Sie üben können:

Botte – Boote Bodden – Boden Hottel – Hotel	wir hollen – holen Boggen – Bogen sie lobben – loben	Voggel – Vogel Dosse – Dose wir tobben - toben

Und umgekehrt (die Schüler machen dazu die Box-Bewegung):

Soone- Sonne Toone – Tonne Koofer - Koffer	Woole – Wolle Woolke – Wolke Sooken - Socken	Botte – Boote Bodden – Boden Kolle – Kohle

Mit den in der Klasse eingeführten Wortbildern üben:
Schreiben Sie die Wörter an die Tafel, die die Kinder schon kennen gelernt haben. Lesen Sie sie in der Rolle von Abermakaber: /Botte/, /Tone/ usw. Die Kinder berichtigen.

Eckenlaufen:
Heften Sie eine Bildkarte für ein Wort mit langem /o/ und eine für ein Wort mit kurzem /o/ in zwei Ecken der Klasse, z. B. „Sonne" und „Mond". Schreiben Sie „O, o" unter beide Karten.
Nennen Sie nun Wörter mit langem und kurzem /o/. Die Kinder laufen immer in die Ecke mit der passenden Bildkarte.

2.5 U, u

Lautanalyse langes /u/ – kurzes /u/:
Das /u/ gehört zu den dunklen Vokalen. Es ist ein schwer zu sprechender Laut, der oft nicht klar genug vom /o/ unterschieden wird. Die Zungenwurzel hat bei korrekter Bildung des /o/ ihren Anschlagpunkt am hinteren weichen Gaumen. Die Zunge liegt unterhalb des harten Gaumens entspannt im Unterkiefer, die Zungenspitze dicht an den Schneidezähnen. So entsteht der Resonanzraum für das /o/. Für das /u/ muss dieser verkleinert werden. Dazu wird der Unterkiefer ein Stückchen angehoben und die Lippenöffnung wird enger. Wenn die Lippen jetzt noch etwas nach außen gewölbt werden, entsteht ein klangvolles, deutliches /u/.
Man muss aufpassen, dass man beim Sprechen des /u/ den Unterkiefer nicht zu rasch senkt, denn dann schiebt sich leicht ein kurzes /a/ hinter das /u/: /Bu-ab/ statt /Bub/.
Auch beim /u/ muss zwischen dem langen, betonten /u/ und dem kurzen, betonten /u/ unterschieden werden.

Den Laut hören:
„Hört einmal genau zu. Was ist bei den Wörtern, die ich euch jetzt sage, gleich?“ Nennen Sie Wörter, die ein langes /u/ haben. Übertreiben Sie, indem Sie den u-Laut sehr lang ziehen. Die Aufmerksamkeit der Kinder soll auf diesen Laut gelenkt werden.

Kuh (Kuuuuh), Hut, Mut, Stuhl, gut

Die Kinder sollen erkennen: „Alle Wörter haben ein /u/.“ „Richtig, dieses /u/ wollen wir uns jetzt einmal ganz genau ansehen.“

Den Laut genau untersuchen:
akustisch
„Schau in den Spiegel. Was machst du, damit ich dein /u/ hören kann?“ „Ich schiebe die Lippen nach vorne, noch weiter als beim /o/, und mache sie ganz rund. Die Zunge ist nicht zu sehen. Und die Zähne auch nicht. Dann lasse ich die Luft raus.“
optisch
Sie schreiben das „U, u“ an. Die Kinder malen es in die Luft, während Sie es farbig übermalen. Achten Sie auf korrekte Bewegungsabfolge (kleine Pfeile).
Gebärde
- Gebärdensprache von H.-J. Kossow in: Triebel, Heinz/ Maday, Wilhelm: Handbuch der Rechtschreibübungen. Beltz, Weinheim und Basel, 1982.
- Koch, F. J.: Fingerlesen, Lesen als Gebärdenspiel. Essen, 1947 (wird nicht mehr verlegt), daher nachzulesen unter: www.lernstation-hasenschule.de

Einführung des langen /u/ und des kurzen /u/:
Gehen Sie dabei analog wie beim /a/ vor. Üben Sie mit Wortpaaren:

Huf – Luft, Buch – Lust, Stuhl – stumm, Wut – dumm, Schuh – Schuss, Mus – Nuss
Kugel – schmuggeln, mutig – Mutter, bluten – Futter, Pute – Puppe, Blume – brummen

Mit einem **Arbeitsblatt** können die Kinder das Gelernte vertiefen (siehe AB zu GPK 2.5).

Spiel „Laute vertauschen“:
Erzählen Sie die Geschichte von Abermakaber, der lesen lernt: „Abermakaber hat in der Schule auch gerade den Buchstaben ‚u‘ gelernt. Aber Wörter mit ‚u‘ zu lesen, findet er ganz schön schwierig. Denn in manchen Wörtern muss man /u/ sagen wie in /Fuß/ und in anderen muss man /u/ sagen wie in /Futter/, wenn man den u-Buchstaben sieht. Oft vertut er sich und dann ist er ganz durcheinander und versteht gar nichts mehr. Könnt ihr ihm helfen? Auf seiner Karte steht ein Wort. Er liest /Fuss/ – und weiß nicht, was das sein soll. Wisst ihr es?“
Sie nennen also in dieser reinen Hörübung Wörter, die eigentlich ein langes /u/ enthalten wie /Fuß/. Sie sprechen es aber mit kurzem /u/: /Fuss/. Die Schüler sollen das Wort richtig aussprechen. Sie können dazu die Streichelbewegung machen.

Weitere Wörter, mit denen Sie üben können:

Budde – Bude Huffe – Hufe Blumme – Blume	Puddel – Pudel Huppe – Hupe Nuddel – Nudel	sie blutten – bluten sie ruffen – rufen Schulle – Schule

Und umgekehrt (die Schüler machen dazu die Box-Bewegung):

Buuter – Butter Muuter – Mutter suumen – summen	Suupe – Suppe Guumi – Gummi Puupe – Puppe	Tuunel – Tunnel Huumel – Hummel Schnuuler – Schnuller

Mit den in der Klasse eingeführten Wortbildern üben:
Schreiben Sie die Wörter an die Tafel, die die Kinder schon kennen gelernt haben. Lesen Sie sie in der Rolle von Abermakaber: /Tubbe/, /Buuter/ usw. Die Kinder berichtigen.

Eckenlaufen:
Heften Sie eine Bildkarte für ein Wort mit langem /u/ und eine für ein Wort mit kurzem /u/ in zwei Ecken der Klasse, z. B. „Tube“ und „Butter“. Schreiben Sie „U, u“ unter beide Karten.
Nennen Sie nun Wörter mit langem und kurzem /u/. Die Kinder laufen immer in die Ecke mit der passenden Bildkarte.

Konsonanten

Sinnvollerweise beginnt man mit *dehnbaren* Konsonanten, die sich lange aushalten lassen.

2.6 F, f

Lautanalyse:
Das /f/ gehört zur Konsonantengruppe der Reibelaute. Bei gleichmäßiger Ausatmung kann man einen dauernden Luftstrom spüren, wenn man die Handfläche vor den Mund hält. Alle Aussagen für das „f“ gelten gleichermaßen für das „v“, solange dieses nicht wie /w/ gesprochen wird.

Den Laut hören:
„Hört einmal genau zu. Was ist bei den Wörtern, die ich euch jetzt sage, gleich?“ Nennen Sie Wörter, die ein /f/ haben.

Fass, Fackel, Feld, Fenster, Foto, Finger, Feuer, finden

Die Kinder sollen erkennen: „Alle Wörter haben ein /f/.“
„Richtig, dieses /f/ wollen wir uns jetzt einmal ganz genau ansehen.“

Den Laut genau untersuchen:
akustisch:
„Schau in den Spiegel. Was machst du, damit ich dein /f/ hören kann?“ „Meine Unterlippe berührt die oberen Schneidezähne, aber nur ein bisschen. Es ist noch eine kleine Lücke da, durch die ich die Luft langsam rauslassen kann, wenn ich ausatme.“
optisch:
Sie schreiben „F, f“ an. Die Kinder schreiben es in die Luft, während Sie es farbig übermalen. Achten Sie auf korrekte Bewegungsabfolge (kleine Pfeile).
Gebärde:

- Gebärdensprache von H.-J. Kossow in: Triebel, Heinz/ Maday, Wilhelm: Handbuch der Rechtschreibübungen. Beltz, Weinheim und Basel, 1982.
- Koch, F. J.: Fingerlesen, Lesen als Gebärdenspiel. Essen, 1947 (wird nicht mehr verlegt), daher nachzulesen unter: www.lernstation-hasenschule.de

2.7 L, l

Lautanalyse:
Das /l/ gehört zur Konsonantengruppe der Klinger. An das /l/ lassen sich sehr leicht Vokale anschließen.

Den Laut hören:
„Hört einmal genau zu. Was ist bei den Wörtern, die ich euch jetzt sage, gleich?“
Nennen Sie Wörter, die ein /l/ haben. Übertreiben Sie, indem Sie den l-Laut sehr lang ziehen. Die Aufmerksamkeit der Kinder soll auf diesen Laut gelenkt werden.

Lama (Llllama), Löwe, Lampe, Leiter

Die Kinder sollen erkennen: „Alle Wörter haben ein /l/." „Richtig, dieses /l/wollen wir uns jetzt einmal ganz genau ansehen."

Den Laut genau untersuchen:
akustisch
„Schau in den Spiegel. Was machst du, damit ich dein /l/ hören kann?" „Ich drücke die Zungenspitze gegen die Vorderzähne. Dann lasse ich die Luft raus."
optisch
Sie schreiben das „L, l" an. Die Kinder malen es in die Luft, während Sie es farbig übermalen. Achten Sie auf korrekte Bewegungsabfolge (kleine Pfeile).
Gebärde
- Gebärdensprache von H.-J. Kossow in: Triebel, Heinz/ Maday, Wilhelm: Handbuch der Rechtschreibübungen. Beltz, Weinheim und Basel, 1982.
- Koch, F. J.: Fingerlesen, Lesen als Gebärdenspiel. Essen, 1947 (wird nicht mehr verlegt), daher nachzulesen unter: www.lernstation-hasenschule.de

2.8 M, m

Lautanalyse:
Das /m/ gehört zur Konsonantengruppe der Klinger. An das /m/ lassen sich sehr leicht Vokale anschließen, indem der Mund in die Vokalstellung hinein geöffnet wird.

Den Laut hören:
„Hört einmal genau zu. Was ist bei den Wörtern, die ich euch jetzt sage, gleich?" Nennen Sie Wörter, die ein /m/ haben. Übertreiben Sie, indem Sie den m-Laut sehr lang ziehen. Die Aufmerksamkeit der Kinder soll auf diesen Laut gelenkt werden.

Mantel (Mmmantel), Maus, Mama, Magen, Mann, Motor

Die Kinder sollen erkennen: „Alle Wörter haben ein /m/."
„Richtig, dieses /m/ wollen wir uns jetzt einmal ganz genau ansehen."

Den Laut genau untersuchen:
akustisch
„Schau in den Spiegel. Was machst du, damit ich dein /m/ hören kann?" „Ich mache den Mund zu. Wenn ich die Luft durch die Nase rauslasse, dann „zittert" es an meinem Hals. Das fühle ich, wenn ich die Finger auf den Hals lege."
optisch
Sie schreiben das „M, m" an oder geben den Kindern eine Buchstabenkarte. Die Kinder schreiben es in die Luft, während Sie es farbig übermalen. Achten Sie auf korrekte Bewegungsabfolge (kleine Pfeile).
Gebärde
- Gebärdensprache von H.-J. Kossow in: Triebel, Heinz/ Maday, Wilhelm: Handbuch der Rechtschreibübungen. Beltz, Weinheim und Basel, 1982.
- Koch, F. J.: Fingerlesen, Lesen als Gebärdenspiel. Essen, 1947 (wird nicht mehr verlegt), daher nachzulesen unter: www.lernstation-hasenschule.de

2.9 N, n

Lautanalyse:
Das /n/ gehört zur Konsonantengruppe der Klinger. Auch die Nase ist an der Bildung des Lautes beteiligt. Die Zunge liegt locker am Gaumen. Damit wird der Schlund geschlossen und der Laut nur in der Nase gebildet. Die beteiligten Knochenpartien sorgen für die Resonanz.

Den Laut hören:
„Hört einmal genau zu. Was ist bei den Wörtern, die ich euch jetzt sage, gleich?" Nennen Sie Wörter, die ein /n/ haben. Übertreiben Sie, indem Sie den n-Laut sehr explosiv sprechen. Die Aufmerksamkeit der Kinder soll auf diesen Laut gelenkt werden.

Nase, Nadel, Nilpferd, Nuss

Die Kinder sollen erkennen: „Alle Wörter haben ein /n/." „Richtig, dieses /n/ wollen wir uns jetzt einmal ganz genau ansehen."

Den Laut genau untersuchen:
akustisch
„Schau in den Spiegel. Was machst du, damit ich dein /n/ hören kann?" „Ich drücke die Zunge gegen den Gaumen (gegen das Dach der Mundhöhle). Dann lasse ich die Luft raus.
optisch
Sie schreiben das „N, n" an. Die Kinder schreiben es in die Luft, während Sie es farbig übermalen. Achten Sie auf korrekte Bewegungsabfolge (kleine Pfeile).
Gebärde
- Gebärdensprache von H.-J. Kossow in: Triebel, Heinz/ Maday, Wilhelm: Handbuch der Rechtschreibübungen. Beltz, Weinheim und Basel, 1982.
- Koch, F. J.: Fingerlesen, Lesen als Gebärdenspiel. Essen, 1947 (wird nicht mehr verlegt), daher nachzulesen unter: www.lernstation-hasenschule.de

2.10 S, s

Lautanalyse:
Das /s/ ist ein Reibelaut. An Zäpfchen und Gaumen vorbei fließt der Luftstrom ungehindert bis zu den vorderen Schneidezähnen. Die Unterlippe liegt vor, die gesenkte Zungenspitze hinter den vorderen Schneidezähnen, die Oberlippe ist leicht angehoben. Mit dem Luftstrom, der an dieser schmalen Ritze vorbeifließt, bildet sich der Laut.
Es gibt zwei unterschiedliche s-Laute:
- das *stimmhafte* s am Wortanfang (/Sonne/) oder in der Wortmitte zwischen einem langen und einem kurzen Vokal (/lesen/);
- das *stimmlose* /s/ im Endlaut (/Haus/) oder als Mittellaut am Anfang einer Silbe (/schießen/) oder nach kurzem Vokal (/Kuss/, /Schüssel/).

Legt man die Hand unterhalb des Kinns auf den Kehlkopf, so kann man beim stimmhaften /s/ die Vibration spüren. Beim stimmlosen /s/ gibt es keine Schwingungen.

Manche Kinder sprechen das /s/ lispelnd. Dies kann – wenn es nicht organisch bedingt ist – z. B. durch folgende Übung behoben werden: Die Lippen werden wie zu einem übertriebenen Lächeln breit gezogen. Dann wird der s-Laut mit einem hellen Vokal gebildet. Dabei wird der s–Laut zunächst nur kurz gesprochen und später länger ausgehalten:
/se/ – /si/ – /sä/
/ssse/ – /sssi/ – /sssä/

Den Laut hören:
„Hört einmal genau zu. Was ist bei den Wörtern, die ich euch jetzt sage, gleich?"

Stimmhaftes /s/ („Summ-s"):
Nennen Sie Wörter, die ein stimmhaftes /s/ haben. Übertreiben Sie, indem Sie den s-Laut summend und lang anhaltend sprechen. Die Aufmerksamkeit der Kinder soll auf diesen Laut gelenkt werden.

See (Sssee), Sand, Säge, Sack, Salat, Sonne

Die Kinder sollen erkennen: „Alle Wörter haben ein (Summ-)/s/."

Stimmloses /s/ („Schlangen-s“):
Nennen Sie Wörter, die ein stimmloses /s/ haben. Übertreiben Sie, indem Sie den s-Laut zischend sprechen. Die Aufmerksamkeit der Kinder soll auf diesen Laut gelenkt werden.
Eis, Nuss, Kuss, Biss, nass, beißen, fleißig

Den Laut genau untersuchen:
akustisch
„Schau in den Spiegel. Was machst du, damit ich dein /s/ hören kann?“ „Der Mund ist nur etwas offen. Zwischen den Ober- und Unterzähnen ist ein ganz schmaler Schlitz. Die Zunge drückt von hinten gegen die Zähne. Und dann kommt zwischen den Zähnen die Luft raus.“
optisch
Sie schreiben das „S, s“ an. Die Kinder schreiben es in die Luft, während Sie es farbig übermalen. Achten Sie auf korrekte Bewegungsabfolge (kleine Pfeile).
Gebärde
- Gebärdensprache von H.-J. Kossow in: Triebel, Heinz/ Maday, Wilhelm: Handbuch der Rechtschreibübungen. Beltz, Weinheim und Basel, 1982.
- Koch, F. J.: Fingerlesen, Lesen als Gebärdenspiel. Essen, 1947 (wird nicht mehr verlegt), daher nachzulesen unter: www.lernstation-hasenschule.de

2.11 R, r

Lautanalyse:
Das /r/ gehört zur Konsonantengruppe der Klinger. Je nach dem Ort der Lautbildung wird zwischen dem Gaumen- und dem Zungen-r unterschieden. In vielen Teilen Deutschlands wird nur das Gaumen-r gesprochen.
Wenn am Wortende dem /r/ ein langer betonter Vokal vorangeht, klingt das /r/ wie ein /a/: /mia/ statt / mir/; /dia/ statt /dir/. Darauf müssen die Kinder hingewiesen werden, indem sie entsprechende Wortbilder mit ihrer Aussprache der Wörter vergleichen.

Den Laut hören:
„Hört einmal genau zu. Was ist bei den Wörtern, die ich euch jetzt sage, gleich?“
Nennen Sie Wörter, die ein /r/ haben. Die Aufmerksamkeit der Kinder soll auf diesen Laut gelenkt werden.

rot (/rrrrot/), rund, Rost, Rose, Regen, rufen

Die Kinder sollen erkennen: „Alle Wörter haben ein /r/.“

Den Laut genau untersuchen:
akustisch (Beschreibung des Rachen-r)
„Schau in den Spiegel. Was machst du, damit ich dein /r/ hören kann?“ „Der Mund ist nur etwas offen. Die Zunge ist ganz hinten im Mund. Ich lasse die Luft raus, wie wenn ich beim Zähneputzen gurgle.“
akustisch (Beschreibung des Gaumen-r)
Der Mund ist etwas offen und die Lippen sind leicht auseinandergezogen. Die Zunge flattert am Gaumen.
optisch
Sie schreiben das „R, r“ an. Die Kinder schreiben es in die Luft, während Sie es farbig übermalen. Achten Sie auf korrekte Bewegungsabfolge (kleine Pfeile).
Gebärde
- Gebärdensprache von H.-J. Kossow in: Triebel, Heinz/ Maday, Wilhelm: Handbuch der Rechtschreibübungen. Beltz, Weinheim und Basel, 1982.
- Koch, F. J.: Fingerlesen, Lesen als Gebärdenspiel. Essen, 1947 (wird nicht mehr verlegt), daher nachzulesen unter: www.lernstation-hasenschule.de

2.12 T, t

Lautanalyse:
Das /t/ gehört zur Konsonantengruppe der Zungenlaute. Man kann den Luftstoß gut spüren, wenn man die Handfläche vor den Mund hält.

Den Laut hören:
„Hört einmal genau zu. Was ist bei den Wörtern, die ich euch jetzt sage, gleich?"
Nennen Sie Wörter, die ein /t/ haben. Übertreiben Sie, indem Sie den t-Laut sehr explosiv sprechen. Die Aufmerksamkeit der Kinder soll auf diesen Laut gelenkt werden.

Tafel, Turm, Tanne, Tag, Topf, Ton, Tube

Die Kinder sollen erkennen: „Alle Wörter haben ein /t/." „Richtig, dieses „t" wollen wir uns jetzt einmal ganz genau ansehen."

Den Laut genau untersuchen:
akustisch
„Schau in den Spiegel. Was machst du, damit ich dein /t/ hören kann?" „Ich drücke die Zunge fest gegen die Zähne. Wenn ich dann ganz schnell den Mund aufmache, kommt die Luft herausgeschossen."
optisch
Sie schreiben das „T, t" an. Die Kinder schreiben es in die Luft, während Sie es farbig übermalen. Achten Sie auf korrekte Bewegungsabfolge (kleine Pfeile).
Gebärde
- Gebärdensprache von H.-J. Kossow in: Triebel, Heinz/ Maday, Wilhelm: Handbuch der Rechtschreibübungen. Beltz, Weinheim und Basel, 1982.
- Koch, F. J.: Fingerlesen, Lesen als Gebärdenspiel. Essen, 1947 (wird nicht mehr verlegt), daher nachzulesen unter: www.lernstation-hasenschule.de

Die Synthese (SY)

Didaktische Hinweise:
Die Synthese als „Vereinigung von mindestens zwei Elementen zu einer neuen Einheit“ bzw. als „Verbindung von Einzellauten zu einer Silbe oder einem Wort“ stellt für manchen Anfänger eine harte Nuss dar, die es im Leselernprozess aber möglichst frühzeitig zu knacken gilt: Nachdem das Kind verstanden hat, dass Buchstaben Laute repräsentieren, und nachdem es gelernt hat, diese Laute korrekt einzeln zu artikulieren, muss es nun begreifen, dass nur aus der *Verbindung* dieser Einzellaute ein sinnvolles Ganzes wird.
Der *erste Schritt* dazu ist die „reine“ Synthese, das heißt, das Zusammenschleifen von zwei oder mehreren Einzellauten zu einer Silbe oder einem kurzen Wort, z. B.: m–a → ma; L-o-s → Los.
Der *zweite Schritt* ist der „Sprung zum sinnvollen Begriff“: Mit dem meist unnatürlich gedehnten und somit entstellten Klanggebilde muss eine *Vorstellung* verbunden werden (was könnte /Eeeesssseeeellll/ wohl sein?). Das heißt, durch bewusstes Ausprobieren der verschiedenen Lautvarianten muss ein bekanntes, ähnlich klingendes Wort im inneren Lexikon aufgestöbert und korrekt artikuliert werden (/Esel/ oder auch /Esl/).
Der *dritte Schritt* ist die Überprüfung im Kontext: Passt das Wort eigentlich in den Satz? Passt es zur Geschichte dazu?
Der *vierte Schritt* ist die Kontrolle am geschriebenen Wort: Kann das, was ich spreche, tatsächlich da stehen?

Welche Fähigkeiten werden also beim Lesen vom Kind verlangt?
- Es muss die Buchstaben-Laut-Zuordnung beherrschen,
- es muss die Einzellaute erfolgreich zusammenziehen,
- es muss die einzelnen Klangvariationen der Buchstaben kennen,
- es muss über einen ausreichenden Wortschatz verfügen,
- es muss genügend Sachverständnis und Hintergrundwissen aufweisen,
- es muss der Satzaussage folgen können und den Kontext verstehen.

In diesem Kapitel finden Sie nun viele Spiele und Tipps zur Synthese, aus denen Sie einige auswählen und mit dem Kind ausprobieren können. Auf diese Weise wird sich zeigen, welche Übungen ihm am meisten zusagen und es hinsichtlich seiner Synthesefähigkeit auch weiterbringen, denn unseres Wissens gibt es (immer noch) nicht *die eine* Methode, die bei allen Kindern gleich gut und gleich schnell die Aneignung des Lautzusammenschleifens gewährleisten würde.

Beachten Sie bei Ihrer Wahl aber bitte Folgendes:
Für Anfänger ist es wichtig, mit *sinnvollen* Wörtern zu arbeiten. Erstens wird ihnen dadurch vom Klangbild her die nötige Unterstützung zu ihrem Handeln gegeben. Zweitens ist es Zweck der Sprache, *Inhalte* zu vermitteln. Bleibt der Bezug zur Textinformation außen vor, erscheint jede noch so nett aufbereitete Übung mit der Zeit mechanisch-hohl und sinnentleert.
Das heißt aber auch für den gesamten Prozess des Lesenlernens: Die Sinnerwartung, also das *Wissen-wollen*, was die Schriftzeichen wohl heißen könnten, muss geweckt und aufrechterhalten werden.
Selbst die ersten Syntheseübungen sollten deshalb schon *bekannte* Wörter zum Gegenstand haben; bei den weiteren kann ihr Ziel durch Abbildung, Satzzusammenhang oder Rätsel zumindest teilweise vorgegeben sein. Später dürfen natürlich auch unbekannte Wörter synthetisiert werden, und zwischendurch kann es sogar notwendig sein, einige Schleifen mit „sinnlosen“ Buchstabenverbindungen zu drehen, um einen Handlungsschritt zu festigen.

Dabei kommt natürlich auch dem geeigneten Wortmaterial besondere Bedeutung zu. Folgende Schwierigkeitsabstufungen sind hinsichtlich des Zusammenschleifens empfehlenswert:
- Dauerkonsonant mit langem Vokal oder langer Vokal mit Dauerkonsonant; z. B. so, ma, li, al, on, ul usw.
- kurzer Vokal mit Dauerkonsonanten, z. B. im, am, an (nur im Satzzusammenhang verwenden!)
- zweisilbige Wörter mit V-K-V-(K) oder K-V-K-(V)-Struktur ev. mit einem kleinen Abstand als Silbenmarkierung (Dauerkonsonant); z. B. O ma, A li, So fa, ro sa
- zweisilbige Wörter mit Plosivlaut am Silbenanfang mit einer Silbenmarkierung
- dreisilbige Wörter mit K-V-K-V-K-V-Struktur
- zweisilbige Wörter mit K-V-K-K-V-K (z. B. Mantel), V-K-K-V-K (z. B. Insel), auch ohne Silbenmarkierung

Ziel der Synthese auf dieser Stufe ist:
- das Verschleifen von Buchstaben,
- das automatisierte Erfassen von K-V-Silben (später auch K-V-K-Silben),
- die Sinnentnahme, d. h. die Zuordnung eines Wortklangbildes zum Wortbuchstabenbild.

In der Praxis hat sich bewährt, gerade Kindern mit Leseschwierigkeiten den Zugang zur Synthese über das Erlesen von *Silben* zu vermitteln. Einige Erklärungen hierfür:
- Für Leseanfänger ist es einfacher, Wörter in Silben zu zerlegen als in einzelne Laute.
- Sie können ein silbiert gesprochenes Wort leichter dem normalen Klangbild zuordnen als ein aus Einzelbuchstaben aufgebautes Wort. Wenn sie dieses rhythmische Sprachgefühl nicht schon mitbringen, so sollte es in den ersten Schulwochen gefördert worden sein (s. auch „Die Silbe").
- Bei längeren Wörtern birgt das Zusammenschleifen über Einzellaute die Gefahr, dass die ersten schon wieder vergessen sind, bevor man bei den letzten angekommen ist. Zwei oder drei Silben dagegen lassen sich gut merken.
- Auch beim Schreiben ist es leichter, die richtige Buchstabenabfolge einzuhalten, wenn man sich die Silbe vorspricht und nicht die Einzellaute.
- Es ist eine der grundlegenden Lesestrategien, sich Wörter silbenweise zu erschließen. Auch lesekundige Erwachsene gliedern so unwillkürlich längere unbekannte Wörter in bearbeitbare Untereinheiten.
- Es unterscheidet den schwachen Leser vom „alten Hasen", dass letzterer Buchstaben in größeren Zusammenhängen wahrnimmt, während ersterer meist Einzelzeichen an Einzelzeichen aneinanderreiht.
- Die Kinder können über das Silbenlesen früh beginnen, häufig vorkommende Signalgruppen als Ganzes abzuspeichern; z. B. –se in Ha-se, Ho-se, Ro-se, Na-se, ra-se. Leseschwachen Kindern kann auf diese Weise schon früh der Weg zu ökonomischen Lesestrategien aufgezeigt werden.
- Der Sprung von der Silbe zum Wort gelingt leichter als der von einzeln lautierten Buchstaben.

Noch ein paar allgemeine Tipps zum Leseunterricht:

Bieten Sie in der Klasse vielfältigen, geeigneten Lesestoff an (vielleicht in einer gemütlichen Kuschel-Matratzen-Ecke), um die Motivation und die Freude am Lesen langfristig zu erhalten. Geeignet heißt auf dieser Stufe: Wenig Text, große Buchstaben möglichst ohne Serifen, viele Bilder zur Unterstützung der Sinnentnahme, interessante und lustige Geschichten. Einige Kinder werden erst hier erfahren, dass das Lesen etwas Selbstverständliches und Wunderschönes ist, aus dem man *für sich selbst* einen großen Nutzen ziehen kann.

Denken Sie bitte auch daran, dass nicht alle Erstklässler von zu Hause aus über einen ausreichenden Wortschatz und die nötigen Sprachkenntnisse verfügen, die ihnen sinnentnehmendes Lesen von vorne herein möglich machen. Bei diesen Kindern sollte ein weiterer Schwerpunkt des Unterrichts in der Arbeit mit der Sprache selbst liegen: Schulung der Ausdrucksfähigkeit, Erweiterung des Wortschatzes, Verbesserung der Sprachkompetenz und Erlernen der Hochsprache (vor allem bei starkem Dialektsprechen, das nur wenig Ähnlichkeit mit Schrifttexten aufweist). Orientieren Sie sich bitte nicht an der Spracharmut, die allerorten um sich greift. Der empörte oder hilflose Ausruf „Das Wort kenne ich nicht!", ist kein Grund dafür, sich als Lehrkraft an dem niedrigen Niveau zu orientieren und alle Wörter zu streichen, die die Kinder noch nicht gehört haben. Wo, wenn nicht in der Schule, haben sie die Chance, neue und auch etwas ungewöhnlichere Begriffe kennenzulernen?

Seien Sie bitte vorsichtig bei lautem Vorlesen vor der ganzen Klasse! Eine Alternative für besonders schüchterne und gehemmte Kinder wäre das Sprechen auf Kassettenrecorder. Auf diese Weise könnten Sie den Leistungsfortschritt auch dann regelmäßig beobachten, wenn Sie dem Kind die Qual der Bloßstellung vor anderen Mitschülern ersparen wollen.

In diesem Zusammenhang ist es natürlich auch wichtig, eine angenehme, freundliche Atmosphäre mit viel Geduld und Verständnis füreinander zu schaffen. „Feindlicher" Wettbewerb und Konkurrenzdenken darf in einer Klassengemeinschaft keinen Platz haben, denn es geht darum, ein „Miteinander" zu schaffen, bei dem die Unterschiedlichkeit der Kinder positiv genutzt werden kann, zum Beispiel wenn die schnelleren den langsameren unterstützend zur Seite stehen.

Zu den Übungen:

Halten Sie die Kinder dazu an, den Zeigefinger der Schreibhand beim Lesen synchron mitzuführen, so dass Sehen, Zeigen und Sprechen eine Einheit bilden.

1. Vorbereitungen zur Synthese und erste Syntheseübungen

Um die Kinder auf die Synthese vorzubereiten und ihre Aufmerksamkeit auf die Silbenstruktur eines Wortes zu lenken, können einige Übungen aus dem Kapitel „Die Silbe“ wiederholt werden:
S 1.9 Wörter mit Silbenbögen ‚schreiben' und
S 1.10 Welches ist das längere Wort?

1.1 Silbenbogenschrift mit „gefüllten Bögen“

Hinweise:
Das Spiel „Silbenbogenkurzschrift“ aus dem Silbenkapitel (S 1.11) wird in einer abgewandelten Form wiederholt, nämlich mit Wörtern, die eine Dauerkonsonant – Langvokal – Struktur haben und deren Wort- und Klangbild den Kindern bereits vertraut ist.
Suchen Sie zunächst zwei Bildkarten mit gleicher Silbenanzahl und unterschiedlichen Vokalen und lassen Sie die Kinder die Wörter in „Silbenbogenschrift“ an die Tafel schreiben. Es ergibt sich wieder das Problem, dass die Bögen alleine nicht ausreichen, um das dazugehörige Bild eindeutig zu identifizieren: Die Lautanalyse der Vokale muss mit einbezogen werden. Dabei wiederholen die Kinder noch etwas Grundsätzliches zur Silbenstruktur: *Jede Silbe enthält einen Vokal.* Dies ist eine wesentliche Hilfe, um beim Lesen Silben nutzen zu können.
Später müssen die Kinder eine Schreibweise für Wörter mit Vokalen in der gleichen Reihenfolge finden.

Ziele:
- Erkennen der Vokale eines Wortes
- Erkenntnis, dass jede Silbe einen Vokal enthalten muss
- Zuordnung von Vokalen zu Silbenbögen in richtiger Reihenfolge
- Verschriftung ganzer Silben
- Erfassen des Leseprinzips und Lesen ganzer Wörter mithilfe der „Silben-Synthese“

Material:
- Bildkarten mit zweisilbigen Wörtern; z. B. Nase, Rose, Sofa, Lama, Limo, Mofa, lila, rosa, Oma
- Buchstabenkarten (s. Kopiermaterial zur GPK 1.7)

Mitspieler:
1 bis 6

Vorbereitung:
Bild- und Buchstabenkarten kopieren

Spielregeln:
An der Tafel sind die Bögen für ein zweisilbiges Wort aufgezeichnet.
Sie zeigen den Kindern z. B. die Bildkarten mit dem *Sofa* und der *Limo* und fragen: „Könnt ihr mir sagen, ob diese Bögen hier ‚Sofa' oder ‚Limo' heißen?“
Die Kinder werden wahrscheinlich unterschiedlicher Meinung sein oder – noch besser – feststellen, dass man das nicht wissen kann, weil beide Wörter zwei Silben haben.
Geben Sie Hilfestellung und schreiben Sie in jeden Silbenbogen („Sandkuhle“) den Vokal („Löwenlaut“). Nun kann die richtige Bildkarte eindeutig den Silbenbögen zugeordnet werden.
Nähere Erläuterungen zu „Sandkuhlen“ und „Löwen“ finden Sie im Kapitel „Der Laut“ (2.1).
Wählen Sie nun die Bildkarten *Sofa* und *Mofa*. Die Vokale alleine reichen nun nicht mehr aus, um die Silbenbogenschrift eindeutig zu lesen.
Fragen Sie die Kinder, ob sie die Wörter nicht noch genauer schreiben können. Zeigen Sie auf die erste “Sandkuhle“ von *Sofa* und sagen Sie: „Ich glaube, da sitzt noch jemand drin. Ich höre da nicht nur ein /o/.“ Sprechen Sie die Silbe gedehnt. Wenn die Kinder das „S“ nennen, tragen Sie es ein. Ebenso werden die anderen „Sandkuhlen“ vervollständigt. Nach diesem eher analytischen Prozess, der die Kinder mit vollständig ausgeschriebenen Silben vertraut macht, folgt nun die Synthese. Alle Silben werden noch einmal *langsam und gedehnt* gelesen. Dabei zeigen Sie oder ein Kind mit der Hand von einem zum nächsten Buchstaben synchron zum Lautieren.

Nun wird der Syntheseprozess noch einmal wiederholt, indem das Wortbild gelegt wird. Sie können dabei so vorgehen: Decken Sie die „Silbenkuhlenwörter“ ab. „Ihr habt sicher schon gemerkt, dass die Erwachsenen die Wörter nicht in ‚Silbenkuhlen' schreiben. Wir probieren es jetzt auch einmal ohne Sandkuhlen.“
Heften Sie die vier Buchstabenkarten S – o – f – a mit größeren Abständen an die Tafel. Alle sprechen gemeinsam die erste Silbe lang und gedehnt, und Sie schieben die passenden Buchstabenkarten zusammen. Genauso wird mit der zweiten Silbe verfahren. Beide Silben liegen nun mit einem kleinen Abstand nebeneinander: So fa.
Lassen Sie die Kinder vielleicht noch einmal lesen, indem sie an der Tafel zum Lautieren gleichzeitig mit dem Finger von einem zum nächsten Laut gleiten.
Verfahren Sie genauso mit *rosa*.

Damit die Kinder sich wirklich im Synthetisieren üben und nicht einfach Wortbilder abspeichern, sollte der Prozess mit weiteren der oben angegebenen Wörter durchlaufen werden.

Variation:
Auf einem Tisch liegen geeignete Bildkarten. Die Kinder suchen sich einen Partner. Jedes Kind wählt sich heimlich eine Bildkarte aus und schreibt dazu eine „Silbenkuhlenkarte“ und/oder eine Wortkarte. Der Partner soll die zugehörige Bildkarte finden.
Für manche Kinder kann es hilfreich sein, wenn die Vokale in einer anderen Farbe geschrieben sind als die Konsonanten.

1.2 Waggons zusammenschieben - Buchstaben zusammenschleifen

Hinweis:
Diese Übung und die weiteren zu Punkt 1 bieten sich an, wenn die Synthese zweier Einzellaute zur Silbe noch nicht automatisiert ist.

Ziel:
Zwei Buchstaben zusammenschleifen

Material:
- Bildkärtchen aus dem allgemeinen Kopiermaterial, Teil 2, mit zweisilbigen Wörtern (Nase, Rose, Sofa, Lama, lila, Limo, Mofa, Oma, rosa, Ofen, Esel)
- „Waggons“ aus Pappe, die mit Buchstaben beschriftet sind

Mitspieler:
1 bis viele

Vorbereitung:
„Waggons“ herstellen mit passenden Buchstaben zu den Bildkarten

Spielregeln:
Befestigen Sie zwei Bildkarten (z. B. Sofa und Lama) oben an der Tafel. Heften Sie nun den S-Waggon links an die Tafel und den o-Waggon mit etwas Abstand dazu weiter rechts. Zeigen Sie auf das S und lesen Sie gedehnt: „Ssssss“, während Sie den o-Waggon immer näher an den S-Waggon heranschieben. Im Moment des „Ankoppelns“ sprechen Sie das /o/: „SSSoooo. Welches Wort auf den Bildkarten fängt so an?“ Die Kinder nennen das *Sofa*.
Verfahren Sie mit anderen Bildkartenpaaren genauso. Achten Sie darauf, dass die Schüler beim Zusammenschleifen der Laute keine Sprechpause zwischenschalten. „Lass alle Luft raus. Halte die Luft nicht an.“
Bei den weiteren Bildkarten übernehmen die Kinder das Zusammenschieben der Waggons, denn die Bewegung des Schiebens und Ankoppelns hilft sehr, das Hängenbleiben an einem Laut zu überwinden.

1.3 Silbenschieber

Um die Technik des Zusammenschleifens von Buchstaben zu Silben zu trainieren, hat sich der Silbenschieber als sehr effektvolles Instrument erwiesen. Man mag dagegen einwenden, dass es hier nur um „sinnlose" Silben geht, Lesen aber doch möglichst mit Sinnentnahme verbunden sein soll. Dem stimmen wir im Prinzip zu. Aber es gibt immer wieder Kinder, die mit beiden Anforderungen gleichzeitig – Lesetechnik und Sinnentnahme – zu Beginn des Leseprozesses überfordert sind. Diesen macht es große Freude, *erfolgreich* Silben lesen zu können, weil sie auf diese Weise erleben, dass sie nun auch „den Trick des Zusammenschleifens beherrschen".
Abgesehen davon lässt der Silbenschieber wegen seiner immer neuen Einstellmöglichkeiten auch kein Auswendiglernen zu. Mit ihm lassen sich unterschiedlich schwierige Silben erlesen. Zudem können damit auch die Eltern mit ihrem Kind zuhause sinnvoll üben.

Ziel:
Zügig Silben lesen können, die sich nur in einem Laut unterscheiden
Silben der Struktur K-V, V-K, K-V-K, V-K-V lesen

Material:
Silbenschieber, Anfertigung s. Kopiermaterial zur Synthese 1.3
Arbeitsblätter zur Synthese 1.3: Domino und Memory

Mitspieler:
1 bis 6

Vorbereitung:
Silbenschieber herstellen

Spielregeln:
Schieben Sie zunächst einen Konsonantenstreifen und einen Vokalstreifen in das Schieber-Fenster. Lassen Sie nun einen Streifen feststehen und ziehen Sie den anderen Buchstabe für Buchstabe hinunter. Dabei wird die jeweils neu entstandene Silbe gelesen: na-ne-ni-no-nu.
Sie können natürlich auch den Vokalstreifen feststehen lassen und den Konsonantenstreifen verschieben: ma-la-na-sa-ta-ra-fa.
Oder Sie vertauschen Vokal- und Konsonantenstreifen: an-en-in-on-un; am-al-an-as-at-ar-af

Variation 1:
Mit einem zweiten Streifen Silben aus drei Buchstaben lesen: nal-nel-nil-nol-nul.

Variation 2:
Zwei Silbenschieber nebeneinander legen und Silbenwörter (Sinn und Unsinn) lesen (Partnerarbeit).

Selbständiges Arbeiten mit Partner:
Arbeitsblätter zur Synthese 1.3: Domino und Memory
Domino:
Paarkärtchen (Bild und erste Silbe) kopieren und ausschneiden. Kinder legen die Kärtchen zu einer langen Schlange zusammen, indem sie zum Bild die passende erste Silbe suchen.
Memory:
Auch die Dominokärtchen werden auseinandergeschnitten. Mit jeweils 3 oder 4 Paarkarten kann Memory nach den herkömmlichen Regeln gespielt werden.

1.4 Buchstabenwürfel

Ziel:
Zwei Buchstaben zusammenschleifen

Material:
2 Blankowürfel mit Klebepunkten, die mit Buchstaben beschriftet sind

Mitspieler:
2

Vorbereitung:
Beschriften Sie den einen Blanko-Würfel mit schon eingeführten Konsonanten (schwarz oder blau) und den zweiten Würfel mit den bereits bekannten Vokalen in den Farben der Löwenlaute (a=rot, e=orange, i=gelb, o=lila, u=braun). Die sechste Würfelseite können Sie für einen Joker benützen.

Spielregeln:
Jedes Kind wirft einen Würfel. Die Würfel werden zusammengeschoben und die Kinder erlesen die so entstandene „Quatschsilbe". Dabei werden einmal der Vokal und einmal der Konsonant an den Anfang gelegt.
Achten Sie besonders beim Plosivlaut /t/ auf korrektes Zusammenschleifen. Gegebenenfalls können die Kinder das Erwürfelte auch notieren und am Schluss kontrollieren, welche Buchstabenkombination am häufigsten auftrat.

Variation:
Ergänzen Sie das Spiel um zwei weitere Würfel, die auf die gleiche Weise beschriftet sind. Nun müssen die Kinder versuchen, ein ganzes Wort mit zwei Silben zu bilden. Wer ein sinnvolles erwürfeln und auch erlesen kann, bekommt einen Gewinnpunkt. Hierbei wird auch die Erkenntnis gefestigt, dass jede Silbe einen Selbstlaut (Löwenlaut) enthalten muss.

1.5 Mit Gebärden synthetisieren – Buchstaben zusammenschleifen

Hinweis:
Wenn die bisher beschriebenen Verfahren zum Zusammenschleifen für einen Schüler noch nicht ausreichen, probieren Sie einmal, die Synthese mit Hilfe von Fingerzeichen vollziehen zu lassen. Das Bewegungsmoment beim Verbinden der Laute hilft häufig, das Haftenbleiben am Einzellaut zu überwinden. Allerdings sind die Gebärden nur zu Beginn des Leselernprozesses sinnvoll zu nutzen, nämlich so lange, bis das Kind einfach strukturierte Buchstabenverbindungen flüssig synthetisieren kann. Der Nachteil der Gebärdensprache liegt unter anderem darin, dass es für jedes Schriftzeichen nur *eine* Aussprachemöglichkeit gibt. Das heißt, die Klangvariationen der einzelnen Zeichen können nicht dargestellt werden, was bei einer Vielzahl deutscher Wörter wiederum zu entstellenden Überdehnungen führt. Insofern sind Lautgebärden nur für lauttreue Wörter zweckmäßig einsetzbar, z. B. auch zur Unterscheidung ähnlich klingender Laute wie m und n oder w und f.
Wenn Sie Gebärden einsetzen möchten, sollten Sie sich vorher mit verschiedenen Gebärdensprachen vertraut machen, z. B.:
- Gebärdensprache von H.-J. Kossow in: Triebel, Heinz/Maday, Wilhelm: Handbuch der Rechtschreibübungen. Beltz, Weinheim und Basel, 1982.
- Koch, F. J.: Fingerlesen, Lesen als Gebärdenspiel. Essen, 1947 (wird nicht mehr verlegt, daher nachzulesen unter: www.lernstation-hasenschule.de)

Mit diesem Hintergrundwissen im Kopf kann es auch sinnvoll sein, sich mit den Kindern *gemeinsam* eigene Gebärden für die wichtigsten Buchstaben als eine Art „Geheimsprache" auszudenken. Natürlich müssen alle Schüler aus der Fördergruppe dann auch die *gleichen* Zeichen benützen!

Ziel:
Buchstaben zu Silben zusammenschleifen und aus diesen ein Wort bilden.

Material:
Buchstabenkärtchen zu Wörtern wie Na se, Ro se, So fa, La ma, li la, Li mo, Mo fa, O ma, ro sa, O fen, E sel, s. Kopiermaterial zur GPK, 1.7

Mitspieler:
1 bis 4

Vorbereitung:
Buchstabenkärtchen kopieren

Übung:
Legen Sie ein Wort aus Buchstaben (ev. mit kleinem Abstand als Silbenmarkierung) und erlesen Sie es mit Hilfe der Gebärden. Dabei müssen die Bewegungszeichen synchron zur gesprochenen Sprache erfolgen. Die Schüler ahmen Sie nach.
Lassen Sie die Schüler auch die anderen Wörter erlesen.

Variation:
Die Kinder erlesen „Unsinnswörter" aus zwei oder drei Buchstaben.

1.6 Silben hüpfen

Hinweis:
Hier wird die Synthese mit viel körperlicher Bewegung verbunden. Das Kind hat es selbst in der Hand, wann das „Zusammenziehen" der Buchstaben stattfindet.

Ziel:
Buchstaben zu Silben zusammenschleifen.

Material:
- Tesakrepp
- Pappquadrate und dicke Buntstifte oder Edding
- Konsonantenkärtchen (selbst herstellen oder aus dem Kopiermaterial zu GPK 1.7 herauskopieren)

Mitspieler:
1 bis 4 pro Gruppe

Vorbereitung:
Kopieren Sie die entsprechenden Konsonantenkärtchen oder stellen Sie selbst welche her. Kleben Sie mit Tesakrepp fünf mindestens fußgroße Pappquadrate auf den Fußboden, auf denen jeweils ein „Löwenlaut" in den entsprechenden Farben gemalt ist (a=rot, e=orange, i=gelb, o=lila, u=braun).

Spielregeln:
Die Kinder einer Spielgruppe stellen sich um das Vokalfeld herum. Fächern Sie die Konsonantenkarten auf und lassen Sie den ersten Spieler eine Karte ziehen. Er lautiert den Laut, z. B. /fffff/, so lange, bis er auf einen beliebigen Löwenlaut (Vokal) gehüpft ist und in diesem Augenblick synthetisiert: /ffffa/.
Diesen Vorgang wiederholt er so lange, bis er alle Vokale abgehüpft hat. Die anderen Kinder „kontrollieren".

Variation:
Es werden von den Mitspielern die Vokale genannt, auf die das Kind hüpfen soll.

1.7 Drei Buchstaben zusammenschleifen

Hinweis:
Da wir auf dieser Stufe Konsonantenhäufungen im Wortinneren noch vermeiden wollen und 4 bis 5 Monate nach Schulbeginn höchstwahrscheinlich nur 12 Buchstaben zur Verfügung stehen, ist die Wortauswahl sehr eingeschränkt.

Ziel:
3 Buchstaben zu einem K-V-K- bzw. V-K-V-Wort zusammenschleifen

Material:
- „Waggons" aus Pappe, die mit Buchstaben beschriftet sind
- Beispielwörter mit den 12 bisher eingeführten Buchstaben:
  Mus, Los, Mut, Tal, rot, tot, tun, mal; Oma, Ali
- Beispielwörter mit weiteren Buchstaben:
  Wal, Rad, Hof, Wut, Gas, gut, Tag, Schal, schon, schön; Uhu, Opa, öde

Mitspieler:
1 bis viele

Vorbereitung:
„Waggons" herstellen mit je einem Buchstaben. Orientieren Sie sich an den Wörtern, die Sie auswählen.

Spielregeln:
Nehmen Sie ein Wort aus den Beispielen, z. B. „Mus". Heften Sie nun den M-Waggon links an die Tafel und die u- und s-Waggons mit etwas Abstand weiter rechts. Geben Sie den Kindern ein kleines Worträtsel vor: „Das Wort, das ich mir denke, schmeckt lecker und süß. Man kann es aus Äpfeln herstellen."
Zeigen Sie auf das „M" und lesen Sie gedehnt mit den Kindern im Chor: /mmmm/, während Sie den u-Waggon immer näher an den M-Waggon heranschieben. Im Moment des „Ankoppelns" sprechen alle das /u/: /Mmmuuu/. Nun schieben Sie noch den s-Waggon immer näher und koppeln ihn an. Alle sprechen: „/Mmmuuusss/." Jetzt fragen Sie: „Könnt ihr euch noch an das Rätsel erinnern? Lecker und süß und aus Äpfeln gemacht. Was ist also das Lösungswort?" („Mus")
Für die Kinder ist es meist sehr hilfreich, im Chor mitsprechen zu können. Durch dieses Nachahmen fällt es ihnen leichter, die Laute der einzelnen Buchstaben zu verschmelzen und den natürlichen Wortklang zu finden.
Verfahren Sie so oder ähnlich mit noch einem anderen Wort. Anschließend darf ein Kind an die Tafel und die Waggons aneinanderkoppeln.

1.8 Silbenteppich 1 - Lesetechnik

Eine weitere effektive Möglichkeit, die *Technik des Zusammenschleifens von Buchstaben zu Silben* intensiv einzuüben, ist die Arbeit mit dem Silbenteppich. Das Üben mit „sinnlosen" Silben fällt zwischen den vielen anderen Spielen, die richtige Wörter zum Gegenstand haben, nicht weiter negativ ins Gewicht, zumal dadurch die Dekodierfähigkeit der Kinder geschult wird. Spielerisches Vorgehen und Tokensystem gewährleisten sicherlich dauerhaften Eifer und lang anhaltende Freude.
(Token sind in diesem Zusammenhang kleine Belohnungseinheiten, z. B. Büroklammern, die von den Kindern gesammelt werden. Nach zehn Token gibt es etwas „Richtiges" als Anerkennung, entweder eine Süßigkeit, ein Glitzersternchen, eine Gute-Nacht-Geschichte vorlesen, ein Spiel spielen, ein bisschen fernsehen o. Ä. Es können aber auch 50 oder 100 Token gesammelt werden; dann muss der Tauschgegenstand natürlich etwas größer ausfallen.)

Ziel:
Buchstaben zügig zu Silben zusammenschleifen

Material:
- Silbenteppiche, s. Kopiermaterial zur Synthese 1.8
- Spielregeln für Silbenteppiche, s. Kopiermaterial zur Synthese 1.8

Mitspieler:
1 bis 4

Vorbereitung:
- Silbenteppiche kopieren
- ev. Silbenteppich auf Overhead-Folie kopieren
- ev. Spielregeln kopieren für das Üben zuhause

Spielregeln:
Sie können den Silbenteppich als „Wörter aus einer Indianersprache" vorstellen. Lesen Sie eine Spalte oder Zeile – mit der Hand begleitend – vor bzw. mit den Kindern im Chor. Hier kann man durch lautes oder leises Lesen den Spaß erhöhen. Wer will, darf es alleine probieren.
Achten Sie beim Spaltenlesen darauf, dass die Silben besonders bei /e/ und /o/ einmal mit langem und ein anderes Mal mit kurzem Vokal gelesen werden. Die Bildsymbole sollen daran erinnern.
Sie können auch Silben zu „mehrsilbigen Wörtern eines Satzes" zusammenfassen: „Memi mamomu?" Den Kindern macht es in der Regel Spaß, sich in dieser „Indianersprache" mit Hilfe der Satzmelodie zu „unterhalten".

Variationen:
Siehe „Spielregeln für Silbenteppiche“ im Kopiermaterial zur Synthese, die auch den Eltern für das häusliche Üben mitgegeben werden können.

1.9 Synthese mit Konsonantenhäufung am Wortende

Hinweis:
Mit den 12 bisher eingeführten Buchstaben lassen sich nur wenige Wörter mit Konsonantenhäufung am Wortende bilden; vor allem gibt es fast keine, die sich wirklich gut durch Bilder darstellen lassen.
Wir verwenden hier die gleiche Arbeitsform wie in 1.7. Dies hat den Vorteil, dass die Übung bereits bekannt und nur die Konsonantenhäufung „neu“ ist. Trotzdem sollten Sie hier sehr aufpassen, ob die Kinder nicht überfordert sind: Die Synthese mit K-V-K-Wörtern muss sicher vollzogen werden können, bevor mit Konsonantenhäufungen begonnen wird!

Ziel:
Vier Buchstaben zu einem K-V-K-K-Wort zusammenschleifen; das Schema Konsonant-Vokal-Konsonant-Vokal wird durchgebrochen.

Material:
- „Waggons“ aus Pappe, die mit Buchstaben beschriftet sind
- Beispielwörter mit den 12 bisher eingeführten Buchstaben: alt, als, uns, Film, Senf, Ast, Lift, Rest, Nest, Fest, Rost, Saft, fast, Lust, Luft, Samt, Mast, Amt, Mist, List, Last

Mitspieler:
1 bis viele

Vorbereitung:
„Waggons“ herstellen mit je einem Buchstaben. Orientieren Sie sich an den Wörtern, die Sie auswählen.

Spielregeln:
Nehmen Sie ein Wort aus den Beispielen, z. B. „Film“. Heften Sie nun den F-Waggon links an die Tafel und die i-, l- und m-Waggons mit etwas Abstand weiter rechts. Geben Sie den Kindern ein kleines Worträtsel vor: „Das Wort, das ich mir denke, gibt es im Kino und im Fernsehen.“
Zeigen Sie auf das „F“ und lesen Sie gedehnt mit den Kindern im Chor: /ffff/, während Sie den i-Waggon immer näher an den F-Waggon heranschieben. Im Moment des „Ankoppelns“ sprechen alle das /i/: /ffffiiii/. Nun schieben Sie den l-Waggon immer näher und koppeln ihn an. Alle sprechen: „/ffffiiiillll/.“ Zum Schluss kommt noch der m-Waggon und alle lautieren beim Ankoppeln noch das /mmmm/ dazu. Jetzt fragen Sie: „Könnt ihr euch noch an das Rätsel erinnern? Das Wort gibt es im Kino und im Fernsehen. Was ist also die Lösung?“ („Film“)
Fragen Sie auch, wie viele Silbenbögen man bei diesem Wort zeichnen müsste. Malen Sie *einen* Silbenbogen unter die Waggons. (Bei älteren Kindern können Sie nachfragen, ob ihnen etwas auffällt: Was ist anders als bei den Übungen bisher? Wenn niemand drauf kommt, lassen Sie die einzelnen Buchstaben benennen: F ist ein Mitlaut, i ist ein Löwenlaut, l ist ein Mitlaut, m ist ein Mitlaut ... Es gibt also auch Wörter, die zwei Mitlaute nebeneinander haben. Wenn dies so ist, wird der Löwenlaut davor *kurz* gesprochen.)
Verfahren Sie so oder ähnlich mit noch einem anderen Wort. Anschließend darf ein Kind an die Tafel und die Waggons aneinanderkoppeln.

Variation 1:
Schreiben Sie auf große Karten sämtliche bisher durchgenommenen Konsonanten. Verteilen Sie an jeweils vier Kinder drei Konsonanten und einen großen Demonstrationslöwenlaut so, dass ein sinnvolles Wort entstehen kann. Die Kinder sollen nun auf der Kreideablage der Tafel die Karten so ordnen, dass dieses Wort (K-V-K-K) entsteht. Es wird laut vorgelesen und von den anderen Schülern im Chor wiederholt.

Variation 2:
Legen Sie die Konsonanten-Karten und die großen *dünnen* Demonstrationslöwen verdeckt auf einen Tisch (die dünnen Löwen deshalb, weil der Vokal vor zwei Konsonanten in der Regel kurz gesprochen wird). Immer drei Kinder ziehen sich einen Konsonanten und eines einen Löwenlaut. Damit versuchen sie, ein sinnvolles Wort zu bilden. Wenn das nicht geht, darf ein Konsonant oder Löwenlaut ausgetauscht werden.

Variation 3:
Verteilen Sie Buchstabenkärtchen (z. B. aus dem Kopiermaterial für die einzelnen Bereiche, Lautanalyse 3.2) an die Kinder und lassen Sie sie Wörter nach dem Schema Mitlaut – Löwenlaut – Mitlaut – Mitlaut legen. Es können statt der Selbstlaut-Kärtchen die dünnen Löwenpapas verwendet werden (dünn deshalb, weil der Vokal vor zwei Konsonanten in der Regel *kurz* gesprochen wird). Wer glaubt, ein richtiges Wort gelegt zu haben, liest es vor.

2. Weitere Syntheseübungen

2.1 Silben zu Wörtern zusammensetzen

Ziel:
Zu einem Wort die passenden Silben-Karten zusammensetzen

Material:
- Aus dem allgemeinen Kopiermaterial, Teil 2:
  Nase, Rose, Sofa, Lama, Limo, Mofa, rosa, lila, Oma
  Telefon, Tomate, Rosine, Melone, Ananas
- Silbenkarten dazu

Mitspieler:
2 bis 6 Spieler, Spielleiter

Vorbereitung:
Silbenkarten schreiben

Spielregeln:
Sie heften drei bis fünf Bildkarten an die Tafel und legen die zugehörigen Silbenkarten aus.
1. Stufe: Sie merken sich eine Bildkarte und sprechen das zugehörige Wort **in Silben.** Die Kinder versuchen aus den Silbenkarten das richtige Wort zusammenzusetzen. Das Kind, das dies schafft, bekommt die Bildkarte.
2. Stufe: Sie nennen eins der Bildkartenwörter, ein Kind silbiert es, sucht die passenden Buchstabensilbenkarten und setzt sie zum Wort zusammen.
3. Stufe: Sie zeigen auf eine Bildkarte. Die Kinder müssen selbst das Wortklangbild finden und die passenden Buchstabensilbenkarten zum Wort zusammensetzen.
4. Stufe: Die Kinder legen zu den angehefteten Bildkarten die passenden Silbenbuchstabenkarten zusammen.

Zur Wiederholung:
Weisen Sie noch einmal darauf hin, dass das Endungs-e in Wörtern wie Nase, Rose usw. ganz anders klingt als das lange /e:/ in „Lehm“ oder „Mehl“.

Selbständiges Arbeiten:
Arbeitsblätter zur Synthese 2.1: Die erste und zweite Silbe eines Wortbildes erkennen.

2.2 Die Endungen „-el“ und „-en“

Hinweis:
Um den Wortschatz etwas erweitern zu können, kann der Schwa-Laut des /e/ in den schwachvokaligen Endungen „-el“ und „-en“ eingeführt werden. Entscheiden Sie selbst, ob das jeweilige Kind dieser Schwierigkeit schon gewachsen ist. Wenn nicht, bleiben Sie bei Wörtern mit K-V-K-V-Struktur.

Die Idee der „Löwenlaute“:
Die großen Löwen, also die Papa- oder Cheflöwen, repräsentieren den *betonten* Vokal, also den, den man im Wort laut und deutlich spricht (meistens ist dies der Stammvokal). Dieser klingt lang oder kurz, je nachdem, wie viele Konsonanten ihm folgen (in K-V-K-V-Strukturen ist er bis auf einige kleine Funktionswörter naturgemäß immer lang), vgl. „Ofen“ (langes o) und „oft“ (kurzes o).
Die *un*betonten Vokale hingegen sind *immer* kurz und auch leiser und weniger pointiert. Sie werden als *Baby*löwen bezeichnet, um zu unterstreichen, dass man sie nicht laut spricht (die Babylöwen können noch nicht so laut brüllen wie die Papalöwen).
Der Schwa-Laut e ist nun oft sogar überhaupt nicht zu hören. Deshalb muss für ihn auch ein Babylöwe stehen. Aber: Das e-Baby ist ja da, wenn auch klein, und so muss man das e selbstverständlich schreiben und darf es nicht einfach weglassen!

Ziel:
Die Erkenntnis, dass das „e“ in der zweiten Silbe nur ganz kurz oder oft gar nicht richtig gesprochen wird, wenn ein l oder n danach folgt.

Material:
- Für Sie:
  dicke und dünne Löwen und Babylöwen zur Demonstration, siehe allgemeines Kopiermaterial, Teil 1
- Für die Kinder:
  alle Babylöwen zur Auswahl, siehe allgemeines Kopiermaterial, Teil 1

Mitspieler:
1 bis viele

Vorbereitung:
- Löwen zur Demonstration kopieren.
- Falls noch nicht geschehen: alle Löwen für die Kinder kopieren.

Einführung und Übung:

Die Endung „-en“:
Schreiben Sie groß das Wort „Na sen“ an die Tafel und markieren Sie die Silbe eventuell durch einen kleinen Abstand. (Der Abstand sollte kleiner als ein gewöhnlicher Wortabstand sein! Entscheiden Sie selbst aufgrund der Reaktionen der Kinder, ob der Abstand verwirrend auf sie wirkt und sie nicht mehr zwischen Silben- und Wortgrenzen unterscheiden können. Manchmal wird auch ein Häkchen verwendet, was aber ein unruhiges Schriftbild erzeugt.) Lassen Sie ein Kind die Silbenkuhlen darunter malen und die einzelnen Silben erlesen. Helfen Sie dabei, den Sinn des Wortes zu erfassen, auch wenn es /Nnnaaa ssseeennn/ artikuliert, indem Sie das Wort in ein Rätsel kleiden (fünf Kinder haben fünf .... im Gesicht). Lesen Sie nun das Wort „normal“, also mit dem Schwa-Laut, vor und fragen Sie, welcher Löwe zum /a/ passen würde. Die Antwort müsste lauten: „Der dicke Löwe, weil der Laut lang klingt.“ Heften Sie nun den dicken Löwen unter das „a“ und sprechen Sie das Wort noch einmal. Fragen Sie weiter, welcher Löwe unter das „e“ passt. Sprechen Sie das Wort ruhig öfters vor, und die Kinder sollen überlegen. Die Antwort müsste lauten: Der e-Babylöwe, weil man e kaum hört. Heften Sie also den e-Babylöwen in die Silbenkuhle unter das e.
Verfahren Sie auf die gleiche Weise mit weiteren Wörtern, z. B. Na men, Ro sen, O fen, le sen, ra sen.

Die Endung „-el“:
Die Endung „-el“ unterliegt dem gleichen Prinzip wie „-en“. Schreiben Sie einige Wörter an die Tafel (Esel, Pudel, Igel) und fragen Sie die Kinder, was bei allen gleich ist. Antwort: „el“. Lesen Sie nun die Wörter „normal“, also mit Schwa-Laut vor und fragen Sie weiter: „Welchen Löwenlaut hört man hier gut?“ Als Antwort muss immer der erste Vokal genannt werden. „Und welchen Löwenlaut hört man gar nicht?“ Die richtige Antwort wäre: „Das /e/!“
Lassen Sie jetzt abwechselnd ein Kind die Silbenbögen malen und den richtigen Löwen hineinheften.

Lauttreue Wörtersammlung <u>ohne</u> Konsonantenhäufung (a, e, i, o, u, f, l, m, n, r, s, t):
lesen, rasen (Rasen), malen, Rosen, Nasen, Namen, Noten, Ofen, Samen
Tafel, Esel, Titel

Lauttreue Wörtersammlung <u>mit</u> Konsonantenhäufung in der Wortmitte (a, e, i, o, u, f, l, m, n, r, s, t):
Linsen, Tanten, Enten, Listen, Falten, Felsen, Masten, fasten, rasten, tasten, rosten, unten, selten
lernen, Torten, turnen, tarnen, Fersen, formen (Vorsicht: vokalisiertes „r“ am Silbenende!)
Mantel, Insel

2.3 Wörter bauen

Ziel:
Wörter aus Silben zusammensetzen

Material:
- Bildkarten aus dem allgemeinen Bildmaterial, die die Kinder erlesen können, z. B.
  Nase, Rose, Sofa, Lama, Mofa, rosa, lila, Oma, Ofen, Esel
  u. U. Nudel, Nadel (wenn "d" eingeführt ist)
  Tomate, Melone, Ananas, Telefon
- Karten in Demonstrationsgröße mit Silben, aus denen diese Wörter zusammengesetzt sind.

Mitspieler:
6 Kinder

Vorbereitung:
Bildkarten kopieren und DIN-A5-Karten mit Silben beschriften.

Spielregeln:
Es werden Bildkarten ausgelegt von Wörtern, die die Kinder erlesen können und die insgesamt 6 Silben haben. Die Kinder benennen die Nomen und schwingen, gehen, stampfen oder klatschen die Silben. Nun bekommt jedes der sechs Kinder eine Silbenkarte. Sie erlesen ihre Silbe und stellen sich so auf, dass die Wörter von links nach rechts zu lesen sind.

Beispiel:
Bilder

Silbenkarten

To	na	ma	nas	A	te

Variation 1:
Die Anforderungen sind höher, wenn mit Wörtern ohne Bildkarten gespielt wird. Stellen Sie zu jedem Wort, das die Kinder bilden sollen, ein kleines Rätsel. Die Kinder erraten dieses Wort, untersuchen es auf seine Silben und stellen sich dann mit den Silbenkarten zum Wort zusammen.
Hierfür geeignete Wörter sind:
Ohne Konsonantenhäufung: Mama, Mofa, rosa, lila, Name, Ofen, Oma, Rasen, Esel, Tafel, Foto, Limo, lesen, malen, raten, rufen, Monat, Natur, Sirene, Tomate, Rosine, Minute, Lineal
Mit Konsonantenhäufung: Feste, Filme, Liste, Tante, Tinte, selten, unten, Lasten, fasten

Variation 2:
Sie legen Silbenkarten aus, die sich zu Wörtern zusammensetzen lassen, und stellen wieder kleine Rätsel. Wer meint, dass er das Lösungswort weiß, darf es nicht laut sagen, sondern legt es aus Silbenkarten zusammen. Die anderen Kinder erlesen die Lösung. Hier ist der Wortklang nicht mehr so selbstverständlich vorgegeben wie mit einem Bild.
Wenn es noch spannender werden soll, lassen Sie die Kinder zwei Gruppen bilden. Für richtig gelegte und richtig erlesene Wörter gibt es Gewinnpunkte.

Selbständiges Arbeiten:
Arbeitsblatt zur Synthese 2.3

2.4 Silbenteppich 2

Durch das Lesen „sinnloser Silben“ im Anfangsunterricht wird die Dekodierfähigkeit geschult. Da durch das „Quatschwort“ keine Sinnerwartung entsteht, muss auch die letzte Silbe aufmerksam gelesen werden.

Ziel:
Genaues Lesen von Silben

Material:
- Silbenteppiche, s. Arbeitsblätter zur Synthese 2.5
- dazu passende Bildkarten

Mitspieler:
1 bis viele

Vorbereitung:
Für die Einführung an der Tafel: Silbenteppiche vom Arbeitsblatt auf Overhead-Folie kopieren

Spielregeln:
Zeigen Sie den Kindern einen Silbenteppich und die zugehörige Bildkarte. Erzählen Sie vielleicht, dass Abermakaber versucht habe, das Wort zur Bildkarte zu schreiben, aber dabei wohl einige Schwierigkeiten hatte. Lassen Sie die Kinder Abermakabers Wörter Zeile für Zeile lesen. Sicher haben sie einiges zu lachen, wenn sie Abermakabers klangvolle Bezeichnungen z. B. für Tomate lesen.
Dann sollen die Kinder die zur Bildkarte passenden Silben einkreisen und das Wort aufschreiben.

Selbständiges Arbeiten:
Arbeitsblätter zur Synthese 2.4

2.5 Silbendomino 2

Hinweis:
Dieses Spiel eignet sich für Kinder, die bereits einige Wörter erlesen können. Da es keine Bilder mehr zur Sinnantizipation gibt, müssen die Kinder *selbständig* zu den Silbenwörtern ein bekanntes Klangbild finden.

Ziel:
Erlesen von Silben aus bekannten Buchstaben und Zusammensetzen zu sinnvollen Wörtern.

Material:
Dominokärtchen, s. Kopiermaterial zur Synthese 2.4

Mitspieler:
2 bis 4

Vorbereitung:
Dominokärtchen kopieren und ggf. laminieren

Spielregeln:
Aufgabe der Kinder ist es, zum zweiten Teil einer Karte den passenden ersten Teil zu suchen und auf diese Weise alle Karten zu einer Wörterschlange auszulegen.

2.6 Wer findet das richtige Wort? (Silben verbinden)

Hinweis:
Auch hier unterstützen jetzt keine Bilder mehr die Synthese.

Ziel:
Silbenendungen mit unbetontem /e/ lesen können und möglichst automatisieren.

Material:
Silbenkarten für die Einführung:
1. Silbe: ma le ler
2. Silbe: nen sen len

Mitspieler:
1 bis viele

Vorbereitung:
- Silbenkarten in Demonstrationsgröße herstellen
- Arbeitsblätter kopieren, s. Arbeitsblätter zur Synthese 2.6

Spielregeln:
Heften Sie die Silbenkarten len, sen und nen untereinander an die Tafel. Nehmen Sie nun eine der Silbenkarten für die erste Silbe und schieben Sie sie an den zweiten Silben von oben nach unten entlang.

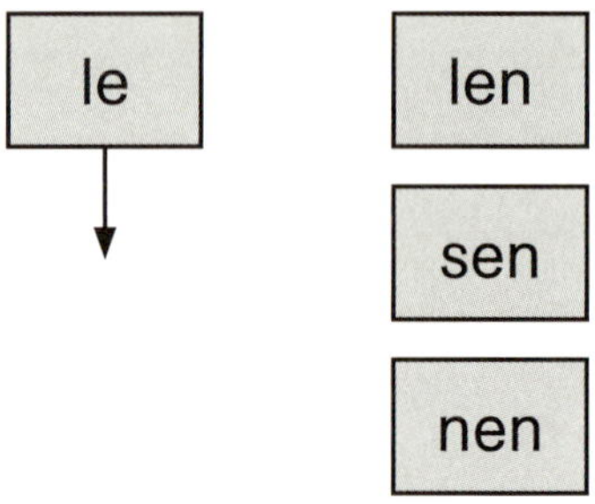

„Ich suche ein Wort, das mit dieser Silbe anfängt und mit einer der drei Silben hier aufhört. Helft mir bitte, es zu finden." Eine Kombination nach der anderen wird gelesen, bis ein bekanntes Wortklangbild gefunden wird. Falls die Kinder große Schwierigkeiten haben, können Sie mit Rätselformulierungen Hilfestellung geben: „Kinder machen es oft gerne... Man braucht dazu Papier und Stifte... Die Stifte haben verschiedene Farben...."
Weisen Sie auch wieder auf den „Babylöwenlaut" (Schwa-Laut e, siehe Übung 2.2) in der zweiten Silbe hin, der bei schnellem Sprechen nur ganz kurz anklingt oder sogar ganz verschluckt wird.
Das Kind soll verstehen lernen und automatisieren, dass das „e" in den Endungen –en und –el kein „dicker Papalöwe", sondern ein kleiner Babylöwe ist. Das ist wichtig für das sinnverstehende Lesen, wenn zuerst lautiert wird (/mmmaaallleeennn/) und anschließend der Sprung zu einem bekannten, sinnvollen Wort geschafft werden muss.

Selbständiges Arbeiten:
Arbeitsblätter zur Synthese 2.6

2.7 Konsonantenhäufung in der Wortmitte

Hinweis:
Die Konsonantenhäufung in der Wortmitte stellt bereits eine nicht zu unterschätzende Schwierigkeitssteigerung beim Heraushören der Einzellaute dar. Gute Hilfe leistet auch hier wieder das Sprechen in Silben, trennt es doch die komplexe Wortgestalt genau dort in zwei überschaubare Teile, wo sich der Knackpunkt des Wortes befindet, nämlich zwischen den beiden Konsonanten: Ki**nd**er → Ki**n**-**d**er. Somit kehrt die einfache Abfolge Konsonant-Vokal-Konsonant wieder, die das Kind bereits in den vorhergehenden Übungen kennengelernt und geübt hat. Die Einprägung der komplizierten Lautgestalt einer Mitlauthäufung ist deshalb zunächst nicht nötig.

Es versteht sich von selbst, dass, bevor diese Übung angeboten wird, Wörter mit einfacher K-V-K-V-Struktur ohne Probleme gelesen werden können müssen!

Ziel:
Wörter mit Konsonantenhäufung lesen können; Vorbereitung auf Analyse

Material:
Einige Silbenkarten für die Einführung, die z. B. für 3 oder 4 der folgenden Wörter verwendet werden können:
Linse, Tante, Ente, Liste, Taste, Falte, Felsen, Masten, rasten, fasten, hasten,
rosten, selten, unten, Mantel, Insel
turnen, lernen, formen, Torte, Ferse, Arme (Achtung: Das „r" wird umgangssprachlich oft vokalisiert, also wie /a/ gesprochen (/tuanen/). Hier ist auf eine besonders präzise Aussprache zu achten.)

Mitspieler:
1 bis viele

Vorbereitung:
- Silbenkarten in Demonstrationsgröße herstellen

Übung:
Heften Sie die zwei Silbenkarten eines Wortes an die Tafel und sprechen Sie die Silben deutlich getrennt, dass heißt, dass der Endkonsonant der ersten Silbe lang gezogen wird, danach eine kleine Pause erfolgt und anschließend erst die zweite Silbe mit besonders hervorgehobenem ersten Konsonanten erklingt. Zeigen Sie dabei auf die einzelnen Buchstaben und erklären Sie, dass man bei zwei aufeinanderfolgenden Mitlauten besonders genau sprechen muss, damit man keinen überhört.
Lassen Sie die Kinder die Silben nachsprechen und verfahren Sie auf die gleiche Weise auch noch mit zwei oder drei anderen Wörtern.
Schreiben Sie nun weitere Wörter mit Konsonantenhäufung an die Tafel und lassen Sie die Kinder Silbenbögen darunter malen, wobei der erste Bogen exakt nach dem Konsonanten der ersten Silbe enden sollte. Die Silben werden einzeln artikuliert (mit besonders deutlichem Konsonanten) und anschließend das ganze Wort „normal", also ungedehnt, gesprochen.
Weisen Sie bei Bedarf auch wieder auf den „Babylöwenlaut" (Schwa-Laut e, siehe Übung 2.2) in der zweiten Silbe hin, der bei schnellem Sprechen nur ganz kurz anklingt oder sogar ganz verschluckt wird.

Selbständiges Arbeiten:
Arbeitsblatt zur Synthese 2.7
Achten Sie bitte darauf, dass die Silbenbögen genau ausgeführt werden.

3. Wortstrukturierung

Nachdem die Kinder das Prinzip des lautlichen Aufbaus der Schrift erfasst haben, und einfache Wörter in Silben gegliedert lesen können, muss nun der Analyse-Synthese-Prozess weiter verfeinert und die Einzellaut-Struktur eines Wortes immer genauer erfasst werden. Hier gehen dann auch Analyse- und Syntheseprozess oft ineinander über bzw. laufen im ständigen Wechsel ab.
Eine grundlegende Übung zur Strukturierung eines Wortes ist der Wortauf- und –abbau.

3.1 Wörter abbauen und wieder aufbauen

Man sollte hier zunächst mit den bisher bekannten Wortbildern arbeiten. Begonnen wird mit der Strategie des Wort*abbaus.* Diese Übung sollte *unbedingt häufig* durchgeführt werden, *bevor* man zum Wort*aufbau* übergeht.
Es wird vom synthetisierten und den Kindern im Klangbild vertrauten Wort ausgegangen – aber dennoch ihre Aufmerksamkeit auf die Einzellaute gelenkt, aus denen das Wort zusammengesetzt ist. Im Anschluss daran kann das aufbauende Zusammenschleifen viel leichter gelingen, weil auch hier das Ziel der Synthese bekannt ist.
Die Wortabbau- und –aufbauübungen sind außerdem gut geeignet, um die ersten Wörter mit Konsonantenhäufung zu erlesen.

Ziel:
- Wortreste korrekt lesen, wenn ein Buchstabe nach dem anderen weggenommen wird
- Ein Wort Buchstabe für Buchstabe zusammensetzend lesen können

Material:
- Buchstabenkarten, s. Kopiermaterial zur Lautanalyse 3.2
- Geeignete Wörter:
  Stufe 1: bekannte Wortbilder wie Nase, Rose, Sofa, Lama, Limo, Mofa, Oma
  Telefon, Tomate, Rosine, Melone, Ananas
  Stufe 2: Nest, Fest, ist, alt, malt, Elefant, ruft, oft, Ast, Mist, Luft, Lift, Alarm, Samt

Mitspieler:
1 bis viele

Vorbereitung:
Stellen Sie Buchstabenkarten in Demonstrationsgröße für die Wörter her, mit denen Sie arbeiten wollen.

Übung:
Heften Sie die Buchstaben für das „Nest" an die Tafel. Ein freiwilliges Kind oder Sie selbst lesen es vor. Nehmen Sie nun den letzten Buchstaben „t" in die Hand, halten Sie ihn hoch und lautieren Sie gemeinsam mit den Kindern: /t/ (nicht /te/). Dann wird das „t" zur Seite gelegt. Jetzt steht an der Tafel „Nes", das die Kinder *im Chor* lesen.
Wiederum nehmen Sie den letzten Buchstaben hoch: „s", der von allen als Laut /s/ gelesen wird. An der Tafel steht jetzt nur noch „Ne", das alle lesen. So geht es noch eine Runde weiter. Damit das Ganze mehr Freude macht, können die Wortreste mal laut (wie ein Riese), mal leise (wie ein Zwerg), mal tief (wie ein Bär), mal hoch (wie ein Vögelchen)... gelesen werden. Das nachahmende Chorlesen hilft über anfängliche Hemmungen hinweg und gibt auch den Kindern, die noch nicht so recht wissen, worum es geht, eine Chance zum verständigen Mittun.
Nun mischen Sie die vier Buchstaben und fragen: „Wer kann das Wort wieder richtig zusammenbauen?" Ein Kind sucht das „N", heftet es an die Tafel. Alle lesen: „N". Ein anderes Kind sucht das „e" und heftet es an das „N". Es liest: /Ne/ und alle wiederholen. So wird das ganze Wort wieder aufgebaut. Das Anschleifen des /t/ wird kaum Schwierigkeiten machen.

Bei manchen Wörtern ändert sich beim Abbau der Klang eines Buchstabens. Machen Sie die Kinder darauf aufmerksam. Es ist nur hilfreich, wenn sie früh erfahren, dass Laute im Wortkontext unterschiedlich klingen.
Maler-Male-Mal-Ma-M: „Das /e/ klingt hier ganz anders, wenn das /r/ weg ist."

Variation:
Die Kinder legen mit eigenen Buchstabenkarten mit.

3.2 Minimalpaare – Wörter verzaubern

Hinweis:
Eine wichtige Übung zur Einsicht in die Wortstruktur ist die Erfahrung, dass sich durch die Änderung von nur einem Buchstaben/Laut ein Wort mit einer ganz neuen Bedeutung ergibt.

Ziel:
Durch Austausch des richtigen Buchstabens ein neues Wort bilden und lesen

Material:
Minimalpaare:
See – Tee, Ta ler – Ma ler, Na me – Na se, Nest – Fest, Nest – Rest, Test – Fest, Mist – List,
rot – tot, mal – Tal, Sa men – Na men, Lo se – Ro se, Ra sen – Na sen, O pa – O ma, Mist – Mast,
Tin te – Tan te, im – am, in – an, mit – mir, un ser – un ter, Do se – Ro se, Land – Sand.
Mit D, d:
En te – En de, Luft – Duft, Na me – Da me, Wa le – Wa de

Mitspieler:
1 bis viele

Vorbereitung:
keine

Spielregeln:
Sagen Sie den Kindern, dass Sie heute zusammen mit Abermakaber Wörter verzaubern wollen. Es geht darum, die verzauberten Wörter herauszufinden.
Schreiben Sie ein Wort an, z. B. „Ta ler". Die Kinder lesen und die Bedeutung wird geklärt. Dann stellen Sie ein Rätsel zum verzauberten Wort: „Dieses Wort verzaubere ich jetzt in einen Mann, der für seine Arbeit einen Pinsel braucht." Tauschen Sie das „T" gegen das „M" aus. Die Kinder lesen.
Verzaubern Sie auch die anderen Wörter. So bald wie möglich sollten die Kinder das neue Wort erraten und *selbst* den neuen Buchstaben eintauschen.

3.3 Fehlende Buchstaben einsetzen

Hinweis:
Hier geht es darum, ein bekanntes Klangbild mit einem unvollständigen Wortbild zu vergleichen und den nicht dargestellten Laut zu erkennen und einzusetzen.

Ziel:
- Korrekte Silbenbögen unter Wortbilder setzen
- Den fehlenden Laut in einem Wortbild ergänzen

Material:
- Bildkarten aus dem allgemeinen Kopiermaterial, Teil 2:
  Nase, Rose, Sofa, Lama, Limo, Mofa, Oma, Ofen, Esel, Felsen, Mantel, Insel, Esel, Motor, Rosen, u. U. Nudel, Nadel; Tomate, Melone, Ananas, Telefon, Laterne
- Arbeitsblätter, siehe Kopiermaterial Arbeitsblätter 3.3

Mitspieler:
1 bis viele

Vorbereitung:
Arbeitsblätter kopieren

Spielregeln:
Heften Sie eine Bildkarte an die Tafel und schreiben Sie das Wort daneben. Ein Buchstabe fehlt allerdings. Die Kinder sprechen das Wort in Silben, malen die Silbenkuhlen unter das Wortbild, lesen, was da steht und ergänzen den fehlenden Buchstaben, z. B.:

Bild: Rose R__ se

3.4 Buchstaben zu Wörtern zusammensetzen

Hinweise:
Dies ist nun die „Königsübung", um den Analyse-Synthese-Prozess einzuschleifen. Es ist eine schwierige Übungsform, die aber verschiedenste Fertigkeiten intensiv trainiert:

- Zu einem bekannten Wortklangbild muss ein Laut nach dem anderen analysiert werden.
- Den Lauten muss je ein passendes Graphem zugeordnet werden.
- Das Leseprinzip muss angewandt werden.

Dabei erhalten die Kinder allerdings noch wichtige Hilfen:

- Durch die Abbildung kennen sie den Wortklang des zu schreibenden Wortes.
- Die Buchstaben werden ihnen – ungeordnet – vorgegeben.

Diese Übung ist nicht zu verwechseln mit den sehr umstrittenen „Wortsalat-Übungen", da die Kinder hier durch die Abbildung ein klares Wortklangbild haben und genau wissen, welches Wort sie aufbauen sollen.

Ziel:
Einem Wort Laut für Laut den zugehörigen Buchstaben zuordnen und aufschreiben

Material:
Bildkarten aus dem allgemeinen Kopiermaterial, Teil 2

Mitspieler:
1 bis viele

Vorbereitung:
- Bildkarten kopieren

Spielregeln:
Heften Sie eine Bildkarte mit einer einfachen K-V-K-V-Struktur, z. B. *Salat*, an die Tafel und schreiben Sie die zugehörigen Buchstaben ungeordnet darunter. Erzählen Sie vielleicht: "Abermakaber wollte das Wort zu diesem Bild alleine aufschreiben. Aber irgendwie sind ihm die Buchstaben durcheinander gekommen. Sicher könnt ihr ihm helfen."
Gemeinsam wird nun der erste Buchstabe gesucht, durchgestrichen und links unter Salatbild aufgeschrieben. Dann wird der zweite Buchstabe gesucht, durchgestrichen, neben das „S" geschrieben und /Sa/ gelesen. Nun geht es um den dritten Buchstaben, den vierten usw., bis das vollständige Wort „Salat" unter der Bildkarte steht.

Selbständiges Arbeiten:
Arbeitsblätter zur Synthese 3.4

3.5 Klappenwörter (Mehrsilbige Wörter zusammenschleifen)

Ziel:
- Mehrsilbige Wörter in K-V-K-V-K-V-Struktur zusammenschleifen
- Neugierde auf ein Wort wecken (Sinnerwartung)

Material:
Wortstreifen, s. Kopiermaterial zur Synthese 3.5

Mitspieler:
1 bis viele

Vorbereitung:
Kopieren Sie die Wortstreifen und knicken Sie sie an den Kästchenlinien so zusammen, dass Sie das Wort Buchstabe für Buchstabe wieder aufklappen können.

Spielregeln:
Nehmen Sie einen gefalteten Wortstreifen, z. B. von „Melone“, und zeigen Sie den Kindern den ersten Buchstaben. Die Kinder lautieren /mmmm/. Fragen Sie, welches Wort das wohl sein könnte. Die Kinder werden verschiedene Vorschläge machen (Mantel, Mond, Mehl o. Ä.). Klappen Sie nun den nächsten Buchstaben auf und fordern Sie die Kinder auf, die Laute zusammenzuziehen: /mmmeee/. Mantel und Mond fallen nun schon mal weg als Möglichkeiten; bliebe noch das „Mehl“ oder ein neuer Vorschlag, z. B. „Messer“ oder „Mensch“ usw. Der nächste aufgeklappte Buchstabe verrät noch mehr: /mel/. Aber Mehl kann es auch nicht sein, denn es geht noch weiter .... Wenn alle Buchstaben aufgeklappt sind, ist das Rätsel gelöst. Wer hatte mit seiner Vermutung recht?

Die Lautanalyse (= LA)

Didaktische Hinweise:
Aus einem Wort *alle* Laute *korrekt* herauszuhören, ist nicht so einfach, wie es einem Schriftkundigen nach langjähriger Schreib- und Leseerfahrung vorkommen mag. Erstens hören sich die meisten Laute innerhalb des Artikulationsstroms anders an als isoliert gesprochen, weil die Artikulation von den „benachbarten" Lauten abhängt (sogar die Vokale beginnen bei Einzellautierung mit dem Glottisverschluss als Knacklaut, während der Knacklaut innerhalb des Wortes wegfällt), zweitens hört man oft mehr Laute, als tatsächlich Buchstaben geschrieben werden, vor allem beim besonders deutlichen Sprechen (Florijan, freujen, Hemnd, er krambt), drittens ist es unmöglich, Dehnungsmarkierungen, Konsonantenverdopplungen oder Auslautverhärtungen *hörbar* zu machen (hierfür gelten bestimmte Regeln, die gut erlernbar sind, die aber an dieser Stelle noch keinen Platz haben).
Für Schreibanfänger heißt das, dass sie zwar aus Motivationsgründen *alle* Wörter verschriften „dürfen", die sie schreiben *wollen* und die ihnen wichtig sind (mit Hilfe einer Anlauttabelle für Buchstaben, die noch nicht durchgenommen wurden oder die sie sich nicht gut merken können), dass aber im parallel laufenden Rechtschreib-Förderunterricht bei bestimmten Übungen sorgfältig auf die Wortwahl geachtet werden muss, damit es den Kindern möglich gemacht wird, auch tatsächlich das zu erreichen, was mit einer bestimmten Lerneinheit beabsichtigt wurde.

Es geht also in dieser Phase darum, Wörter der mündlichen Sprache nach dem phonematischen Prinzip in schriftliche Sprache umzusetzen, das heißt die Lautfolge eines Wortes nach der eigenen Artikulation heraushören und die einzelnen Laute einem Zeichen zuordnen zu lernen. Dies setzt die Kenntnis der Buchstaben-Laut-Beziehungen voraus und wird zunächst mit einfach strukturierten Wörtern, die möglichst auch noch aus dem Erfahrungsschatz des Kindes stammen sollten, erprobt. Hier erfährt bzw. vertieft der kleine Schreibneuling, dass Vokale innerhalb des Wortes verschiedene Klangfärbungen aufweisen, dass man ähnlich klingende Konsonanten unterscheiden muss, dass die Laute in einem Wort in einer bestimmten Richtung angeordnet sind, um genau dieses Wort zu ergeben und kein anderes, dass also für jedes Wort ein bestimmtes Nacheinander von Konsonant und Vokal festgelegt ist. Wenn diese Prinzipien verstanden wurden, können längere Wörter geübt werden (mit Hilfe der strukturellen Möglichkeiten des Silbenaufbaus) und auch Wörter mit Konsonantenhäufungen, bei denen die Abfolge K-V-K-V wieder aufgehoben wird.

Als zu verbessernde Fehler (auch in eigenen Texten im normalen Unterricht)
gelten zu diesem Zeitpunkt:

- falsche Reihenfolge der Buchstaben (die Lautfolge wurde nicht korrekt erkannt)
- fehlende Buchstaben (Laute wurden nicht erkannt oder überhört)
- überflüssige Buchstaben (Laute, die im Wort nicht zu hören sind)
- falsche Buchstaben (Verwechseln der Laute oder Zeichen →
  Fehlerursache oft nur durch Nachfragen ermittelbar!)

Allerdings sei an dieser Stelle vorsichtshalber darauf hingewiesen, dass eine Beanstandung falsch geschriebener Wörter *keine* negativen Folgen für das Kind haben darf: keine Noten, keine „weinenden Smileys", keine Rügen, keine Bloßstellung vor anderen Schülern usw. Schließlich sollen die Kinder nicht die Lust am Schreiben verlieren, sondern sich weiterhin freudvoll mit der Schriftsprache auseinandersetzen und durch den aktiven Umgang mit ihr genügend Erfahrungen sammeln können, um sich im „Buchstabendschungel" gut zurechtfinden zu lernen.
Für die Lehrkraft sollte also gelten, sich „konstruktiv" auf die falsch geschriebenen Wörter zu beziehen, die Ursachen der Fehler im Gespräch mit dem Kind zu ergründen, Hinweise und Erklärungen zu geben und weiteres passendes Übungsmaterial zur Verfügung zu stellen.

Fehler, die der Regelschreibung des Deutschen geschuldet sind, also nicht aus der Korrespondenz zwischen gehörtem Laut und Zeichen erschlossen werden können (Dopplungen, Dehnungen, Groß-Kleinschreibung usw.), sind hier noch irrelevant.

Bei den Übungen zur Lautanalyse bei lauttreuen Wörtern werden drei Fähigkeiten vom Kind gleichzeitig gefordert, die – normalerweise – nicht zu seinem vorschulischen Erfahrungsschatz gehören:

- Das Herausfiltern der einzelnen Laute,
- ihre Zuordnung zu den richtigen Schriftzeichen und
- das Schreiben dieser Zeichen (lesbar, in der richtigen Reihenfolge).

Wenn Sie merken, dass ein Kind damit noch überfordert ist, gehen Sie einen Schritt zurück: Lassen Sie es Anlaute, Inlaute und Endlaute einzeln erhören, lassen Sie es ganze Wörter wie der kaputte Roboter sprechen, lassen Sie es Wörter und kleine einfache Sätze abschreiben und dazu **lautierend mitsprechen**.

Exkurs zum Abschreiben:
Gezieltes und nicht ausuferndes Abschreiben ist im Anfangsstadium des Schriftspracherwerbs keine sinnlose Tätigkeit, sondern es übt das richtige, lesbare und in sinnvollen Bewegungsabläufen ablaufende Reproduzieren von Buchstaben. Das Kind richtet dadurch das Augenmerk auf die verschieden großen Lücken zwischen den einzelnen *Zeichen* und den ganzen *Wörtern*. Außerdem wird es dabei stets darauf hingewiesen, von links nach rechts zu arbeiten und die richtige Reihenfolge der Buchstaben einzuhalten.
Kindern mit großen feinmotorischen Problemen hilft es, wenn sie dünn vorgeschriebene Wörter im richtigen Bewegungsablauf nachspuren. Bei dieser Tätigkeit müssen sie sich nur auf die *graphische* Komponente und nicht auch noch auf das Reproduzieren der Zeichen konzentrieren. Nach Möglichkeit sollte aber auch beim Nachspuren schon lautierend mitgesprochen werden.

Ein Wort noch zur Motivationsbereitschaft: Die vollständige Lautanalyse eines Wortes ist schwierig. Sie kann nur durch viel Einsatz, Training und Übungswillen von Seiten der Kinder bewerkstelligt werden. Dies kann ihnen durchaus mitgeteilt werden. Viele verstehen gut, dass man auch das Schreiben trainieren muss, wenn als vergleichende Beispiele „Fußballspielen" oder „Balletttanzen" angeführt werden: Den Ball und das Tor trifft man nur dann sicher, wenn man dafür trainiert. Und die Beine spreizen bis zum Spagat oder auf Zehenspitzen tanzen kann man auch nicht von heute auf morgen. Genauso ist es mit dem Schreiben und Lesen.

Die Übungen sind nach Schwierigkeitsstufen geordnet.

1. An,- In- und Endlaute

1.1 Anlaut-Lotto

Ziel:
Anlaute heraushören und Buchstaben zuordnen

Material:
- „Lottoscheine", s. Kopiermaterial zur Lautanalyse 1.1
- Bildkarten aus dem allgemeinen Kopiermaterial, Teil 2

Mitspieler:
2 bis 4 einzeln oder 8 im Partnerspiel, Spielleiter (auch für ein Kind allein, wenn Spielregel modifiziert wird)

Vorbereitung:
Kopieren Sie für jedes Kind einen anderen „Lottoschein" und suchen Sie sich aus den Bildkarten geeignete heraus, die mit den Anlauten a, e, i, o, u, f, l, m, n, s, r und t beginnen (siehe Beispielwörter).
Das Spiel kann natürlich auch eingesetzt werden, wenn schon mehr Buchstaben eingeführt wurden: Die Buchstaben auf dem Lottoschein werden dann einfach überklebt.

Spielregeln:
Verteilen Sie die Lottoscheine an die Spieler. Bei 8 Kindern arbeiten zwei an einem Lottoschein gemeinsam. Der Spielleiter mischt die Bildkarten und legt den Stapel verdeckt vor sich auf den Tisch. Das Spiel beginnt, indem der Spielleiter die oberste Karte vom Stapel nimmt und für alle gut sichtbar in die Mitte des Tisches legt.
Jeder Spieler versucht nun den Anlaut des Bildgegenstandes herauszufinden und prüft, ob sich der entsprechende Buchstabe auf seinem Lottoschein befindet. Wenn er ihn gefunden hat, ruft er: „Lotto!", benennt Bild und Anlaut und darf die Karte auf das Feld seines Lottoscheins legen. Wer seine Lotto-Felder als Erster vollständig mit Karten bedeckt hat, hat gewonnen.

Beispielwörter:
Bitte wählen Sie aus den Bildkarten:
3 für A, z. B. Ameise, Apfel, Ananas
3 für R, z. B. Rakete, Rock, Rose
4 für N, z. B. Nase, Note, Nuss, Nest

2 für E, z. B. Esel, Engel
2 für I, z. B. Indianer, Igel
2 für T, z. B. Tasse, Trommel
3 für L, z. B. Laterne, Löwe, Lineal
3 für M, z. B. Mond, Mantel, Muschel
2 für F, z. B. Fenster, Flasche
3 für U, z. B. Uhr, Unterhemd, Uhu
3 für O, z. B. Ofen, Ohr, Orgel
2 für S, z. B. Sonne, See

1.2 Endlaut suchen (a, e, i, o, u, f, l, m, n, s, t)

Ziel:
Endlaute heraushören und Buchstaben zuordnen

Material:
- Bildkarten, s. Kopiermaterial zur Lautanalyse 1.2
- Stift

Mitspieler:
1 bis viele

Vorbereitung:
Kopieren Sie pro Kind die Bildkarten, laminieren Sie sie, wenn möglich, und schneiden Sie sie aus.

Übung:
Jedes Kind bekommt einen Satz Bildkarten, so dass jeder Laut zweimal vorkommt. Die Bildkarten werden gestapelt und eine nach der anderen bearbeitet. Erklären Sie den Kindern, dass es jetzt nur um den Laut *ganz am Ende* des Wortes geht. In den Kästchen unter den Bildern stehen bereits die Buchstaben drin, nur der letzte fehlt. Die Kinder erhören, welcher Laut der letzte ist und tragen dann den fehlenden Kleinbuchstaben ein. Wenn zum Teil nur die Großbuchstaben erinnert werden, ist das an dieser Stelle nicht so schlimm. Allerdings ist es dann natürlich nötig, zeitnah die entsprechenden Zeichen noch einmal zu üben.

1.3 Inlaut-Detektive

Ziel:
Inlaute erkennen

Material:
- Tafel
- Wortkarten
- Buchstabenkärtchen, s. Kopiermaterial zur Lautanalyse 1.3

Mitspieler:
1 bis viele; Lehrkraft als Spielleiter

Vorbereitung:
Buchstabenkärtchen für jedes Kind kopieren und ausschneiden. Eine Auswahl an Beispielwörtern (siehe unten) auf Zettel oder Kärtchen schreiben.

Spielübung:
Jedes Kind hat seine Buchstabenkärtchen vor sich liegen. Sie als Übungsleiter nehmen das erste Wort und malen so viele Kringel wie Buchstaben an die Tafel. Dann sprechen Sie das Wort laut vor:
„Es geht um das Wort ‚Nase'. Die Kringel stellen die einzelnen Laute des Wortes dar."

Der Spielleiter malt einen beliebigen Kringel aus, der aber NICHT den Anfangslaut oder den Endlaut darstellen darf, sondern z. B. das /a/ und fragt:
„Welcher Superdetektiv findet heraus, welcher Laut im Wort ‚Nase' genau an dieser Stelle ist? Und welcher Superdetektiv findet auch noch den richtigen Buchstaben dazu? Wenn ihr das richtige Buchstabenkärtchen gefunden habt, haltet ihr es hoch."
Wenn alle den ihrer Meinung nach richtigen Buchstaben hoch halten, fragt der Spielleiter:
„Und welchen Laut haben die Detektive gefunden?"
Die Kinder antworten im Chor: „Das /a/!"
Der Spielleiter prüft kurz, ob alle ein „a" in die Höhe halten, und sagt: „So, dann wollen wir mal sehen, ob das /a/ tatsächlich an der Stelle des ausgemalten Kringels ist." Er schreibt das Wort Buchstabe für Buchstabe über die Kringel und die Kinder vergleichen den ausgemalten Kringel und den Buchstaben „a". Dann wird das Wort im Chor lautierend gesprochen, wobei der Spielleiter zeitgleich auf jeden Laut tippt.
Auf diese Weise kann mit vielen Wörtern gearbeitet werden. Das Schwierigkeitsniveau sollte sich dabei langsam steigern.

Beispielwörter (Buchstaben für Anfangs- und Endlaute müssen noch nicht eingeführt worden sein):

Wal, Bus, Los, Gas, Hut, Rad, rot, Mut, tun, Oma, Ali, Rose, Limo, Lama, Sara, Susi, rosa,
Dose, lila, Kiwi, Note, Mama, Rabe, Hose, Sofa, Mofa, Kamel, Pirat, Tiger, Foto, Salat, Flut,
Plan, Kran, Brot, Blume, Krone
elf, Ast, ist, Nest, fest, Mond, Mund, Hand
Melone, Telefon, Rosine, Tomate

2. Löwenlaute

Didaktischer Kommentar:
Die „Löwenlaute" oder „Silbenlöwen" stehen für die Vokale im Wort. Die *dicken* Löwen repräsentieren dabei die *langen* betonten Vokale, die *dünnen* die *kurzen* betonten Vokale. Die Babylöwen stellen alle *un*betonten Vokale dar, die etwas leiser gesprochen werden und manchmal auch gar nicht zu hören sind (Es**e**l). Wenn Sie mit den Löwen arbeiten, sollten Sie Folgendes im Hinterkopf haben:

- In deutschen Wörtern ist immer der Vokal der *ersten* Silbe betont (es sei denn, das Wort hat eine unbetonte Vorsilbe): Blûme, Kârte, Nâme, Êsel; aber: verlêtzen.
- Jedes Wort hat nur *einen* betonten Vokal (oder Diphtong), es gibt also in jedem Wort nur *einen* „Cheflöwen" oder „Papalöwen".
- Betont ist der Vokal der Stammsilbe. Nur an oder unmittelbar nach ihm können Umlaute, Dopplungen oder Dehnungen vorkommen.
- Betonte Vorsilben müssen vom Stammwort abgetrennt werden, um den für die Schreibung relevanten Betonungsgipfel zu finden: Ûnsinn → Un – sînn.
- Betonte Vokale können lang *oder* kurz sein. Damit ändert sich auch ihr Klang (außer beim a).
- *Un*betonte Vokale hingegen sind *immer* kurz. Sie werden leiser und unpointierter gesprochen als der Stammvokal (deshalb als Metapher „Babylöwen", die noch nicht so laut brüllen können).
- Auch in langen Wörtern wie „Lokomotive" ist nur das /i/ betont!

2.1 Löwenlaute vorstellen bzw. wiederholen

Ziel:
Löwen den richtigen Selbstlauten zuordnen

Material:
Dicke und dünne Löwen, siehe allgemeines Kopiermaterial, Teil 1

Mitspieler:
1 bis viele

Vorbereitung:
Falls nicht schon in anderen Förderbereichen geschehen, kopieren Sie die „dicken" und „dünnen" Löwen pro Kind auf festes Papier und schneiden Sie sie aus.

Spielregeln:
Siehe „Der Laut", Aufgaben 2.1 und 2.2
Da Sie für die weiteren Übungen zur Lautanalyse die „Löwen" brauchen werden, müssen die Kinder spätestens hier diese niedlichen Tierchen kennenlernen.
Führen Sie also wie in den Aufgaben 2.1 und 2.2 beschrieben die Löwen als Selbstlaute ein und üben Sie mündlich mit den Kindern, in welchen Wörtern welche Löwen zu hören sind.

3. Lautanalyse ganzer Wörter

3.1 Lebendige Wörter

Ziel:
Gemeinsame Lautanalyse von kurzen Wörtern (K-V-K oder V-K-V)

Material:
Große Buchstabenkarten (selbst herstellen)

Mitspieler:
3 bis viele; Lehrkraft als Spielleiter

Vorbereitung:
Schreiben Sie auf je eine große Karte (mindestens DIN A5) die bereits im Unterricht eingeführten Buchstaben, um mehrere Wörter damit bilden zu können, z. B.:
so, um, im, in, am, an, Tal, Los, rot, Not, Mut, Mus, Tat, tun, nur, nun, mit
Oma, Ali

Spielregeln:
Legen Sie die Buchstaben zunächst zu ganz kurzen Wörtern auf dem Boden zusammen (z. B. um, Wal, Los, Oma). Die Kinder betrachten die Wörter und versuchen sie zu entziffern. Nun werden die Buchstabenkarten durcheinander gemischt. Benennen Sie eines der drei Wörter. Wenn ein Kind einen Buchstaben weiß, der dafür benötigt wird, meldet es sich, nimmt die Buchstabenkarte und stellt sich damit vor die anderen Kinder hin. Wer einen weiteren Buchstaben weiß, stellt sich neben das erste Kind an die richtige Stelle. So entsteht Buchstabe für Buchstabe das Wort (auf die richtige Reihenfolge achten). Die zuschauenden Schüler prüfen jeweils Zeichen und Stellung und berichtigen gegebenenfalls. Danach werden die Buchstaben wieder zu den anderen auf den Boden gelegt und gemischt, und Sie benennen das nächste Wort.

3.2 Buchstabenkarten legen

Ziel:
Erkenntnis durch Handeln: Lautanalyse (Buchstaben ersetzen Kastanien)

Material:
- Wort- und Buchstabenkärtchen, s. Kopiermaterial zur Lautanalyse 3.2
- dicke Löwen
- für jedes Kind eine kleine leere Käseschachtel und eine Streichholzschachtel mit seinem Namen drauf (die Streichholzschachtel sollte in die Käseschachtel passen)
- für jedes Kind 7 Glassteine oder Kastanien; Heft und Stift

Mitspieler:
1 bis viele

Vorbereitung:
Für jedes Kind einen Satz Buchstaben- und Wortkärtchen kopieren, möglichst laminieren und ausschneiden. Die Wortkärtchen kommen in die Käseschachteln, die Buchstabenkärtchen in die Streichholzschachtel, die Streichholzschachtel kann in die Käseschachtel gelegt werden.
Der Erfahrung nach ist es besser, wenn die Schachteln im Klassenschrank aufbewahrt und nur bei Bedarf hervorgeholt werden.
Nebenbei:
Um Verwirrungen zu vermeiden, können Sie zu Beginn der Übung nur die Kärtchen ausgeben, die Sie tatsächlich aktuell behandeln wollen.

Übung:
Nennen Sie ein K-V-K-Wort. Fragen sie die Kinder, wie viele Silben das Wort hat. Es sollte allen mittlerweile klar sein, dass K-V-K-Wörter nur aus einer Silbe bestehen. Die Kinder lautieren und legen für jeden Laut

eine Kastanie (in eine Reihe). Anschließend suchen sie das richtige Wort aus ihrer Schachtel heraus und prüfen durch Legen in die Kästchen, ob tatsächlich so viele Zeichen wie Kastanien auf dem Kärtchen stehen. Nun werden die Buchstaben aus der Streichholzschachtel geholt und offen auf den Tisch gelegt. Es wird mit dem *Anfangs*laut begonnen: Wie wird er lautiert? Welches Zeichen gehört zu ihm? Das richtige Kärtchen wird anstelle der ersten Kastanie in das erste Feld gelegt. Genauso wird mit den weiteren Lauten/Buchstaben verfahren, wobei der Löwenlaut (in diesen Fällen: *langer* betonter Vokal) auch mit dem entsprechenden dicken Löwen besetzt werden kann.
Wenn das Wort fertig „gelegt" ist, schreibt es das Kind ins Heft. Dabei nimmt es für den Löwenlaut den Buntstift (also rot für a) und malt einen Strich (*langer* Löwenlaut) darunter. Die Unterscheidung langer/kurzer Vokal sollte vorher aber schon beim Kapitel „Der Laut" eingeführt worden sein. Allerdings können bei einer K-V-K-Struktur nur lange Vokale vorkommen, da ja nur *ein* Konsonant folgt (abgesehen von einigen kleinen Wörtern wie das, was usw.).
Der Wechsel des Stifts (handeln und Farbe) bewirkt ein erneutes Reflektieren über die Wortstruktur und damit über die phonologische Analyse der Lautfolge, gleichzeitig wird die Unterscheidung von Vokal und Konsonant geübt. Die Konsonanten bleiben blau (Füller) oder grau (Bleistift).
Zum Schluss wird noch ein Silbenbogen unter die 3 Buchstaben gezeichnet und zur Kontrolle das Wort laut gelesen.
Wenn mehrere oder alle Wörter gelegt worden sind, können Sie die Kinder darauf hinweisen, dass bei all diesen einsilbigen Wörtern *ein Löwenlaut* dabei sein muss, weil die Wörter ohne ihn nicht klingen würden. Dazu können Versuche unternommen werden, die 3-Laut-Wörter ohne Vokal zu sprechen: Ls, Mt, Ms, rt usw.

Beispielwörter mit den 12 bisher eingeführten Buchstaben:
Los, Mut, Mus, Tal, rot, tot, tun, nun, mal

Beispielwörter mit weiteren Buchstaben:
Wal, Rad, Hof, Hut, Wut, Gas, gut, Tag, Schal, schon, schön, Tuch, Buch, Zug

3.3 Silben-Löwen in zweisilbigen Wörtern

Didaktische Hinweise:
Die Silbe als kleinste wahrnehmbare Einheit, die die Kinder aus ihrem vorschulischen Erfahrungsschatz mitbringen, ist ein geeignetes Mittel, um längere Wörter überschaubar zu strukturieren. Die Lautanalyse kann auf diese Weise Silbe für Silbe stattfinden, wodurch sich Buchstabenauslassungen und -verdrehungen vermeiden lassen.
Voraussetzungen für die folgenden Übungen: GPK und Silbieren müssen „sitzen"!
Die vorliegende Übung verlangt viel Aufmerksamkeit und Konzentration von den Kindern.

Ziel:
Einführung „Silben-Bögen", Wörter mit K-V-K-V-Struktur in Silben zerlegen, Silbenbögen malen

Material:
- Großes Pappplakat
- dicke Silbenlöwen
- Reißzwecken

pro Kind:
- jeweils die Bilder „Lama", „Sofa", „Foto"
- ein DIN A4-Blatt
- Buntstifte
- Kleber
- ev. Glassteine

Mitspieler:
1 bis viele

Vorbereitung:

- Dicke Silbenlöwen zu Demonstrationszwecken groß kopieren und ausmalen (3x a = rot, 1x e = orange, 2x i = gelb, 1x o = lila, 1x u = braun), siehe allgemeines Kopiermaterial, Teil 1
- pro Kind mindestens drei Sätze dicke Silben-Löwen kopieren und ausschneiden, siehe allgemeines Kopiermaterial, Teil 1
- ein DIN-A4-Blatt mit zwei Linien in drei Querspalten teilen und für jedes Kind kopieren

Aufwärmen:

Zum Aufwärmen wird ein bekannter Kindervers in Silben geklatscht (Duden-Trennweise von Doppelkonsonanten bitte außer Acht lassen), z. B.:

- I-ne, mi-ne, mei, Zu-cker in den Brei, Zu-cker in den Ku-chen, und du musst su-chen.
- Ei-ne bun-te Sei-fen-bla-se schwebt grad ü-ber mei-ner Na-se.
  Und der leich-te Früh-lings-wind treibt sie ü-ber's Gras ge-schwind.
  Schwebt am Kir-schen-baum vor-bei, Am-sel denkt, o wei, o wei!
  Auf dem Da-che breit und fest hat ein Stor-chen-paar sein Nest.
  Kla-pper, kla-pper, auf der Schna-bel,
  eins zwei drei, hast du's ge-sehn?
  Da ist es um sie ge-scheh'n.

Vorschlag für Hinführung zu Silbenbögen und Silben-Löwen:

Stellen Sie das Pappplakat auf die Kreideablage der Tafel. Erklären Sie, dass man längere Wörter in Silben einteilen kann, um für das Schreiben leichter jeden einzelnen Laut herauszuhören. Geben Sie ein Beispiel vor, z. B. „Mofa", und bitten Sie die Kinder, das Wort in Silben zu klatschen: Mo-fa. Schreiben Sie es auf das große Pappplakat und malen Sie die Silbenbögen darunter (möglichst flacher als hier in der Zeichnung):

Mo fa

Anschließend wird jede Silbe gemeinsam im Chor in ihre einzelnen Laute zerlegt: M-o---f-a, und Sie malen für jeden Laut einen Kringel (statt Glasstein) über die Silbenbögen.

Geben Sie nun *mündlich* das Wort „Lena" vor. Ein Kind zerlegt das Wort in Silben, ein anderes malt die Silbenbögen auf das Plakat; wieder ein anderes zerlegt die Silben in die einzelnen Laute und malt für jeden Laut einen Kringel in die Silbenbögen.
Verfahren Sie genauso mit den Wörtern „Susi" und „lila".

Wenn dieses Schema gefestigt ist (Wort in Silben teilen, Silbe in Laute zerlegen, für jeden Laut Kringel malen), erzählen Sie, dass man die Silbenbögen auch als „Silben-Kuhlen" bezeichnen könnte und dass in jeder einer solchen „Silben-Kuhle" ein „Silben-Löwe" (Vokal) liegen *muss*. Lassen Sie die Kinder für jedes Wort die Silben-Löwen finden (bei „Mofa" also das lilafarbene o und das rote a) und mit den Reißzwecken in die Silbenkuhlen heften. Auf diese Weise werden alle Wörter mit Silben-Löwen versorgt. Da nun in jedem Silbenbogen aber noch ein Kringel unbesetzt ist, muss auch der jeweilige Mitlaut herausgefunden und in den Silbenbogen geschrieben werden.
Die Struktur dieser Wörter, also Mitlaut – Selbstlaut (Silben-Löwe) – Mitlaut – Selbstlaut (Silben-Löwe), sollte den Kindern einsichtig werden.

Verteilen Sie jetzt an jedes Kind drei Sätze Silben-Löwen. Unter Anleitung malen die Kinder sie aus:
a = rot, e = orange, i = gelb, o = lila, u = braun

Übung:

Dann bekommt jedes Kind die drei Bilder „Lama", „Sofa", „Foto", das große, in drei Teile geteilte DIN-A4-Blatt und Glassteine. Die Bilder werden besprochen und jeweils in die linke obere Ecke der Blatt-Drittel geklebt.
Die Kinder sollen nun in jedes Drittel des Blattes große Silben-Sandkuhlen für die Bild-Wörter malen, die Silben in Laute zerteilen und die richtige Anzahl Glassteine über die Silbenbögen legen. Nun ist das Wort schon einmal grob strukturiert und die Kinder können sich in Ruhe überlegen, welche Löwenlaute in jeder Silbe vorkommen. Dazu legen sie die passenden Löwenbilder in die Kuhlen. Gemäß dem gelernten Schema K-V-K-V tauschen sie jetzt die Glassteine mit Buchstaben aus oder schreiben die Buchstaben unter die Steine.

Das Ganze sieht dann etwa so aus (ohne Löwen):

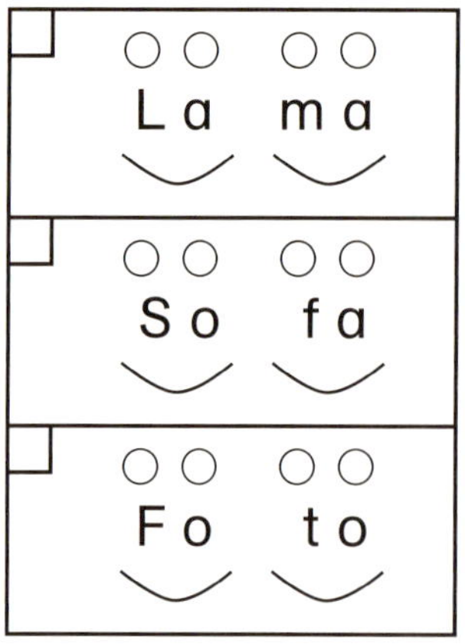

Hinweis:
Zu diesem Zeitpunkt werden der Einfachheit halber alle Vokale mit den großen Löwen besetzt. *Kurze* betonte Vokale, die später durch die dünnen Löwen repräsentiert werden sollen, kommen bei Wörtern mit K-V-K-V-Struktur naturgemäß *nicht* vor, und die *un*betonten Vokale sind in zweisilbigen deutschen Wörtern immer die Endlaute, bei denen vor allem das auslautende /e/ wegen seiner akustischen Differenz zum langen /e:/ Beachtung finden muss.

Schwierigkeitssteigerung mit bereits eingeführten Buchstaben:
K-V-K-V-K: Salat, Monat, Roman
3-silbig: Telefon, Salami, Ananas

Beispielwörter mit weiteren Buchstaben:
K-V-K-V: Kanu, Kino, Kilo, Liga, Juni, Juli, Papa, Popo
K-V-K-V-K: Kamel, Salat, Monat, sogar, Pedal, Musik, Datum, Roman, Pilot, Pirat, Kanal, Sirup

3.4 Zweisilbige Wörter mit unbetontem e im Auslaut

Ziel:
Das unbetonte e im Auslaut erkennen, Funktion von Baby-Löwen verstehen

Material:
- Dicke Silbenlöwen, siehe allgemeines Kopiermaterial, Teil 1
- e-Babylöwen, siehe allgemeines Kopiermaterial, Teil 1
- DIN-A4-Blatt
- Glassteine, Stift

Mitspieler:
1 bis viele

Vorbereitung:
Babylöwen für die Kinder kopieren, DIN-A4-Blatt mit Linien quer in 4 Teile teilen und für jedes Kind kopieren

Übung:
Halten Sie den dicken e-Silbenlöwen hoch und fragen Sie, wie er klingt. Die Kinder werden mit einem langen geschlossenen /e:/ antworten. Nun deuten Sie auf einen Gegenstand im Klassenzimmer, der mit einem unbetonten /e/ endet, z. B. „Lampe" oder „Kreide". Fragen Sie, ob bei diesen Wörtern das /e/ genauso klingt. Die Antwort sollte „Nein" lauten, denn man sagt nicht /Lampeee/, sondern spricht das /e/ kurz und offen, fast wie /ä/ oder /ö/, und dieses Endungs-e wird auch leiser artikuliert als das betonte /e/ in /Beete/.
Lassen Sie noch mehr Wörter mit /e/ im Auslaut finden (wenn den Kindern nichts einfällt in Form von Worträtseln, z. B. Hase, Hose, Palme, Möwe, Dose, Lupe, Mode, Dame, Rabe, Schule) und schreiben Sie sie an die Tafel. Als Erkenntnis sollte folgen, dass das „e" am Wortende von zweisilbigen Wörtern anders klingt, aber trotzdem „e" geschrieben wird. Damit die Kinder sich das gut merken können, bekommen sie die e-Baby-Löwen, welche als kleine Tierkinder für „leiseres Brüllen" stehen.

Nun sollen die Kinder mit den vier Wörtern „Nase“, „Rose“, „Note“ und „Name“, die Sie ihnen vorsprechen, folgendes Schema durchlaufen:

- Wort leise vorsprechen und in Silben teilen
- große Silbenbögen in das erste Viertel des Blattes malen
- in jeder Silbe die einzelnen Laute zählen und dafür Glassteine über die Silbenbögen legen
- die Silben-Löwen herausfinden (1 dicker Löwe, 1 Baby-Löwe) und in die Silbenbögen legen
- für jeden Glasstein den richtigen Laut schreiben: Mitlaut – Papalöwe – Mitlaut – Babylöwe, wobei der Löwenlaut farbig geschrieben oder übermalt werden kann
- unter den Papalöwenlaut einen Strich malen (langer Streichel-Laut)
- Das Wort im Ganzen lesen (Kontrolle)

Beispiel:

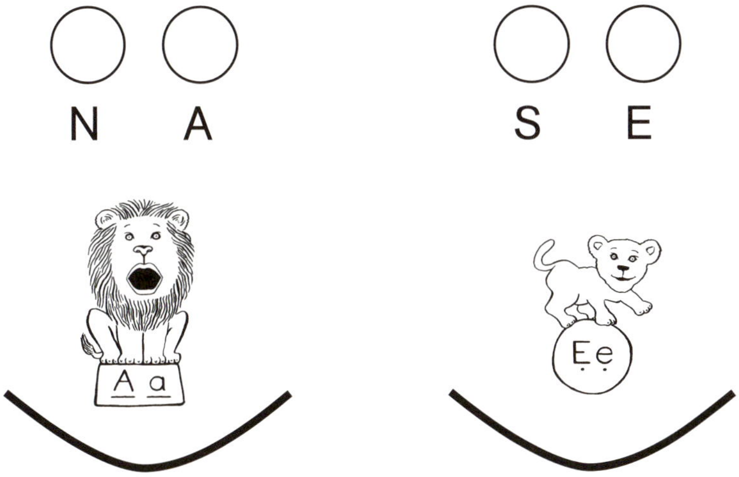

Leider gibt es nur sehr wenige zweisilbige, lauttreue deutsche Wörter, die aus den 12 bisher eingeführten Buchstaben bestehen. Sobald im Laufe der Zeit mehr Buchstaben dazukommen, sollte diese Art der Analyse noch weiter automatisiert werden. Arbeiten die Kinder jedoch bereits mit Anlauttabellen, können natürlich jetzt schon mehr Wörter verwendet werden.

Wichtig:
Durch das Silbenklatschen gerät man leicht in Versuchung, beide Silben gleich zu betonen, so dass man dem Wort seine eigene „Melodie“ raubt. Dabei ist es eigentlich unserer Ansicht nach wichtig und auch möglich, den Kindern von Anfang an die richtige Betonung eines Wortes nahe zu bringen, also /**Nâse**/ und *nicht* /Nâ-sê/ oder /Nasê/. Bei deutschen zweisilbigen einfach strukturierten Wörtern ohne Vorsilbe liegt die Betonung *immer* auf dem Vokal der *ersten* Silbe.
Fremdwörter können auch in der zweiten Silbe betont sein und sind unter anderem daran von deutschen Wörtern zu unterscheiden.
Versuchen Sie also bitte spätestens jetzt, da der Klang von unbetonten Buchstaben thematisiert wird, jedes Wort mit seiner normalen Betonung zu sprechen und dies auch beim Silbentrennen beizubehalten, so dass der betonte Vokal seiner Natur entsprechend etwas lauter und höher gesprochen wird als der unbetonte.

Beispielwörter mit den 12 bereits eingeführten Buchstaben:
Mine, Rute, Same, Mole

Phantasiewörter mit den 12 bereits eingeführten Buchstaben:
Fame, Sule, Mule, Nome, Kile usw.

Beispielwörter mit weiteren Buchstaben:
Tube, müde, Made, Schule, Rübe, Schale, Wade, Bote, Bude, Tüte, Lupe, Hupe

3.5 Dreisilbige Wörter mit unbetontem e im Auslaut

Didaktischer Hinweis:
Für 3-silbige Wörter gibt es leider mit den bisher eingeführten Buchstaben nur sehr wenige Wörter, so dass die Automatisierungsübungen sehr beschränkt sind. Wenn Sie aber in der Klasse mit Anlauttabellen arbeiten und die Kinder freies Schreiben mit Hilfe dieser Tabellen gewöhnt sind, können die 3-silbigen Wörter als Schwierigkeitssteigerung durchaus eingesetzt werden.
Nichtsdestotrotz liegt es in Ihrem Ermessen, ob Sie dem jeweiligen Kind zutrauen können, sich an so lange Wörter heranzuwagen. Die Schwierigkeit besteht darin, dass *drei* Vokale im Wort vorkommen, von denen nur *einer* betont sein kann, denn es gibt generell in jedem Wort nur *einen* Betonungsgipfel. Das heißt, dass die anderen beiden Vokale *un*betont, also *Baby*löwen sind.
Bei allen lauttreuen dreisilbigen Wörtern, die hier als Beispiele angegeben sind, ist der betonte Vokal in der zweiten Silbe. Durch richtiges Betonen auch beim Silbensprechen kann dies den Kindern durchaus nahe gebracht werden. Es gibt also in jeder Silbe eines Wortes einen Löwen, aber nur einer von denen kann der „Papalöwe" (Cheflöwe o. Ä.) sein, alle anderen sind die Babys, die leiser brüllen.
Wenn Ihnen das zu diesem Zeitpunkt zu kompliziert erscheint, lassen Sie die Übung weg und greifen Sie sie später wieder auf.

Ziel:
3-silbige lauttreue Wörter silbieren und schreiben

Material:
- Dicke Silbenlöwen und alle Babylöwen, siehe allgemeines Kopiermaterial, Teil 1
- DIN-A4-Blatt
- Glassteine
- Stift

Mitspieler:
1 bis viele

Vorbereitung:
DIN A4-Blatt mit Linien quer in 4 Teile teilen und für jedes Kind kopieren,
die restlichen Babylöwen pro Kind kopieren und ausschneiden.

Übung:
Die Babylöwen werden erklärt und gemäß den Löwenfarben ausgemalt. Weiter siehe Übung „Zweisilbige Wörter mit unbetontem e im Auslaut", nur dass jetzt immer drei Silbenbögen gemalt werden müssen und es 2 Babylöwen und 1 Papalöwen gibt.
Die Kinder sollen herausfinden, welcher Vokal der Papalöwe ist, nämlich derjenige, der am lautesten und am höchsten gesprochen wird. Wenn bei dieser Entscheidung größere Schwierigkeiten auftreten, gibt es einen Trick: Die betreffenden Wörter werden „gerufen", weil dabei automatisch der betonte Vokal länger angehalten wird: „Kusiiiine, komm doch mal her!"

Beispielwörter mit den 12 eingeführten Buchstaben:
Minûte, Tomâte, Rosîne, Melône

Beispielwörter mit weiteren Buchstaben:
Gemûse, Rakête, Kusîne, Banâne, Maschîne

3.6 Die Endungen „-el" und „-en"

Didaktischer Hinweis:
Der e-Laut in den Endungen –el und –en klingt beim „normalen" Sprechen nur kurz an oder wird sogar ganz verschluckt: /Amsl/. Dass er trotzdem geschrieben werden muss, obwohl er kaum oder gar nicht zu hören ist, soll an dieser Stelle trainiert werden.
Dem Kind muss klar sein, dass *zwei*silbige Wörter auch mindestens *zwei* Löwenlaute (Selbstlaute) enthalten, nämlich in jeder Silbe einen (Zwielaute werden an dieser Stelle noch nicht thematisiert). Wird die Anzahl der Silben richtig festgestellt und die dazugehörige Anzahl Silbenkuhlen gemalt, so kann in jede Kuhle ein Löwe gelegt werden, wobei der Babylöwe für den Schwa-Laut /e/ eingesetzt wird.

Ziel:
2-silbige lauttreue Wörter silbieren und schreiben

Material:
- eventuell dicke Pappe, an der mit Stecknadeln die Löwenlaute befestigt werden können
- oder die Tafel
- Bildkärtchen mit „Esel“ und „Ofen“
- dicke Silbenlöwen, siehe allgemeines Kopiermaterial, Teil 1
- e-Babylöwen, siehe allgemeines Kopiermaterial, Teil 1

Mitspieler:
1 bis viele

Vorbereitung:
- Bildkärtchen mit „Esel“ und „Ofen“ vergrößert kopieren
- die restlichen Babylöwen pro Kind kopieren und ausschneiden (wenn nicht schon geschehen)

Übung:
Deuten Sie auf die Tafel und fragen Sie nach dem Begriff („Was ist das hier?“ Antwort: eine Tafel). Lassen Sie ein freiwilliges Kind das Wort „Tafel“ in Silben sprechen und auf dem Pappplakat oder an der Tafel selbst die Silbenkuhlen dazu malen. Anschließend soll dieses Kind (oder auch ein anderes) aus den beiden Silben die einzelnen Laute heraushören und mit Kringeln über den Silbenkuhlen darstellen. Dann wird in jeder Kuhle der passende Löwenlaut befestigt (denn in jeder Kuhle muss ein Löwe sein): den dicken a-Papalöwen für den betonten langen Selbstlaut und den e-Babylöwen für den Schwa-Laut. Die einzelnen Silben werden nun noch einmal genau abgehört und in jeden Kringel ein Buchstabe geschrieben. Die anderen Kinder lesen das Wort und prüfen, ob auch tatsächlich alle Buchstaben verschriftet sind.

Beispiel:

Nun heften Sie das Esel-Bildkärtchen an das Pappplakat und lassen den gleichen Ablauf von anderen Kindern durchführen.
Das Gleiche geschieht mit dem Wort „Ofen“. Auch hier ist das unbetonte Endungs-e kaum oder gar nicht hören. Die Kinder sollen nach obigem Schema versuchen, sämtliche Buchstaben zu verschriften und bemerken, dass am Ende /n/ statt /l/ zu hören ist.

Vertiefung und Automatisierung:
Diktieren Sie einige der folgenden Wörter. Die Kinder sollen nach einem bestimmten Schema vorgehen und die Wörter ins Heft oder auf DIN-A4-Bögen schreiben.
lesen, rasen, Rosen, malen, Namen, Nasen, Noten, Samen
Schema:
- Wort leise vorsprechen und in Silben trennen
- Silbenbögen aufmalen
- in jeder Silbe die einzelnen Laute zählen und dafür Kringel über die Silbenbögen malen
- die Silben-Löwen herausfinden (1 dicker Löwe, 1 Baby-Löwe) und in die Silbenbögen legen
- In jeden Kringel den richtigen Laut schreiben:
  Mitlaut – Papalöwe – Mitlaut – Babylöwe - Mitlaut, wobei der Löwenlaut farbig geschrieben oder übermalt werden kann
- unter den Papalöwen einen Strich malen (langer Streichel-Laut)
- Das Wort im Ganzen lesen (Kontrolle)

3.7 Konsonantenhäufungen in der Wortmitte

Didaktischer Hinweis:
Eine weitere Steigerung in der Analyse stellt die Konsonantenhäufung in der Wortmitte dar. Zwei Konsonanten *in der Mitte* haben einen entschiedenen Vorteil gegenüber einer Häufung am Wortanfang, nämlich dass sie durch das Silbensprechen getrennt werden können und so jeweils am Ende und am Anfang einer Silbe gut hörbar zu stehen kommen.
Achtung: Da *zwei* Konsonanten auf den betonten Vokal folgen, wird dieser *kurz* gesprochen. Sie brauchen also die dünnen Löwen!
Wir benützen absichtlich das gleiche Schema wie in den Übungen vorher, weil sich dann die Neuerung tatsächlich nur auf die Konsonantenhäufung und damit auf das Aufheben der einfachen K-V-K-V-Struktur beschränkt.

Ziel:
2-silbige lauttreue Wörter mit Konsonantenhäufung silbieren und schreiben

Material:
- eventuell dicke Pappe, an der mit Stecknadeln die Löwenlaute befestigt werden können
- oder die Tafel
- Bildkärtchen mit „Ente", „Insel" und „Mantel"
- dünne Silbenlöwen, siehe allgemeines Kopiermaterial, Teil 1
- e-Babylöwen, siehe allgemeines Kopiermaterial, Teil 1

Mitspieler:
1 bis viele

Vorbereitung:
- Bildkärtchen mit „Ente", „Insel" und „Mantel" vergrößert kopieren

Übung:
Gehen Sie genauso vor, wie in der Übung 3.6. Beginnen Sie mit „Mantel". Lenken Sie dabei aber die Aufmerksamkeit auf die Tatsache, dass nun auch am Ende der ersten Silbe ein Mitlaut zu hören ist (n), der natürlich nicht vergessen werden darf.
Fragen Sie, ob der Papalöwenlaut /a/ in „Mantel" auch ein langes Streichel-a wie in „Tafel" ist. Die Antwort müsste lauten: Nein, das /a/ klingt kurz.
(Geben Sie bei Nachfragen auch den Grund an: Weil danach in derselben Silbe ein Mitlaut folgt. Oder anders ausgedrückt: Weil vom Gesamtwort aus betrachtet zwei Mitlaute auf den Papalöwen folgen (n und t).

Beispiel:

Fahren Sie fort mit „Insel" und „Ente", wobei hier aufgepasst werden muss, weil die Wörter mit einem Vokal beginnen.

Vertiefung und Automatisierung:
Diktieren Sie Wörter mit Konsonantenhäufung, z. B.
Linse(n), Felsen, Tante(n), Liste(n), Taste(n), Lasten, rasten, fasten, rosten, unten, selten
lernen, turnen, formen, Fersen, Torten
(Achtung: Das r wird oft vokalisiert und wie /a/ gesprochen → /leanen/)
Schema:

- Wort leise vorsprechen und in Silben trennen
- Silbenbögen aufmalen
- in jeder Silbe die einzelnen Laute zählen und dafür Kringel über die Silbenbögen malen
- die Silben-Löwen herausfinden (1 dünner Löwe, 1 Baby-Löwe) und in die Silbenbögen legen
- in jeden Kringel den richtigen Laut schreiben:
  Mitlaut – Papalöwe – Mitlaut – Babylöwe - Mitlaut, wobei der Löwenlaut farbig geschrieben oder übermalt werden kann
- unter den kurzen Löwenlaut einen Punkt malen
- das Wort im Ganzen lesen (Kontrolle)

Weiterführung:
Das obige Schema verlangt große Konzentration und Ausdauer von den Kindern, befähigt sie aber nach genügend Wiederholungen dazu, sich auch unbekannte, ähnlich strukturierte Wörter selbständig zu erschließen. Die Tatsache, dass in jeder Silbe eines deutschen Wortes ein Vokal (oder Zwielaut) stehen muss, kann die Schüler als Hilfestellung so lange begleiten, wie sie schreiben und lesen lernen.
Trainieren Sie (mit neu hinzukommenden Buchstaben) immer wieder auch einsilbige Wörter, die eine Konsonantenhäufung am Wortende haben (Last, Mast, fast, List, Fest, Fels, Samt, alt, Ast) und machen Sie daran deutlich, dass der Papalöwenlaut wegen der zwei Mitlaute danach kurz gesprochen wird (bis auf sehr wenige Ausnahmen).

C) Kopiervorlagen

1. Allgemeines Kopiermaterial

1.1 Teil 1

Abermakaber

Hokus

Hexe
Winnie

Abermakaber und Hokus

Spielplan

Die Löwenlaute

Erklärung:
Vokale sind wichtige Laute in einem (deutschen) Wort, denn ohne sie als „Stimmträger" kann es nicht klingen. Im Gegensatz dazu stehen die *Konsonanten*, die hauptsächlich mit Luftgeräuschen gebildet werden. Den Unterschied Selbstlaut – Mitlaut sollten die Kindern möglichst schon bei der Einführung der Buchstaben erkennen und begreifen, um dieses Wissen im Verlauf ihres Schriftspracherwerbs immer wieder sinnvoll einsetzen zu können.

Die Eigenart der Selbstlaute, richtig ***laut*** artikuliert werden zu können, wird über das Sinnbild der ***Löwen*** als laut brüllende Tiere vermittelt. Dabei wird eine weitere Unterscheidung getroffen:
- Die „dicken" Löwen (Cheflöwen oder Papalöwen) stehen für die *langen* betonten Selbstlaute,
- die „dünnen" Löwen (die Brüder der dicken Löwen) für die *kurzen* betonten Selbstlaute und
- die „Babylöwen" repräsentieren die unbetonten Selbstlaute.

Die „Papalöwen" haben die entsprechenden Mundformen, die für die Lautbildungen der Vokale typisch sind. Zudem steht das Zeichen für den jeweiligen Laut auch auf dem Podest. Der Strich darunter symbolisiert den langen Selbstlaut, der Punkt kennzeichnet den kurzen.

Bei den „Babylöwen" wurde auf die Mundformen verzichtet, da sie die unbetonten Selbstlaute repräsentieren, die entweder leiser oder umgangssprachlich gar nicht gesprochen werden.

Um die einzelnen Selbstlaute gut unterscheiden zu können (e und i, o und u!), sind verschiedene Farben zu empfehlen. Lassen Sie die Kinder alle Löwen bei Einführung der entsprechenden Selbstlaute farbig anmalen: a = rot, e = orange, i = gelb, o = lila, u = braun.

Für die Arbeit mit den Löwenlauten ist ein gewisses **Hintergrundwissen** erforderlich. Beachten Sie deshalb bitte Folgendes:
- In deutschen Wörtern ist generell der Vokal der *ersten* Silbe betont (es sei denn, das Wort hat eine unbetonte Vorsilbe): Blûme, Kârte, Nâme, Êsel; aber: verlêtzen.
- Jedes Wort hat nur *einen* betonten Vokal (oder Diphtong), es gibt also in jedem Wort nur *einen* „Papalöwen" oder „Cheflöwen".
- Betont ist der Vokal der Stammsilbe. Nur an oder unmittelbar nach ihm können Umlaute, Dopplungen oder Dehnungen vorkommen.
- Betonte Vorsilben müssen vom Stammwort abgetrennt werden, um den für die Schreibung relevanten Betonungsgipfel zu finden: Ûnsinn → Un – sînn.
- Betonte Vokale können lang *oder* kurz sein. Damit ändert sich auch ihr Klang (außer beim a).
- *U*nbetonte Vokale hingegen sind *immer* kurz. Sie werden leiser und unpointierter gesprochen als der Stammvokal oder sind gar nicht zu hören wie der Schwa-Laut e in den Endungen „-el" und „-en". Deshalb steht als Sinnbild der „Babylöwe", der noch nicht so laut brüllen kann wie die Papalöwen.
- Auch in langen Wörtern wie „Lokomotive" ist nur das /i/ betont!

Zur Handhabung:
Die **kleinen Löwenbilder** auf Seite 132 sind für die **Kinder** gedacht. Sie können sie verkleinert oder vergrößert kopieren, je nachdem, was Ihnen für eine bestimmte Übung sinnvoll erscheint.
Führen Sie zunächst nur die dicken Löwen ein, um Verwirrungen zu vermeiden. Die dicken Löwen entsprechen dem langen, geschlossenen Selbstlaut, so wie er auch im ABC gesprochen wird. Danach erst sollte die Konfrontation mit den kurzen Vokalen erfolgen, die sich in ihrem Klangbild sehr von den langen unterscheiden.
Die Babylöwen sind anfangs noch nicht relevant. Sie werden erst bei mehrsilbigen Wörtern benötigt. Nähere Erklärungen entnehmen Sie bitte den Anweisungen in den einzelnen Übungen.

Zur Aufbewahrung der Löwenbilder kann ein Briefumschlag dienen, der in das Schreibheft oder in den Ordner geklebt wird. Auf diese Weise stehen die Vokal-Symbole immer zur Verfügung und laufen nicht Gefahr, allzu schnell verloren zu gehen.

Die **großen Löwenbilder** sind für Sie als **Demonstrationsobjekte** gedacht. Natürlich können Sie auch diese beliebig verkleinert und vergrößert kopieren. Tipp: Malen Sie sie bunt aus, so dass sich die Kinder zunächst auch an den Farben orientieren können.

Löwenlaute für lang und kurz gesprochene betonte Vokale

- **Babylöwen** für **un**betonte Vokale

Dicke Löwen als Demonstrationsvorlage für **lang** gesprochene Vokale (lange Löwenlaute):

E e

I i

O o

U u

Dünne Löwen als Demonstrationsvorlage für **kurz** gesprochene Vokale (kurze Löwenlaute):

Ee

Oo

U u

Babylöwen als Demonstrationsvorlage für **unbetonte** Vokale:

U u

1.2 Teil 2

Das Verzeichnis der Bildkärtchen soll Ihnen die Suche nach bestimmten Begriffen erleichtern. Es ist analog zu den Bildern *alphabetisch* und nach *Silbenanzahl* geordnet.
Bei einigen Übungen ist angegeben, welche Bilder geeignet wären; bei manchen müssen/können Sie die Auswahl selbst treffen; bei wieder anderen finden Sie im „Kopiermaterial für die einzelnen Förderbereiche" eine vorbereitete Zusammenstellung.
Kopieren Sie die Bilder in der Größe, die Ihnen für die jeweilige Aufgabe sinnvoll erscheint.

Hinweis:
In die drei leeren Felder malen Sie bitte für die Begriffe „lila", „rosa" und „rot" jeweils einen Klecks in den entsprechenden Farben hinein.

A: Arm, Ast, Adler, Affe, Ameise, Ampel, Angel, Apfel, Auge, Auto, Ananas

B: Bad, Ball, Band, Baum, Bein, Berg, Bett, Bild, Boot, Brief, Brot, Buch, Bus, Besen, Birne, Blume, Banane, Bikini, Bügeleisen

D: Dorf, Daumen, Delfin, Dino, Dose

E: elf, Engel, Ente, Esel, Elefant, Eskimo

F: Faust, Fee, Fisch, Floh, Fön, Frosch, Fuchs, Fuß, Felsen, Fenster, Flasche, Fliege, Flöte, Foto

G: Glas, Gurke, Grashüpfer

H: Hahn, Haus, Helm, Herz, Huhn, Hund, Hut, Hafen, Hase, Hexe, Hose, Hampelmann

I: Igel, Iglu, Insel, Indianer

K: Kamm, Klee, Klo, Knie, Kran, Kuh, Käfer, Kaktus, Kamel, Kanne, Kasse, Kanu, Katze, Kirsche, Kiste, Kiwi, Krone, Kuchen, Känguru, Krokodil, Krankenwagen

L: Lama, Lasso, Leiter, lila, Löwe, Lupe, Lastwagen, Laterne, Libelle, Lineal, Limonade

M: Maus, Meer, Mond, Mund, Mantel, Messer, Mofa, Muschel, Melone, Mandarine

N: Nest, Nuss, Nadel, Nagel, Nase, Nashorn, Nebel, Nilpferd, Note, Nudel

O: Ohr, Ochse, Ofen, Oma, Ordner, Orgel, Ostern

P: Pferd, Pfanne, Pilze, Pinsel, Planet, Puma, Puppe, Papagei, Pelikan, Pistole

R: Reh, Rock, rot, Raupe, Reiter, Ritter, rosa, Rose, Rüssel, Rakete, Regenbogen

S: See, Seil, Salat, Seife, Seestern, Sofa, Sonne, Suppe, Sonnenblume

Sch: Schaf, Schal, Schi, Schild, Schirm, Schuh, Schneemann, Schüssel, Schokolade

sp und st: Spagetti, Stein

T: Tisch, Topf, Tuch, Turm, Tasche, Tasse, Tiger, Taube, Tonne, Traktor, Trommel, Tube, Telefon, Tomate, Trompete

U: Uhr, Uhu, Ufer, Unterhemd, Ungeheuer

V: Vogel

W: Wal, Wurm, Welle, Wiege, Wiese, Weintraube, Würfelbecher

Z: Zahn, Zoo, Zopf, Zwerg, zwölf, Zebra, Zitrone

A und B:

B, D, E und F:

F, G, H und i:

I, K und L:

L, M und N:

N, O, P und R:

R, S und Sch:

Sch, Sp, St, T und U:

U, V, W und Z:

Zu FA 4.2 Reimpartner finden

Funktion und Aufbau

	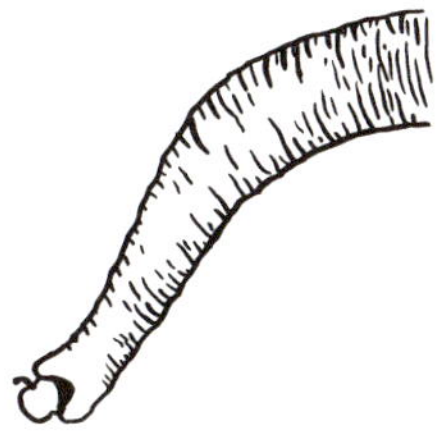		
Hase	Rüssel	Schüssel	Zopf

Topf	Kuh	Schuh	Band
		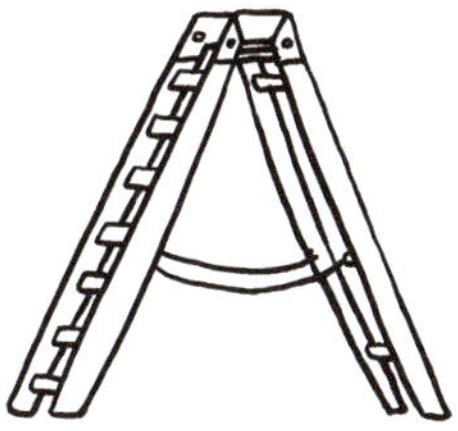	
Hand	Reiter	Leiter	Wiege

Ziege	Wal	Schal	Puppe

	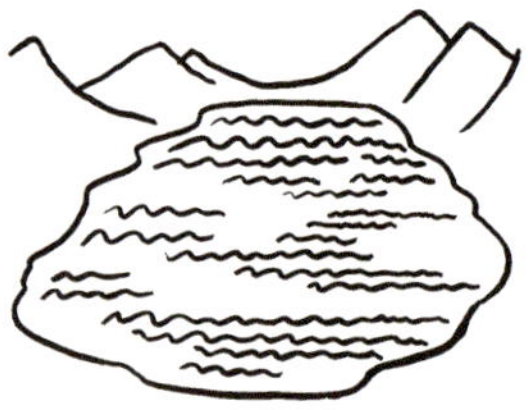		
Suppe	See	Fee	Fisch
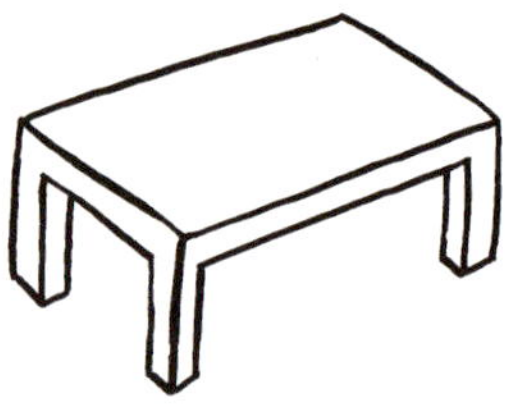			
Tisch	Mund	Hund	Tasse
		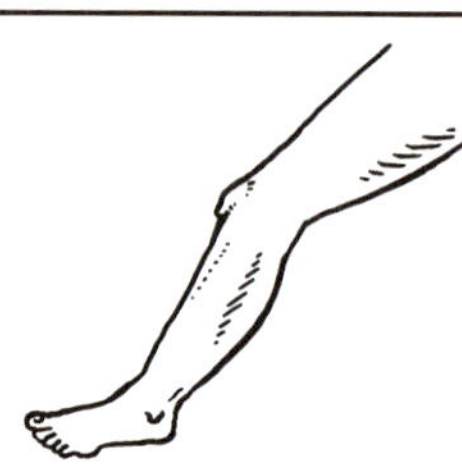	
Kasse	Stein	Bein	Kanne
		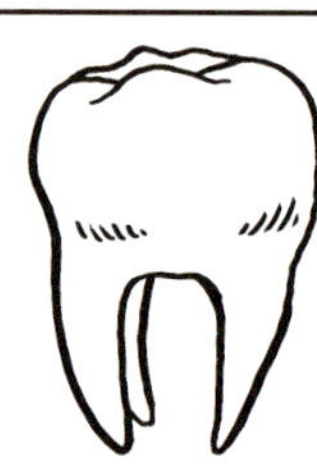	
Pfanne	Hahn	Zahn	Traube

	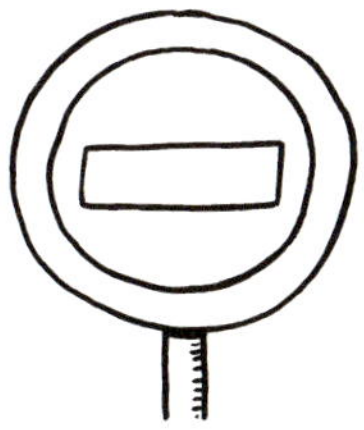		
Taube	Schild	Bild	Nase

FA 4.7 Tiernamen raten und vergleichen, siehe S. 160

Zu FA 4.8 Wörter suchen

2	3	4	5	6	7

Zu S 1.10 Welches ist das längere Wort?

Bildkarten zum Vergleich:
Ameise – Hase; Bügeleisen – Kran; Wal – Pelikan;
Bus – Zitrone; Grashüpfer – Hund; Nagel – Ast

Zu L 2.2 Lange und kurze Vokale

Bildkärtchen:

Igel	Indianer	Esel	Ente

Ofen	Ochse	Uhr	Unterhemd

Ameise	Affe		

Wortschlange 1:

Wortschlange 2:

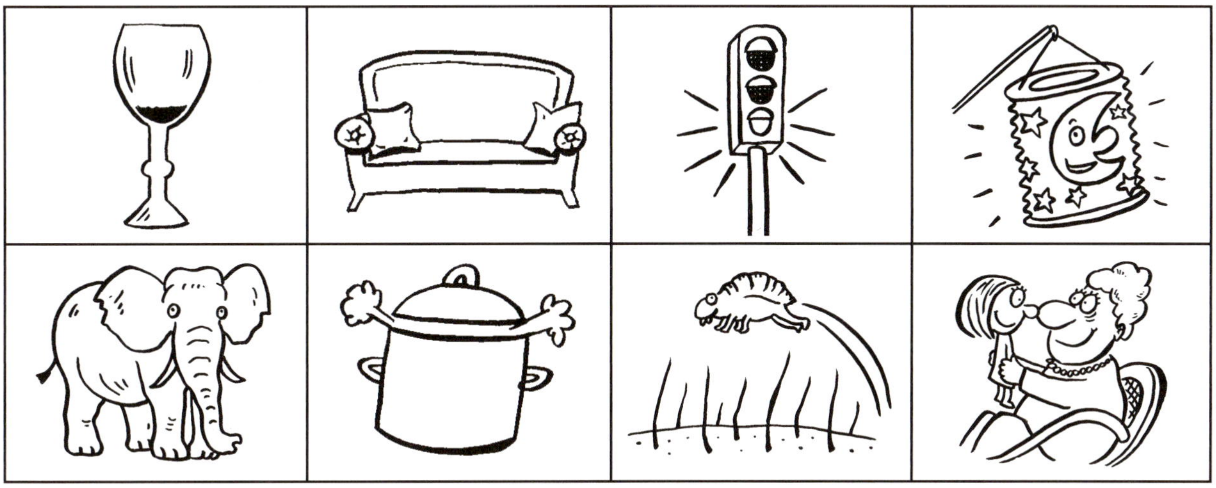

Wortschlange 3:

a, e, i, o, u, f, l, m, n, r, s, t

A	a	E	e	I
i	O	o	U	u
F	f	L	l	M
m	N	n	R	r
S	s	T	t	

b, c, d, g, h, j, k. p, q, v, w, x, y, z

B	c	C	c	D
d	G	g	H	h
J	j	K	k	P
p	Q	q	V	v
W	w	X	x	Y
y	Z	z		

Anlautbogen *mit* Buchstaben

A a	B b	C c	D d	E e
F f	G g	H h	I i	J j
K k	L l	M m	N n	O o
P p	Q q	R r	S s	T t
U u	V v	W w	X x	Y y
Z z	Ä ä	Ö ö	Ü ü	Sch sch
Ch ch	Au au	Ei ei	Eu eu	

Zu GPK 1.16 Eigene Anlauttabelle herstellen

Anlautbogen ohne Buchstaben

Zu SY 1.3 Silbenschieber

Material:
Pappe, 8 Briefklammern, Schere

Anfertigung:
Kopieren Sie die Schiebervorlage (s. nächste Seite) auf Pappe, schneiden Sie sie aus und befestigen Sie die Streifen mit den Briefklammern auf der Pappe, indem Sie sie an den Kreisen lochen, die Briefklammer hindurch stecken und auf der Unterseite auseinanderbiegen.
Kopieren Sie zweimal die Buchstabenstreifen auf Pappe und schneiden Sie sie aus.
Schieben Sie zwei – oder später drei – Buchstabenstreifen in den Schieber: V-K-V oder K-V-K-Folge

Fertiger Silbenschieber mit zwei Buchstabenstreifen:

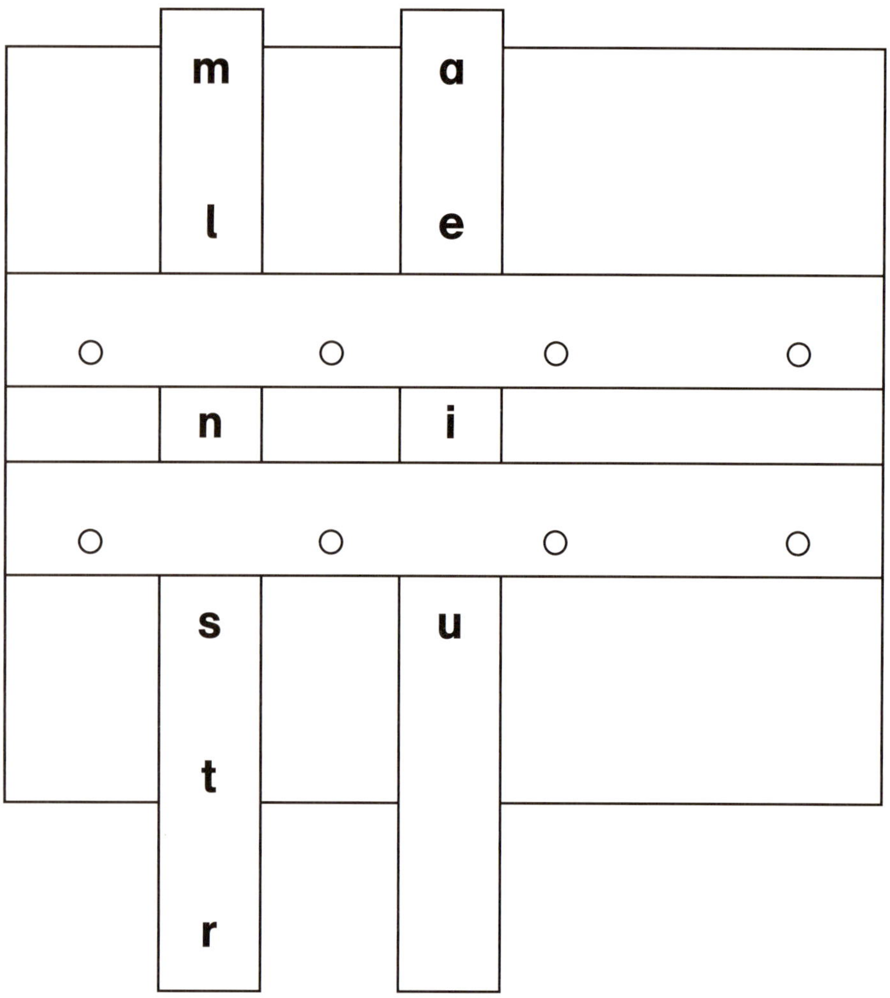

Kopiervorlagen für den Silbenschieber:

m	M	a	A
l	L	e	E
n	N	i	I
s	S	o	O
t	T	u	U
r	R		
f	F		

Spielregeln für Silbenteppiche:

- Lies eine **Spalte** fehlerfrei. Für jede richtige Silbe gibt es ein Token.
- Lies eine **Zeile** fehlerfrei. Für jede richtige Silbe gibt es ein Token.
- Lies eine **Silbentreppe**. Für jede richtige Silbe gibt es ein Token.
- Erfinde **Indianerwörter** aus 3 Silben. Dein Partner muss die Silben zeigen.
- Erfinde **Indianerwörter** aus 3 Silben. Dein Partner antwortet mit einem anderen Indianerwort. Jeder zeigt dabei auf seine Silben.
- Verteilt 3 bis 5 **Spielmarken** auf beliebigen Silben. Bildet daraus verschiedene Indianerwörter. z.B. ma-ra-sa – sa-ma-ra
- **Würfelspiel:**
  Start ist im Silbenfeld links oben. Der erste Spieler würfelt und zieht gemäß der erwürfelten Zahl in Schlangenlinien über das Feld. Er liest dabei jede Silbe, über deren Feld er kommt. Der Partner passt auf. Bei Lesefehlern muss man ein Feld zurück. Wer erreicht zuerst das Zielfeld unten rechts?
- **Silbenraten**:
  Ein Erwachsener zeigt auf eine Silbe (fa) und nennt zwei Wörter (Faden und Laden). In einem kommt die Silbe vor und du musst herausfinden, in welcher. Für die richtige Lösung gibt es einen Gewinnpunkt.

	 	 	 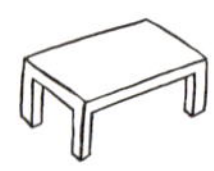	 	 
	a	**e**	**i**	**o**	**u**
m	ma	me	mi	mo	mu
s	sa	se	si	so	su
n	na	ne	ni	no	nu
f	fa	fe	fi	fo	fu
l	la	le	li	lo	lu
r	ra	re	ri	ro	ru
t	ta	te	ti	to	tu

Niveau 1:

	RO	SE	SO	FA	O	MA	LI
MO	EN	TE	NO	TE	NA	SE	LA
MA	DI	NO					

Niveau 2:

	E	SEL	LIN	SEN	MAN
TEL	SA	LAT	TAN	TE	FAL
TE	TA	FEL	O	FEN	

Niveau 3:

	le	sen	ma	len	ra	ten	ru
fen	ler	nen	ra	sen	lo	sen	

S	o	f	a			
R	o	s	e			
L	a	m	a			
r	o	s	a			
N	a	s	e			
N	a	m	e			
S	a	l	a	t		
M	e	l	o	n	e	
R	o	s	i	n	e	
A	n	a	n	a	s	
T	e	l	e	f	o	n

zwei Lottoscheine

O	S
M	L
U	A
T	N

N	A
S	M
U	F
R	O

zwei Lottoscheine

E	R
U	N
O	I
F	L

A	N
R	T
E	L
M	I

S	o	f	

P	u	m	

F	l	ö	t	

T	a	sch	

B	i	k	i	n	

Sch	

K	l	

D	i	n	

K	a	n	

U	h	

Sch	a	

D	o	r	

Weiter mit LA 1.2 Endlaut suchen

W	a	

A	p	f	e	

H	au	

G	l	a	

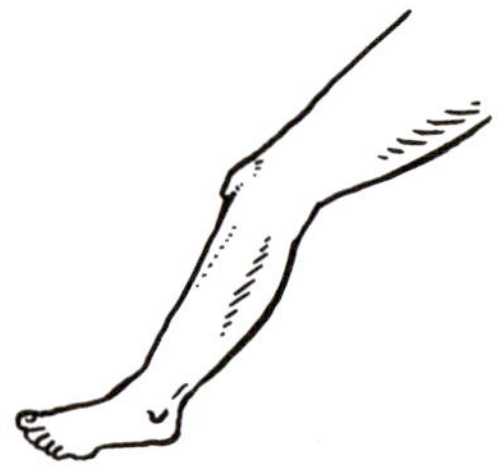

B	ei	

Z	au	

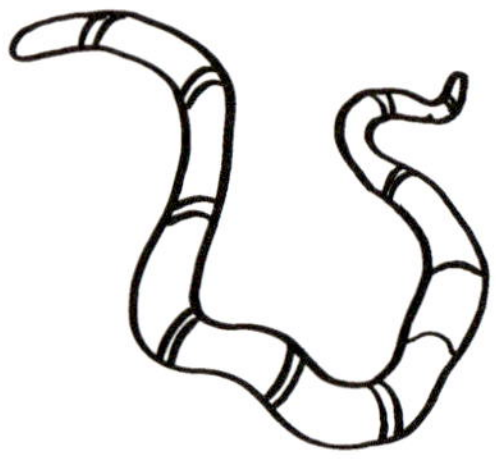

W	u	r	

B	au	

F	au	s	

H	u	

Zu LA 1.3 Inlaut-Detektive

Buchstabenkärtchen

a	e	i	o	u	f
l	m	n	r	s	t

Zu LA 3.2 Buchstabenkarten legen

Wortkarten zu bereits eingeführten Buchstaben:

Los		

Mut		

Mus		

rot		

Wortkarten zu bereits eingeführten Buchstaben:

tun

Tal

Not

nun

Karten mit weiteren Buchstaben:

Wal

Rad

Hof

Hut

Karten mit weiteren Buchstaben:

Wut		

Gas		

gut		

Tag		

Zug		

Buch		

Tuch		

schön		

Weiter mit LA 3.2 Buchstabenkarten legen

Karten mit weiteren Buchstaben:

Schal		

Schaf		

Buchstabenkarten zu LA 3.2, die 4 bis 5 Monate nach Schulbeginn eingeführt worden sein sollten:

A	a	E	e	I
i	O	o	U	e
F	f	L	l	M
m	N	n	R	r
S	s	T	t	

Restliche häufige Buchstaben:

B	b	D	d	G
g	H	h	K	k
P	p	W	w	Z
z	ch	Sch	sch	

3. Arbeitsblätter

Zu S 1.9 Wörter mit Silbenbögen „schreiben" – Erstes Verschriften (Niveau 1)

Silbe

Name:

Wie viele Silbenbögen passen zu den Bildern?
Male sie in Kästchen.

Zu S 1.9 Wörter mit Silbenbögen „schreiben“ – Erstes Verschriften (Niveau 2)

Name:

Wie viele Silbenbögen passen zu den Bildern? Male sie in Kästchen.

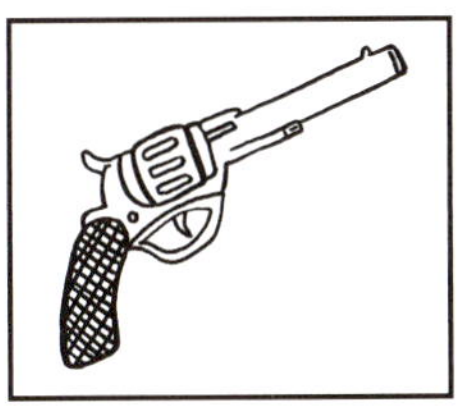

Zu S 1.9 Wörter mit Silbenbögen „schreiben“ – Erstes Verschriften (Niveau 3)

Silbe

Name:

Wie viele Silbenbögen passen zu den Bildern? Male sie in Kästchen.

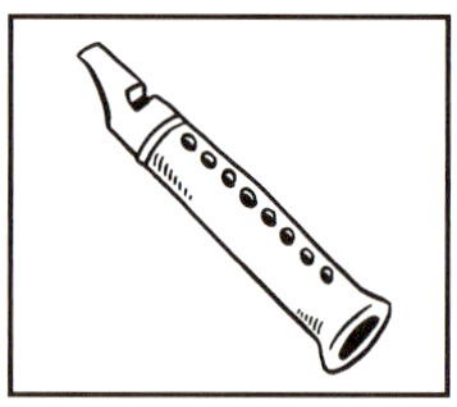

Name:

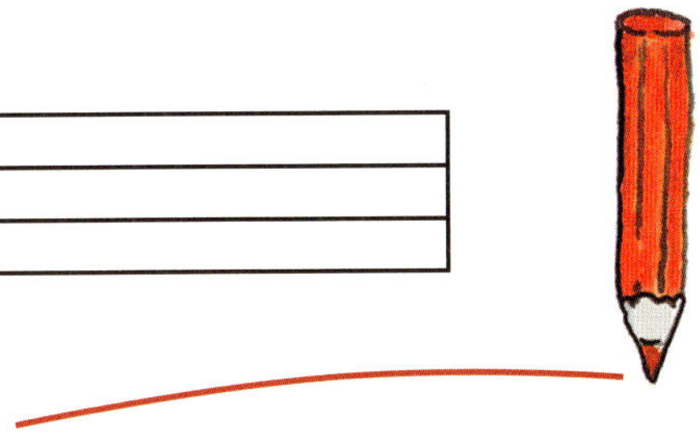

Lies die Silbenbogenwörter und verbinde sie mit dem richtigen Bild!

a e

e i

o e

a e

o o i

a a a

o o a e

a e a e

o o

o e

e a

u e

Name:

Lies die Silbenbogenwörter und verbinde sie mit dem richtigen Bild!

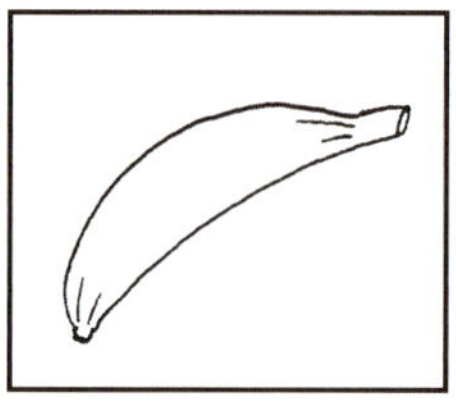

o a

a a e

o a e

a a a

i o

o e e

a e e

Name:

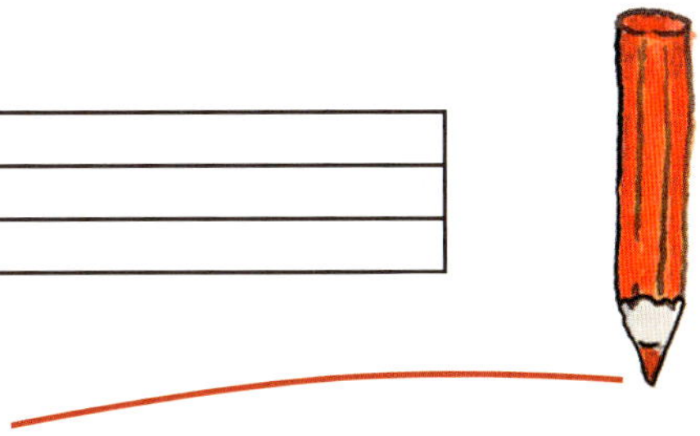

Lies die Silbenbogenwörter und verbinde sie mit dem richtigen Bild!

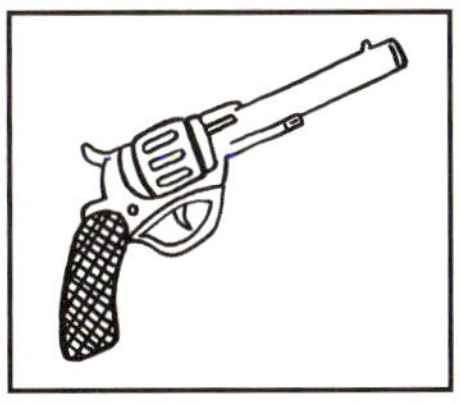

e i o

e e o

a a i e

i e

u a

i o e

e i

Name:

Viele Streichel-a-Wörter hat Abermakaber hergezaubert!
Male einen dicken Strich darunter.

Aber Achtung: Ein Box-a-Wort ist dabei!
Wenn Du es findest, male einen Punkt darunter.

A a

Zu GPK 2.1 A, a
(kurzes a im Anlaut oder Inlaut)

Name:

Hier geht es um Box-a-Wörter. Male einen Punkt darunter.

Vorsicht: Ein Streichel-a-Wort hat sich eingeschlichen. Suche es und male einen Strich darunter.

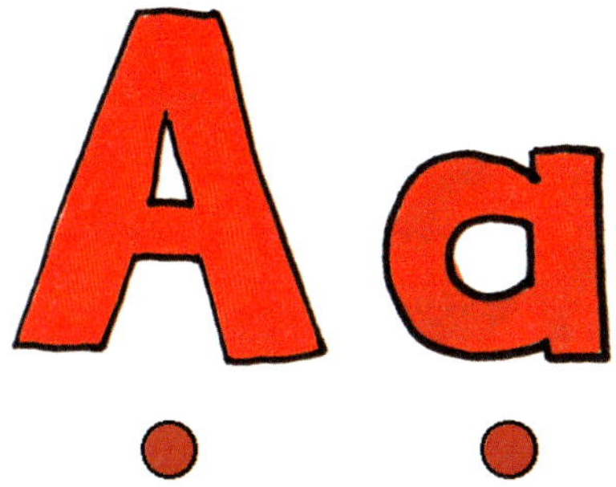

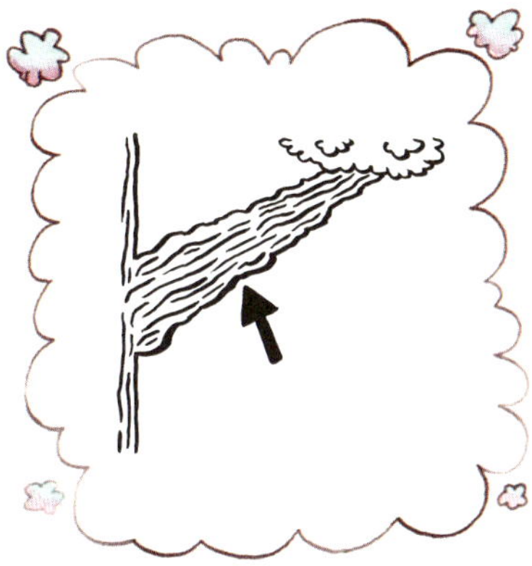

Name:

Wo hörst Du ein Streichel-a? Male einen Strich darunter.
Wo hörst du ein Box-a? Male einen Punkt darunter.

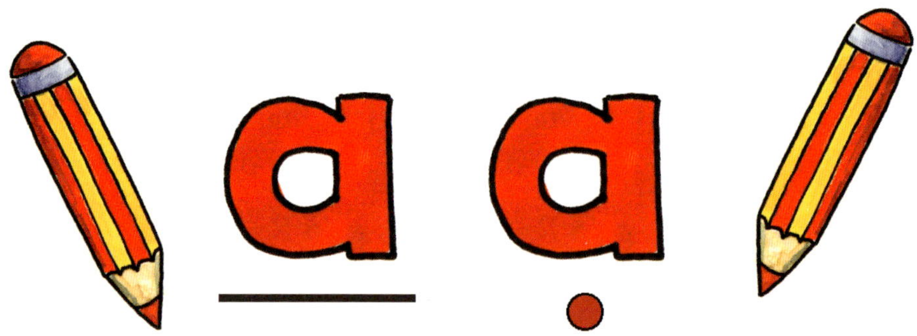

Name:

Viele Streichel-e-Wörter hat Abermakaber hergezaubert!
Male einen dicken Strich darunter.

Aber Achtung: Ein Box-e-Wort ist dabei!
Wenn Du es findest, male einen Punkt darunter.

E e

Zu GPK 2.2 E, e
(kurzes e im Anlaut oder Inlaut)

Graphem-Phonem-Korrespondenz

Name: ____________________

Hier geht es um Box-e-Wörter. Male einen Punkt darunter.

Vorsicht: Ein Streichel-e-Wort hat sich eingeschlichen.
Suche es und male einen Strich darunter.

Name:

Wo hörst Du ein Streichel-e? Male einen Strich darunter.
Wo hörst du ein Box-e? Male einen Punkt darunter.

Name:

Viele Streichel-i-Wörter hat Abermakaber hergezaubert!
Male einen dicken Strich darunter.

Aber Achtung: Ein Box-i-Wort ist dabei!
Wenn Du es findest, male einen Punkt darunter.

Name:

Hier geht es um Box-i-Wörter. Male einen Punkt darunter.

Vorsicht: Ein Streichel-i-Wort hat sich eingeschlichen. Suche es und male einen Strich darunter.

Zu GPK 2.3 I, i
(langes und kurzes i im Inlaut)

Name:

Wo hörst Du ein Streichel-i? Male einen Strich darunter.
Wo hörst du ein Box-i? Male einen Punkt darunter.

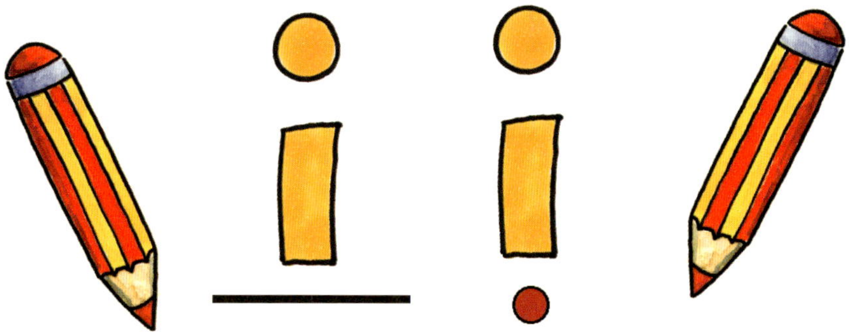

Zu GPK 2.4 O, o
(langes o im Anlaut oder Inlaut)

Name:

Viele Streichel-o-Wörter hat Abermakaber hergezaubert!
Male einen dicken Strich darunter.

Aber Achtung: Ein Box-o-Wort ist dabei!
Wenn Du es findest, male einen Punkt darunter.

O o

Name:

Hier geht es um Box-o-Wörter. Male einen Punkt darunter.

Vorsicht: Ein Streichel-o-Wort hat sich eingeschlichen.
Suche es und male einen Strich darunter.

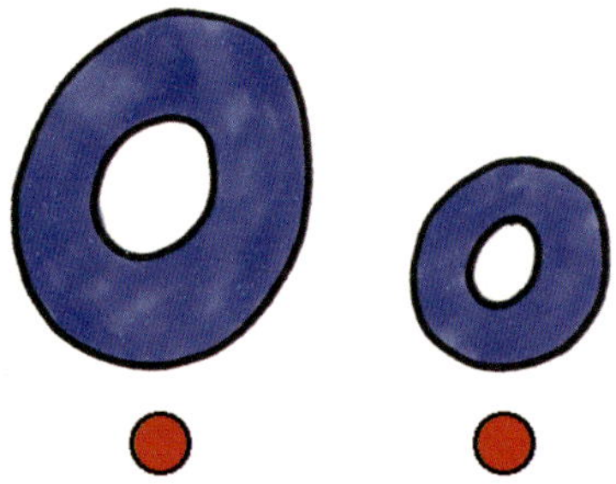

Zu GPK 2.4 O, o
(langes und kurzes o im Anlaut oder Inlaut)

Name:

Wo hörst Du ein Streichel-o? Male einen Strich darunter.
Wo hörst du ein Box-o? Male einen Punkt darunter.

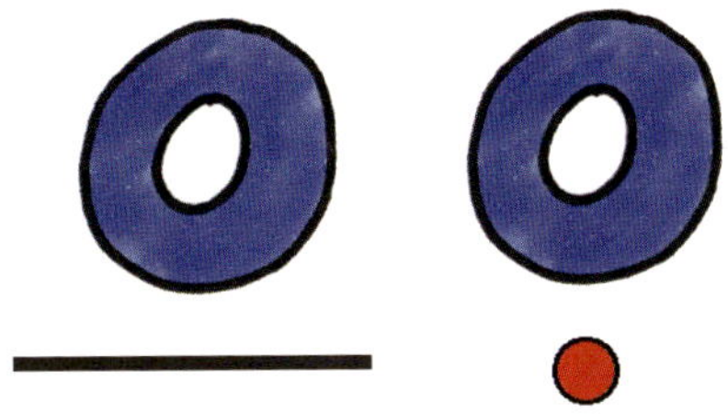

Name:

Viele Streichel-u-Wörter hat Abermakaber hergezaubert!
Male einen dicken Strich darunter.

Aber Achtung: Ein Box-u-Wort ist dabei!
Wenn Du es findest, male einen Punkt darunter.

Name:

Hier geht es um Box-u-Wörter. Male einen Punkt darunter.

**Vorsicht: Ein Streichel-u-Wort hat sich eingeschlichen.
Suche es und male einen Strich darunter.**

Name:

Wo hörst Du ein Streichel-u? Male einen Strich darunter.
Wo hörst du ein Box-u? Male einen Punkt darunter.

Name:

Auf die erste Silbe kommt es an!

- **Schneide die Dominokärtchen aus und lege sie zu einer langen Schlange zusammen.**
- **Schneide dann jedes Dominokärtchen in zwei Teile und spiele Memory mit drei oder mehr Pärchen.**

	Ro		So
	La		Te
	Es		To
	Ti		Ta
	Fe		Me
	Lu		No
	Fo		Na

Name: ____________________

- **Was siehst du auf dem Bild?**
- **Sprich dir das Wort laut vor: Wie heißt die erste Silbe?**
- **Suche die erste Silbe und kreise sie ein.**

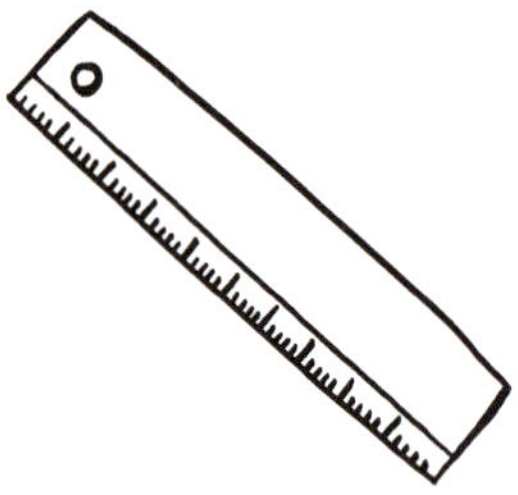

Lo
Li
Le
Lu

Me
Mo
Mu
Ma

Ta
Te
To
Ti

Ri
Ra
Re
Ro

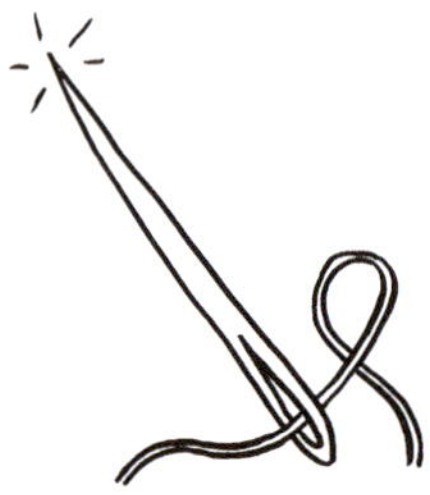

Nu
No
Na
Ne

Fu
Fe
Fi
Fa

So
Si
Su
Sa

Ta
Tu
Ti
Te

La
Le
Lu
Li

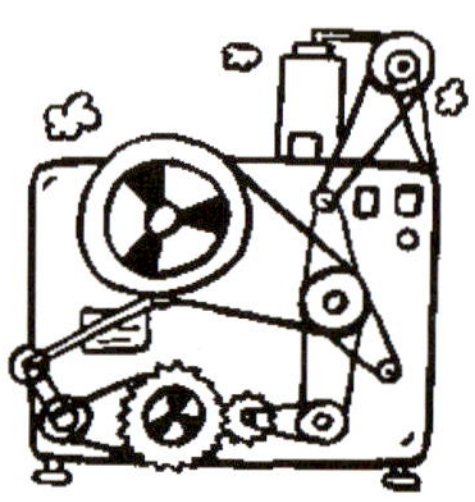

Mi
Mu
Me
Ma

Name: ____________________

Es geht um die <u>zweite</u> Silbe!

- **Was siehst du auf dem Bild?**
- **Sprich dir das Wort laut vor: Wie heißt die zweite Silbe?**
- **Suche die zweite Silbe und kreise sie ein.**

si
sa
se
su

fe
fa
fu
fo

nu
na
ne
ni

ta
tu
to
te

mo
me
ma
mi

ne
ni
na
nu

no
ni
nu
na

ti
ta
to
te

Name:

- **Baue die Wörter Silbe für Silbe zusammen und schreibe sie unter das passende Bild!**
- **Streiche die gebrauchten Silben durch!**

To	na	ma	nas	A	te

Me	fon	le	lo	ne	Te

Name:

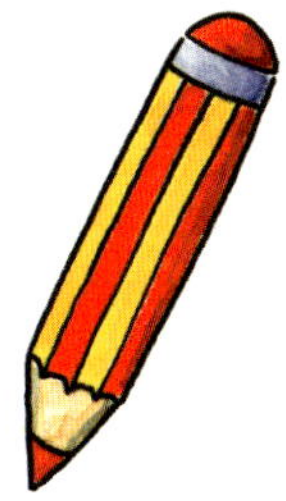

- Arbeite mit einem Partner zusammen.
- Lest euch abwechselnd immer eine Reihe des Silbenteppichs vor.
- Sucht dann die Silben zum Bild heraus und kreist sie ein.
- Schreibt das Wort zuerst in Silben getrennt und dann zusammen auf.
- Malt die Silbenbögen.

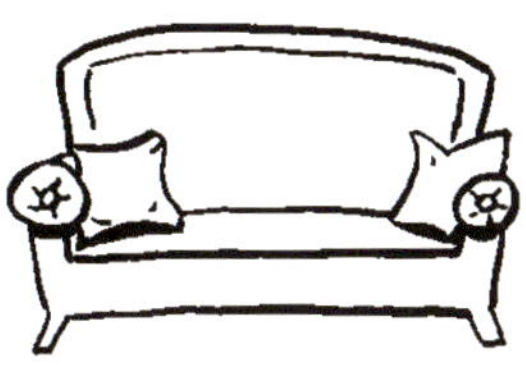

Si	fo
Sa	fi
Se	fa
So	fe

Ra	sa
Re	si
Ri	se
Ro	so

Me	fo
Ma	fa
Mo	fu
Mi	fe

O	me
U	mo
E	mu
I	ma

Name:

- Arbeite mit einem Partner zusammen.
- Lest euch abwechselnd immer eine Reihe des Silbenteppichs vor.
- Sucht dann die Silben zum Bild heraus und kreist sie ein.
- Schreibt das Wort zuerst in Silben getrennt und dann zusammen auf.
- Malt die Silbenbögen.

Ma	le	nu
Mi	li	ne
Me	la	na
Mu	lo	no

Ti	me	te
To	mi	tu
Te	ma	ti
Tu	mo	ta

To	le	fin
Ta	li	fan
Ti	la	fon
Te	lu	fen

Name: ______________________

- **Verbinde die Silben zu Wörtern.**
- **Aber Achtung: Es ist immer ein Quatschwort dabei.**
- **Schreibe nur die echten Wörter auf die Linien.**

Ro	
Ra	sen
Na	
Ru	

le	
lo	sen
lu	
ra	

______________________ ______________________

______________________ ______________________

______________________ ______________________

Rätsel: Welche Wörter könnten das sein?

la	mi	Sa

____

ne	Ro	si

____

Name: ____________________

- „Schiebe“ die Silbe am Silbenstreifen entlang und lies die Wörter.
- Es gibt immer ein echtes Wort und zwei Quatschwörter.
- Verbinde die Silben des echten Wortes mit einem Strich.
- Schreibe das Wort auf.

	sen
ma	len
	ten

____

	men
Na	len
	ten

____

	len
ru	nen
	fen

____

	men
Ta	fel
	sel

____

Name:

- Male Silbenbögen unter die Buchstaben.
- Lies dann die einzelnen Silben.
- Lies jetzt das ganze Wort.
- Verbinde die Wörter mit den Bildern.

Liste

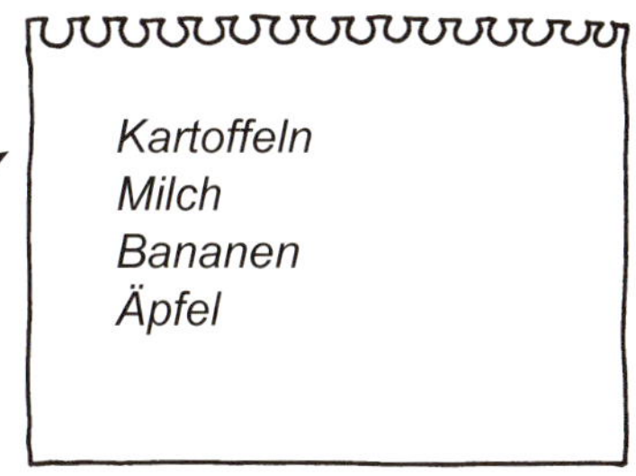

Ente

Torte

Tinte

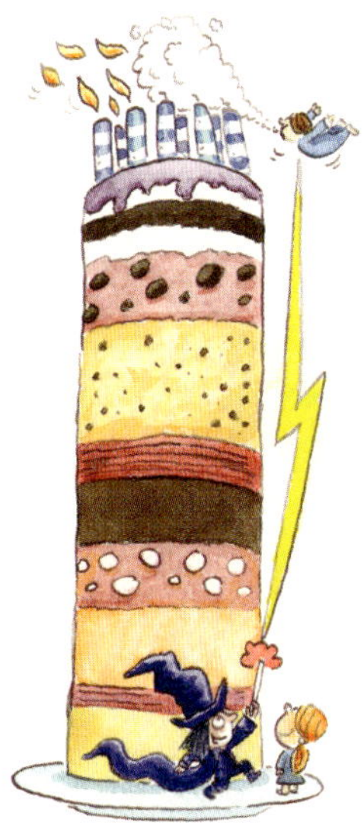

Felsen

Mantel

Insel

turnen

Zu SY 3.3 Fehlende Buchstaben einsetzen (Niveau 1) Synthese

Name: ____________________

- **Male die Silbenbögen unter die Wörter.**
- **Welcher Buchstabe fehlt?**
- **Schreibe das ganze Wort auf die Linien.**

N___se ____________________

R___se ____________________

L___ma ____________________

___sel ____________________

Name:

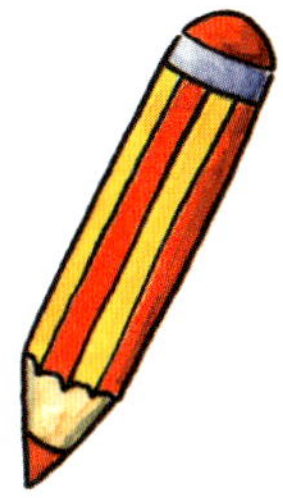

- Male die Silbenbögen unter die Wörter.
- Welcher Buchstabe fehlt?
- Schreibe das ganze Wort auf die Linien.

M___ntel

___nsel

El___fant

Telef___n

L___terne

Name:

- **Baue die Wörter Buchstabe für Buchstabe zusammen und schreibe sie auf.**
- **Streiche die gebrauchten Buchstaben durch!**

m L a a

S a t a l

a s e N

e N o t

e E s l

e s o R

Zu SY 3.4 Buchstaben zu Wörtern zusammensetzen (Niveau 2 mit Konsonantenhäufung)

Name:

- **Baue die Wörter Buchstabe für Buchstabe zusammen und schreibe sie auf.**
- **Streiche die gebrauchten Buchstaben durch!**

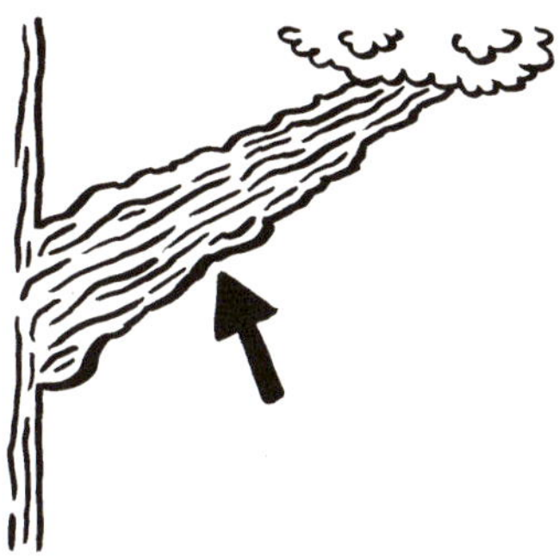

t A s

s t N e

A m r

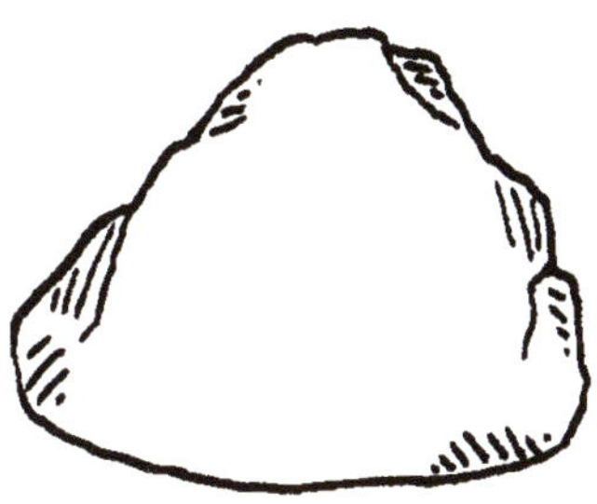

F s e n e l

l t M e n a

e n s I l

F) Weiterführende Literatur

Aebli, Hans: Zwölf Grundformen des Lehrens. Klett-Cotta, Stuttgart 1989.
Barnitzky, Horst: Sprachunterricht heute. Cornelsen, Berlin 2004.
Blumenstock, Leonhard: Handbuch der Leseübungen. Beltz, Weinheim und Basel 1983.
Breuninger, Helga/Betz, Dieter: Jedes Kind kann schreiben lernen. Ein Ratgeber für Lese-Rechtschreib-Schwäche. Beltz, Weinheim und Basel1996.
Brinkmann, Erika/Brügelmann, Hans: Ideenkiste. Verlag für pädagogische Medien, Hamburg 1995.
Brinkmann, Erika/Brügelmann, Hans (Hrsg.): Die Schrift entdecken. Libelle, Lengwil 1984.
Brügelmann, Hans (Hrsg.): Wie wir recht schreiben lernen. Libelle, Lengwil 1994.
Brügelmann, Hans (Hrsg.): ABC und Schriftsprache: Rätsel für Kinder, Lehrer und Forscher. Faude, Konstanz 1986.
Brügelmann, Hans: Kinder auf dem Weg zur Schrift. Faude, Konstanz 1989.
Coseriu, Eugenio: Sprachkompetenz. Francke, Tübingen 1988.
Eberle, Gerhard (Hrsg.): Probleme beim Schriftspracherwerb. Ed. Schindele, Heidelberg 1987.
Forster, Maria/Martschinke, Sabine: Diagnose und Förderung im Schriftspracherwerb, Band 2. Auer, Donauwörth 2006.
Forster, Maria/Martschinke, Sabine: Leichter lesen und schreiben lernen mit der Hexe Susi, Band 2. Auer, Donauwörth 2006.
Füssenich, Iris/Löffler, Cordula: Schriftspracherwerb. Ernst Reinhardt, München 2005.
Ganser, Bernd (Projektleitung und Gesamtredaktion): Lese-Rechtschreib-Schwierigkeiten. Ein Fortbildungsmodell der Akademie für Lehrerfortbildung und Personalführung Dillingen. Auer, Donauwörth 2000.
Ganser, Bernd (Hrsg.): Damit hab ich es gelernt! Auer, Donauwörth 1999.
Glück, Christian Wolfgang: Kindliche Wortfindungsstörungen. (Münchener Beiträge zur Sonderpädagogik). Peter Lang, Frankfurt/Main 2005.
Hemminger, Uwe/Roth, Ellen/Schneck, Stefanie/Warnke, Andreas: Legasthenie. Leitfaden für die Praxis. Hogrefe, Göttingen 2002.
Klicpera, Barbara und Christian: Leserechtschreibschwäche. In: Lauth: Interventionen bei Lernstörungen. Hogrefe, Göttingen 2004.
Klicpera, Christian/Schabmann, Alfred/Gasteiger-Klicpera, Barbara: Legasthenie. Modelle, Diagnose, Therapie und Förderung. Ernst Reinhardt, München und Basel 2003.
Küspert, Petra/Schneider, Wolfgang: Hören, lauschen, lernen. Vandenhoeck & Ruprecht, Göttingen 2003.
Küspert, Petra: Neue Strategien gegen Legasthenie. Oberstebrink, Ratingen 2003.
Maas, Utz: Grundzüge der deutschen Orthographie. Niemeyer, Tübungen1992.
Macarie, Maria: Schach der Lese- und Rechtschreibschwäche. Fröhliche Spracharbeit auf der Primarstufe mit den Laut-Fingerzeichen. Agentur Dieck, Heinsberg 1990.
Mann, Christine: Zur Prävention von LRS im Regelunterricht durch Fortbildung und Beratung von Lehrern im 1. und 2. Schuljahr unter besonderer Berücksichtigung der Pilotsprache. Universitätsdissertation, Göttingen 1987.
Mann, Christine: Selbstbestimmtes Rechtschreiblernen. Beltz, Weinheim und Basel 2002.
Mannhaupt, Gerd: Lernvoraussetzungen im Schrifterwerb. Kölner Studienverlag, Köln 2001.
Metze, Wilfried: Jo-Jo-Fibel – Handbuch für den Unterricht. Cornelsen, Berlin 1997.
Naegele, Ingrid M./Valtlin, Renate (Hrsg.): LRS – Legasthenie in den Klassen 1-10, Band 1. Beltz, Weinheim und Basel 2003.
Naegele, Ingrid M./Valtlin, Renate (Hrsg.): LRS – Legasthenie in den Klassen 1-10, Band 2. Beltz, Weinheim und Basel 2001.
Röber-Siekmeyer, Christa: Die Schriftsprache entdecken. Beltz, Weinheim und Basel 1997.
Scheerer-Neumann, Gerheid: Unterrichtsbegleitende Diagnostik: in: Christiani, Reinhold (Hrsg.): Schuleingangsphase neu gestalten. Cornelsen Scriptor, Berlin 2004.
Schönweiss, Petra und Friedrich: Handbuch zur Rechtschreibförderung. Lernserver, Münster 2008.
Schründer-Lenzen, Agi: Schriftspracherwerb und Unterricht. Leske und Budrich, Opladen 2007.
Staatsinstitut für Schulpädagogik und Bildungsforschung (Hrsg.): Schwierigkeiten beim Erlernen des Lesens und Rechtschreibens. Auer, Donauwörth 2003.
Triebel, Heinz/ Maday, Wilhelm: Handbuch der Rechtschreibübungen. Beltz, Weinheim und Basel 1982.

Fördermappen mit Arbeitsblättern
Mit Lösungen und zahlreichen didaktischen Hinweisen

lernserver
Individuelle Förderung

Umlautableitung
Fördermappe 1 (2/3 Klasse)
Mit den fröhlich gestalteten farbigen Übungsblättern lernen die Kinder die Anwendung von "eu" und "äu" bzw. von "e" und "ä". Die Phänomene werden erst getrennt und anschließend gemischt eingeübt und gefestigt, sodass auch rechtschreibschwache Kinder keine Interferenzprobleme haben.

Best.-Nr. 48310 **€ 9,80**

Auslautableitung
Fördermappe 2 (2/3 Klasse)
Die deutsche Auslautverhärtung bereitet Kindern Probleme, weil die Lautunterschiede nicht hörbar sind. Mit diesen Arbeitsblättern lernen sie, wann „d" bzw. „t", „b" bzw. „p" oder „g" bzw. „k" geschrieben wird und warum. Sie üben die Lautgruppen zunächst getrennt voneinander und in gemischten Übungen.

Best.-Nr. 48311 **€ 9,80**

Betonung
Fördermappe 3 (2/3 Klasse)
Die Kenntnis des Betonungsprinzips ist unerlässlich für den Aufbau von Rechtschreibkompetenz. Die Schüler bearbeiten zunächst Aufgaben zur Betonung und anschließend zur Länge und Kürze. Die Regelkunde erklärt, warum es für die richtige Schreibung wichtig ist, die Wortbetonung zu kennen.

Best.-Nr. 48312 **€ 9,80**

Dopplung
Fördermappe 4 (2/3 Klasse)
Im Zusammenhang mit langen und kurzen Vokalen spielt die Konsonantendopplung eine wichtige Rolle. Vielfältige Übungen helfen den Kindern, das Prinzip der Dopplung zu verstehen und richtig anzuwenden. Vom Buchstabensalat über Lücken- und Partnerdiktate arbeiten sich die Kinder durch das Thema.

Best.-Nr. 48313 **€ 9,80**

S-Laute
Fördermappe 5 (2/3 Klasse)
Die S-Schreibung ist eine der häufigsten Fehlerquellen – um so wichtiger ist die sorgfältige Übung, die den Kindern mit den differenzierten Arbeitsblättern leicht fällt. Die Regelkunde erläutert das nötige Basiswissen dazu.

Best.-Nr. 48314 **€ 9,80**

Dehnung
Fördermappe 6 (2/3 Klasse)
Dehnungs-h und „ie" bzw. „ih" bereiten vielen Kindern Kopfzerbrechen. Sie üben die Dehnung und deren Schreibung in äußerst differenzierter und vielfältiger Weise. Der Schwierigkeitsgrad steigt dabei langsam an. Spielerisch wird das erworbene Wissen gefestigt.

Best.-Nr. 48315 **€ 16,80**

Groß- und Kleinschreibung
Fördermappe 7 (2/3 Klasse)
Grammatikwissen und Rechtschreibung gehören eng zusammen. Besonders bei der Groß- und Kleinschreibung müssen Kinder eine gute Kenntnis der Wortarten haben. Diese üben sie hier intensiv, differenziert und mit viel Freude. Vor allem auch wegen der Fülle an tollen Ideen für Kindergeburtstage.

Best.-Nr. 48316 **€ 16,80**

Geeignet auch für LRS-Förderung!

Alle Fördermappen jetzt auch als Pakete zum günstigen Vorzugspreis!

Fördermappen – Paket 1
Umlautableitung | Auslautableitung | Groß- und Kleinschreibung im Paket
Das Fördermappen-Paket 1 vermittelt Schülern anschaulich die auf dem Wortstammprinzip basierenden Regeln für die Umlaut- und Auslautableitung an Hand vieler praktischer Übungen und Spiele. Darüber hinaus vermittelt die Fördermappe zur Groß-Kleinschreibung die Besonderheiten der einzelnen Wortarten und ihre Schreibweise.

Best.-Nr. 48320 (statt € 36,40) **€ 24,80**

Fördermappen – Paket 2
Betonung | S-Laute | Dopplung | Dehnung im Paket
Die enthaltenen Fördermappen des Fördermappen-Pakets 2 vermitteln den komplexen Rechtschreibbereich von Dopplung und Dehnung vom unerlässlichen Betonungsprinzip (Länge und Kürze des betonten Vokals) bis hin zu den schwierigen Ausnahmeregelungen von Dopplung, Dehnung und S-Laut-Schreibung. Die Arbeitsblätter jeder Fördermappe werden ergänzt durch zahlreiche Spielvorschläge, Lücken- und Partnerdiktate.

Best.-Nr. 48321 (statt € 46,20) **€ 28,80**

Fördermappen – Paket 3
Mit dem Fördermappen-Paket 3 erhalten Sie alle in den Paketen 1 und 2 enthaltenen Publikationen. Auf diese Weise können Sie den gesamten Regelbereich der Rechtschreibung abdecken: **Umlautableitung, Auslautableitung, Betonung, S-Laute, Dopplung, Dehnung und Groß-/Kleinschreibung**.
Alle Fördermappen sind perforiert und gelocht..

Best.-Nr. 48322 (statt € 82,60 bei Einzelpreisen) **€ 48,–**

Bildung ist keine Zauberei!

Begleit- und Qualifizierungsmaterial, Unterrichtsmaterial und vieles mehr...

www.lernserver.de

Hilfreiche Begleitmaterialien für Lehrkräfte und Kinder

lernserver
Individuelle Förderung

Unterrichtssequenz Betonung | Klasse 5/6

Mit den Lernserver-Unterrichtsentwürfen für den Deutschunterricht der Klassen 5/6 ist es nun möglich, auch im Klassenverband auf den bewährten förderdiagnostischen Lernserver-Ansatz zurückzugreifen. Der Band bietet **konkrete, praxiserprobte Stundenverlaufspläne** zu sechs Unterrichtsstunden mit **komplett ausgearbeiteten Arbeits- und Folienblättern** als Kopiervorlagen. Ziel ist die Vermittlung des Betonungsprinzips, das unverzichtbar für den Aufbau von Rechtschreibkompetenzen ist.

Hinweis: Die Unterrichtsentwürfe wurden in enger Zusammenarbeit mit der Realschule Delbrück erarbeitet.

Best.-Nr. 48301 **€ 15,80**

Unterrichtssequenz Dopplung | Klasse 5/6

Der Band zur Dopplung, der auf dem Betonungsprinzip aufbaut, enthält leicht umsetzbare, praxiserprobte **Stundenverlaufspläne** zu sieben Unterrichtsstunden mit **komplett ausgearbeiteten Arbeits- und Folienblättern** als Kopiervorlagen.

Hinweis: Die Unterrichtsentwürfe wurden in enger Zusammenarbeit mit der Realschule Delbrück erarbeitet.

Best.-Nr. 48302 **€ 12,80**

Handbuch zur Rechtschreibförderung

Wie können Kinder individuell und effektiv gefördert werden? Was müssen Lehrer, Förderkräfte oder Eltern wissen, um die Fehler der Kinder verstehen zu können und ihnen Schritt für Schritt die Rechtschreibung durchschaubar zu machen? Das Handbuch vermittelt einen kompakten Überblick über die zentralen Fragen von Diagnose und Förderung.

Im ersten Teil werden die einzelnen Bausteine wie auch die didaktischen Prinzipien der Lernserver-Rechtschreibförderung erläutert. Im zweiten Teil können Sie Ihre Kenntnisse zu den verschiedenen Regelbereichen auffrischen, vertiefen oder neu erwerben. Für sämtliche Förderbereiche gibt es praktische Hinweise und Anregungen zur konkreten Gestaltung der jeweiligen Förderstunden.

Best.-Nr. 48209 **€ 19,80**

Meine kleine Rechtschreibkunde

Klasse 3/4

In diesem Nachschlagewerk finden die Kinder alle wichtigen Rechtschreibphänomene im Überblick. Alle Regeln werden einfach und mit vielen Beispielen erklärt. Die Seiten sind sehr klar und übersichtlich, damit auch Kinder mit LRS gut damit arbeiten können.

Best.-Nr. 48210 **€ 9,80**

Meine kleine Rechtschreibkunde

Klasse 5/6

Der Band für die 5./6. Klasse baut auf dem Vorgänger auf. Alle Rechtschreibphänomene werden vertieft und altersgerecht ergänzt. Die klar gegliederte Übersicht hilft Kindern, die Prinzipien der Rechtschreibung tatsächlich verstehen und anwenden zu können.

Best.-Nr. 48211 **€ 9,80**

Bildung ist keine Zauberei!

Begleit- und Qualifizierungsmaterial, Unterrichtsmaterial und vieles mehr...

...a very different type of textbook!

„Menschen stärken, Sachen klären!" – Entstanden und erprobt am Oberstufenkolleg Bielefeld.

NEU!

Learning Tenses with Cindy

Part 1
mit Audio-CD

Mit diesem Workbook lernen Ihre Schüler/-innen ab der 8. Klasse den Gebrauch der Zeiten auf besonders motivierende Weise, denn es wird eine fortlaufende Soap Opera über Cindy und ihre Probleme mit Freund und Familie erzählt. Die gestellten Aufgaben sind vielfältig, vernetzt und entsprechen der modernsten Fremdsprachendidaktik. Die beiliegende Audio-CD enthält alle Texte, gesprochen von „Native Speakers".

Best.-Nr. 51001 **€ 7,80**
Bei Klassensatz-Bestellungen (ab 20 Stück) **nur € 5,80**

NEU!

HANDBOOK zur Rechtschreibförderung im Englischen

Das „Handbook zur Rechtschreibförderung im Englischunterricht" ist in erster Linie als Nachschlagewerk für Lehrer, LRS-Förderkräfte und Eltern gedacht. Hilfreiche Erklärungen und zahlreiche Schaubilder ermöglichen neue Wege, Schülern die englische Rechtschreibung durchschaubar zu machen.

Best.-Nr. 51100 **€ 15,80**

Das Besondere der Lernserver-Materialien:

- Sie sind sehr klar und übersichtlich gestaltet.
- Sie eignen sich auch gut für schwächere Lerner oder Kinder mit LRS.
- Die Begleitfiguren Zauberer Abermakaber und Hase Hokus stehen den Kindern immer helfend zur Seite.
- Die Übungen und Spiele sind überaus vielfältig, abwechslungsreich und für unterschiedliche Lerntypen geeignet.
- Das Konzept und alle Materialien wurden von Prof. Dr. Schönweiss mit Team an der Universität Münster entwickelt und langjährig erfolgreich an Schulen und in der Förderpraxis erprobt.

www.lernserver.de